Sabine

ULLSTEIN

D1983609

Das Buch

Mit 42 Jahren zieht Lisa Hofmayer zusammen mit ihrem Ehemann nach Afrika. Sie kommt sich dort überflüssig und einsam vor. Doch dann begegnet sie dem reichen Afrikaner David und ihr Leben verändert sich schlagartig: Lisa bricht mit ihrer deutschen Familie und wird Davids 33. Frau. In ihrer neuen Großfamilie – 48 Frauen und 76 Kinder – findet sie eine nie gekannte Geborgenheit. Bald schon wird ihre kleine Tochter Choga geboren. Choga verbringt in Gesellschaft ihrer zahllosen Halbgeschwister eine glückliche Kindheit im Harem. Aber als sie langsam zur Frau heranreift, geschieht etwas Schreckliches. Mit grausamer Härte entscheidet ihr Vater über ihr weiteres Schicksal: Choga wird gezwungen, einen viel älteren Mann zu heiraten. Um seine Autorität zu beweisen, misshandelt er sie brutal. Lisa befindet sich in einem schrecklichen Gewissenskonflikt: Soll sie dem Unglück ihrer Tochter tatenlos zusehen oder mit allen Gesetzen des Harems brechen und Choga zur Flucht verhelfen?

Die Autorin

Choga Regina Egbeme wurde 1976 in Lagos, Nigeria, geboren. Sie verbrachte ihre Kindheit und Jugend in einem Harem. Nach ihrer Flucht lebte sie versteckt in einer Frauengemeinschaft afrikanischer Heilerinnen. Dort ließ sie sich in ihre traditionellen Riten einweihen.

Von Choga Regina Egbeme ist in unserem Hause außerdem erschienen:

Die verbotene Oase

CHOGA REGINA EGBEME

Hinter goldenen Gittern

Ich wurde im Harem geboren

Ullstein

Besuchen Sie uns im Internet:
www.ullstein-taschenbuch.de

Umwelthinweis:
Dieses Buch wurde auf chlor- und säurefreiem Papier gedruckt.

Jubiläumsausgabe Januar 2003
Ullstein Verlag
Ullstein ist ein Verlag des Verlagshauses Ullstein Heyne List GmbH & Co. KG

Lektorat: Angela Troni, München
Umschlagkonzept: Sabine Wimmer, München
Umschlaggestaltung: Thomas Jarzina, Köln
Titelabbildung: Picture Press, Hamburg
Gesetzt aus der Sabon
Satz: hanseatenSatz-bremen, Bremen
Druck und Bindearbeiten: Ebner & Spiegel, Ulm
Printed in Germany
ISBN 3-548-36407-1

Inhalt

Vorwort

Ich bin 25 Jahre alt, mein Sohn Joshua ist fast sechs. Zurzeit geht es uns beiden ganz gut. Wir hoffen, dass der Ausbruch der Krankheit möglichst lange auf sich warten lässt. Ich versuche, uns nach bestem Wissen mit den Mitteln der Natur zu schützen. Westliche Medizin können wir uns nicht leisten. Ich wache jeden Tag mit dem Bewusstsein auf, morgen oder übermorgen alles zu verlieren – meinen Sohn, mein Leben. Unendlich traurig macht mich der Gedanke, womöglich nicht miterleben zu können, wie mein kleiner Josh aufwächst, niemals seine Kinder in meinen Armen wiegen zu dürfen: dass irgendwann das unsichtbare Band aus Liebe und Wissen, das die Generationen zusammenhält, abreißt.

Während meiner Schwangerschaft mit Joshua bat mich meine mütterliche Freundin Amara, meine Geschichte aufzuschreiben, damit ich mit dem Schrecklichen, das mir zugestoßen ist, besser fertig werde. Nachdem ich vor etwas mehr als einem Jahr zum ersten Mal meine deutsche Halbschwester Magdalena getroffen habe und sie von den Notizen hörte, ermunterte sie mich, diese zu vervollständigen.

Meine Zustimmung zur Veröffentlichung meines Manuskripts gab ich unter einer Bedingung: Die Namen und die genauen Lebensumstände aller betroffenen Personen (mich eingeschlossen) werden verändert. Denn Joshua soll niemals die genauen Hintergründe seiner Herkunft erfahren. Wenn Sie unsere Geschichte kennen, werden Sie das verstehen. Körperlich trägt er bereits seit der Geburt ein Stigma. Möge seine Seele rein bleiben.

Dank gesagt sei allen, die dieses Buch erst möglich gemacht haben. Ohne manche von ihnen würden Joshua und ich heute nicht mehr am Leben sein.

Gott schütze und segne Sie.

Jeba, im Mai 2001
Choga Regina Egbeme

Die fremde Schwester

Auf Mutters Nachttisch im Harem stand immer das Foto eines zehnjährigen Mädchens. Niemals lag ein Staubkorn darauf. Mit diesem Bild bin ich aufgewachsen.

»Das ist deine Schwester«, hatte Mutter mir irgendwann einmal erklärt. »Du kannst stolz auf sie sein.« Magdalena trug einen Kranz aus weißen Blumen in den blonden Haaren. Mutter erzählte mir, dass es Margeriten seien, die in Deutschland den Sommer über an den Rändern der Felder und auf den Wiesen blühten.

Ich stellte mir oft vor, wie Magdalena über eine grüne Wiese lief und Margeriten pflückte. Manchmal habe ich auch von ihr geträumt, habe versucht, sie zu fangen. Aber sie war immer viel schneller als ich. Nichts hatte ich mir sehnlicher gewünscht, als meine deutsche Schwester kennen zu lernen. In meiner Vorstellung war Magdalena immer das Mädchen auf der Wiese.

Dann kam eines Tages ein Brief von ihr. Magdalena hatte sich entschlossen, uns zum ersten Mal zu besuchen. Sie hatte ein Foto beigelegt. Ich blickte in das Gesicht einer völlig fremden Frau. Aus dem Mädchen mit den neugierigen blauen Augen und den halblangen blonden Haaren, die ihr in sanften Locken auf die Schultern fielen, war eine Frau mit kastanienbraunem, kurzem Haar geworden, die mich durch ihre strenge Brille nachdenklich ansah. Das Mädchen aus meiner Kindheit war inzwischen eine 41 Jahre alte Lehrerin aus Deutschland. Mir wurde bang. Denn zum ersten Mal wurde mir richtig bewusst, dass ein großer Teil meines Lebens bereits vorüber war.

Meine eigene Jugend, meine Sorglosigkeit, ja, auch ein Teil meiner Hoffnungen.

Mutters Freundin Amara begleitete mich zum Flughafen. Es war Karfreitag. Um mich herum tobten Kinder, Frauen lachten und Männer begrüßten sich lautstark. Alle Menschen wirkten so glücklich, als ob sie etwas ganz Besonderes geschenkt bekämen. Und ich stand mitten unter ihnen. Meine Kehle war wie zugeschnürt. Kopfschmerzen und Durst plagten mich gleichzeitig. Das Herz schlug mir bis zum Hals, ich schwitzte. Immer wieder starrte ich auf das Foto in meinen feuchten Händen, hob die Augen und suchte die Menschenmenge ab, die aus dem Ankunftsbereich herausströmte. Zufriedene Gesichter strahlten mich an, Reisende, die nach acht Stunden endlich aus dem Flugzeug steigen durften und sich in die Arme von Verwandten stürzten.

Das Foto brauchte ich nicht, um Magdalena zu erkennen. Es waren ihre Augen. Mamas Augen – sie hatte immer diesen leicht fragenden Blick gehabt. Als wollte sie alles ganz genau wissen. Erkennen, ob man es gut mit ihr meint. Manchmal lag auch ein wenig Angst in ihren Augen.

Amara hat dieser Angst einen Namen gegeben: »Die Menschen wissen gar nicht, dass sie diese Furcht in sich tragen. Aber ich kann sie sehen – die Furcht derer, die einen Verlust erlitten haben, über den sie nicht hinwegkommen. Sie steht ihnen ins Gesicht geschrieben, verrät ihre Sorge, wieder etwas Ähnliches erleiden zu müssen.« Ich kann sie inzwischen auch erkennen, diese Unsicherheit. Sie wohnt in den Augen unzähliger Menschen. Auch in Magdalenas. Vielleicht sogar in meinen eigenen, das kann ich natürlich nicht selbst beurteilen.

In der Menge der fremden Menschen suchte Magdalena nicht mich, sondern Mutter. Sie lief direkt an mir vorbei, ich roch ihr Parfüm, der weiche Stoff ihrer Kleidung streifte flüchtig meine Hand. Sie war zum Greifen nah. Und doch schien sie weiter entfernt als in all den Jahren zuvor. Plötzlich schoss mir eine unglaublich banale Frage durch den Kopf: Wie sollte ich sie ansprechen? Konnte ich einfach »du« sagen? Mit einem Mal fiel mir kein einziges deutsches Wort mehr ein. Mein Hirn war leer und mein Herz so voll.

Amara spürt, wenn Menschen zusammengehören. Sie verstellte meiner deutschen Schwester daher einfach den Weg. »*Welcome to Nigeria,* Magdalena!«, sagte sie.

Und ich stand da wie ein Dummkopf, ein paar Schritte von ihr entfernt, während die Leute mich immer wieder zur Seite drängten. Dabei hatte ich mir extra für den Flughafen richtige Schuhe angezogen, obwohl ich gar nicht daran gewöhnt bin, welche zu tragen. Ich passte wohl nicht richtig auf, wurde angerempelt und fiel hin. Da sah sie auf mich herunter, wie ich reglos und völlig verdattert am Boden lag. In meinem schönen weißen Kleid. In diesem Augenblick kam ich mir vor wie ein kleines Kind.

Wie sie mich angesehen hat! So voller Mitgefühl. Mutter hat mich auch immer so angesehen, wenn mir wieder einmal etwas sehr Dummes passiert war.

Im Fallen war mir das Foto aus der Hand geglitten. Nun lag es neben mir. Magdalena stellte ihre Koffer ab und bückte sich, um mir die Hand zu reichen. Das war unsere erste Berührung.

Sie half mir hoch und sagte meinen Namen: »Choga Regina?« Ich nickte stumm, mit zusammengepressten Lippen. Weil ich mich so schämte für diesen misslungenen Auftritt. Ich wollte es wieder gutmachen und ihre Koffer tragen.

»Die sind nicht schwer«, wehrte sie ab. Vom ersten Augenblick an sprach sie mit mir Deutsch. So wie Mutter es immer getan hatte.

Gehen in Deutschland eigentlich alle so schnell?, fragte ich mich stumm. Ich hatte immer das Gefühl, Mutter würde rennen, wenn sie aus ihrer Heimat zurückkam. Ich konnte auch Magdalenas Tempo nicht mithalten. Denn ich habe dieses Beinproblem. Bei mir dauert alles ein bisschen länger. Auch das Laufen. Darum lasse ich die Schuhe meistens ganz weg. Barfuß bin ich besser unterwegs.

Obwohl sie vor mir her eilte, entging mir nicht, dass meine Schwester nach Mutter Ausschau hielt. Aber sie fragte erst, als wir an Amaras Auto standen: »Ist Mama denn nicht mitgekommen?«

Noch immer hatte ich keinen Ton hervorgebracht.

Magdalenas Blick wanderte von Amara zu mir und wieder zurück: »Was ist mit ihr?« Sie stellte die Koffer ab und sah mich an. Mit diesem Blick, der direkt aus Mutters Augen zu kommen schien. Dem ich mich nicht entziehen konnte, weil ich darin die Verletzbarkeit erkannte. Und wusste, dass Magdalena wieder wehgetan würde. Mein eigener Schmerz war zu groß, um meiner Schwester in diesem Augenblick helfen zu können.

Da machte Amara etwas ganz Wunderbares: Sie breitete ihre starken Arme aus und schob uns auf ihre direkte Art aufeinander zu. »Ihr seid Schwestern«, sagte sie aufmunternd. »Also begrüßt euch auch wie Schwestern.« Die alte Frau schubste mich sogar ein bisschen. Das war unsere erste Umarmung. Ich glaube, Magdalena war sie ein bisschen unangenehm. Zuerst rührte sie sich nicht. Dann spürte ich ihre Hände auf meinem Rücken; das gab mir die Kraft, auch sie zu umarmen. Als wir so stumm dastanden, wünschte ich mir, dass dieser Augenblick ewig dauern werde.

Ich selbst bin in meinem Leben nicht sehr viel gereist. Aber wenn, dann war jede Fahrt mit einer Hoffnung verbunden. Am Ziel irgendjemanden oder irgendetwas zu finden, das ich dort nicht hatte, von wo ich aufgebrochen war. Magdalena war so weit geflogen, hatte sich jahrzehntelang auf das Wiedersehen mit unserer Mutter gefreut. Nun war sie gerade angekommen und ich musste ihr sagen, dass unsere Mutter, die sie wieder zu finden gehofft hatte, gestorben war.

Magdalena war genau einen Tag zu spät eingetroffen. Das Schicksal hatte es nicht zugelassen, dass die beiden sich auf dem Boden wieder begegnen konnten, den Mutter so sehr geliebt hatte – Afrika.

Die Angst in den Augen meiner Schwester wich einer großen Leere. Magdalena schien durch mich hindurchzublicken. »Das kann doch nicht sein«, flüsterte sie fassungslos. Sie schüttelte immer wieder den Kopf, lehnte sich müde gegen Amaras Wagen.

All der Trubel rings um uns herum, die vielen Menschen, die lärmend und lachend in ihre Autos stiegen und hupend davonfuhren, verschwanden auch für mich hinter einer undurchsichtigen Glaswand. Es schien nur noch uns beide zu geben, zwei Schwestern, die sich kaum kannten. Zwei Fremde, die dennoch verbunden waren durch ein extrem starkes Band – unsere Mutter. Obwohl sie gestorben war, schien sie in unserer Mitte zu stehen. Zu versuchen, unsere Hände zusammenzuführen. In Wirklichkeit übernahm Amara diesen Part. Wir umarmten uns erneut. Aber diesmal hatte die Umarmung nichts mit einer Begrüßung gemein, sondern unsere Seelen fanden sich.

Seit Mutters Tod wollte ich den Schmerz nicht zulassen. Die ganze Zeit über hatte ich immer wieder an Magdalena gedacht, dass ich für sie stark sein musste, ihr helfen, das Unbegreifliche zu begreifen. Nun fühlte ich gemeinsam mit meiner Schwester die offene Wunde, die der Verlust dieses geliebten Menschen uns zugefügt hatte.

»Irgendwie kommt es mir so vor, als könnte sie uns jetzt sehen«, hörte ich Magdalena nach einer Ewigkeit sagen. Sie sprach mir aus der Seele. Ich wusste, wie groß Mutters Sehnsucht gewesen war, uns zusammenzuführen, ihre beiden so unterschiedlichen Töchter. Ihre Hoffnung, unser Kennenlernen möge in uns so tiefe Gefühle wecken, dass sie für ein ganzes Leben reichten.

In jenem Glauben, in dem ich nach der Geburt meines Sohnes Joshua drei Jahre lang von weisen Frauen unterrichtet worden bin, wird gelehrt, dass die Seele eines Menschen auch eine Woche nach dem Dahinscheiden des Körpers noch über die Erde wandelt. Das konnte ich Magdalena in diesen Momenten am Flughafen zwar nicht erklären, aber genau das passierte: Mutter benutzte Amaras Hände, um Magdalena und mich für immer zu verbinden. Die weise alte Frau wusste das ebenso wie ich. Und blieb unsere stumme Beschützerin.

Nachdem wir uns wieder voneinander gelöst hatten, fuhr Amara uns durch die nächtlichen Straßen von Lagos, meiner riesigen Heimatstadt. Magdalena und ich saßen Seite an Seite im Fond des Wagens, ließen das laute, bunte Leben vor den Fenstern vorbeiziehen, als hätte es nichts mit uns zu tun.

»Hast du eigentlich Kinder?«, fragte ich Magdalena unvermittelt und riss sie damit aus ihren Gedanken.

»Eine Tochter, Katharina. Sie ist 19. Letztes Jahr hat sie ihr Abitur gemacht.«

»Wollte sie denn nicht mitkommen? Ihre Oma kennen lernen?«, fragte ich.

Magdalena schwieg einen Augenblick. Mir blieb genug Zeit, um ihre Antwort zu erraten: Sie wollte erst einmal sehen, wie Mutter hier so lebte. Stattdessen sagte meine Schwester: »Katharina arbeitet seit ein paar Monaten in den USA als Au-pair-Mädchen.«

Das sagte mir nichts und meine Schwester erklärte mir, was meine Nichte dort machte in dem fernen Land. Mir fiel auf, dass Magdalena keinen Ehering trug. Doch wir kannten uns zu kurz; ich traute mich nicht zu fragen. Sie bemerkte meinen Blick und meinte nur: »Ich bin geschieden.«

Ich erzählte Magdalena von meinem Traum, in dem ich als kleines Mädchen versucht hatte, sie zu fangen. Und in dem sie immer viel schneller als ich gewesen war.

»Ich wusste lange nicht, dass es dich gibt«, antwortete sie.

»Danke, dass du gekommen bist«, sagte ich.

Meine Schwester nickte stumm. Sie rieb sich die Augen. Ich glaube, ich fühlte dasselbe wie sie: den tiefen Schmerz, wenn man erkennt, dass man um einen Teil seines Lebens betrogen wurde. Verlorene Zeit kann man nicht mehr zurückholen. Man kann nur versuchen, mit Worten zu beschreiben, was dem anderen verborgen geblieben ist.

Das Haus meiner Kindheit

Gemessen an den enormen Ausmaßen der unaufhörlich wachsenden Stadt Lagos war der Weg vom Flughafen zum Haus meines Vaters in Ikeja recht kurz. Als Amara das Auto vor einem der Nebeneingänge anhielt, zu dem ich einen Schlüssel besaß, sah Magdalena mich verblüfft an. »Was ist das für ein Lärm?« Musik und Stimmengewirr erfüllten die ganze Nachbarschaft; die vom *compound* ausgehende Helligkeit flutete über die zwei Meter hohen Mauern herüber bis auf die ungeteerten Straßen.

Es war inzwischen fast zehn Uhr nachts. Im *compound,* wie wir die große Anlage des Harems bezeichnen, feierten die Frauen. Ich hörte den vertrauten Klang der schweren Trommel, des heiteren Ballaphons (einem hölzernen Xylophon mit darunter aufgehängten Calebassen, die die Klangwellen verstärken), der dominanten Cowbell (einer Metallglocke, gegen die geschlagen wird) und der schwerelosen Flöte. Darunter mischte sich immer wieder mal eine Frauenstimme, der sich eine andere anschloss.

Seit dem Mittag ging das schon so. Jetzt brannte in den Häusern und in den Gärten des Harems jede verfügbare Lampe, bis der Generator irgendwann gegen Morgen ausgeschaltet würde. Dann würden Kerosinlampen entzündet und das Fest ginge weiter. Für mich war es normal, den Abschied eines wertvollen Menschen von der Erde so zu feiern.

Wir betraten den Hof und standen mitten im Gewimmel von wahrscheinlich hundert Menschen, die gekommen waren, um Mutter die letzte Ehre zu erweisen. Auf langen Tischen lagen köstliche Speisen bereit, die Luft duftete nach reifen Papayas und Ananas, nach Mangos und Bananen. Dicht vor dem Kochhaus befand sich ein Drehspieß, auf dem ein Lamm gegrillt wurde. Aus unzähligen Töpfen wehte das verlockende Aroma scharfer roter Sauce herüber.

Meine Schwester und ich wurden von den Anwesenden herzlich aufgenommen. Teilweise völlig fremde Frauen umarmten und begrüßten Magdalena und nahmen uns in die Mitte. Sie alle hatten Mutter gekannt, nur hatte ich leider von den meisten die Namen vergessen. Aus allen Teilen von Lagos waren sie gekommen, manche sogar aus Städten, die über hundert Kilometer weit entfernt sind, wie Ibadan und Benin-City.

»Ist denn hier niemand traurig, dass Mutter gestorben ist?«, fragte Magdalena verwirrt. »In Deutschland gedenkt man eines toten Menschen in Stille.«

Das hatte ich nicht gewusst oder es war mir wieder entfallen. Denn so sehr es auch wehtut, einen geliebten Menschen verloren zu haben, so sehr freut man sich auch für ihn, dass er die Leiden dieses Lebens überwunden hat. Man hofft für ihn, dass sein nächstes Leben fröhlich und angenehm wird. Gleichzeitig bringt das laute Fest mit vielen Freunden zum Ausdruck, wie sehr der Tote geschätzt wurde. Wenn es nach dem Lärm ging, der Mutters Abschied begleitete, hatten sie alle sehr geliebt ...

»Warum sind alle weiß gekleidet?«, wollte Magdalena nun wissen. »In Deutschland tragen die Menschen Schwarz, wenn jemand gestorben ist.« Meine fremde Schwester aus Deutschland war tatsächlich die einzige Frau, die dunkel gekleidet war. Sie trug einen grauen Pulli und einen passenden Rock, entsprechend der Mode in Deutschland. In diesen grauen Sachen stand sie mitten unter all den weiß gekleideten Frauen.

»Weiß ist die Farbe der Wiederauferstehung«, gab ich wie selbstverständlich zurück.

»Wiederauferstehung?«, wiederholte Magdalena nachdenklich, »das ist schön. Eigentlich besser als unser Schwarz.«

In diesem Augenblick begannen drei Frauen mit sonoren Stimmen zu singen und auf große Trommeln zu schlagen. Es war ein altes Volkslied aus dem Osten unseres großen Landes. Die Frauen lachten und kicherten wie junge Mädchen. Nachdem das Lied zu Ende war, fragte Magdalena, was der Text bedeute, und ich erklärte, dass er die große Potenz eines mächtigen Mannes beschrieb, der viele Frauen hatte.

Magdalena sah sich kritisch um. »Ist das hier der berüchtigte Harem?«

»Es ist der Ort, an dem ich geboren wurde«, sagte ich. »Ich führe dich gern herum, wenn du magst.«

Sie nickte begeistert und so stellten wir Magdalenas Koffer vor jenem Haus ab, in dem sich die Räume meiner Mutter befanden, und begannen den ausgedehnten Rundgang durch die vielen miteinander verbundenen Höfe, die von mehreren, unterschiedlich großen Häusern umstanden waren. Zwölf davon waren reine Wohnhäuser, in denen Vaters Frauen wohnten, einige davon modern aus Stein gebaut, mit mehreren Stockwerken übereinander. Dazu zählte auch das Kinderhaus, in dem ich mehrere Jahre meiner Kindheit und mehrere Monate meines »Teenager«-Lebens verbrachte.

Interessiert betrachtete Magdalena die älteren Häuser, die noch aus einer altertümlichen Konstruktion aus Holzrahmen und Lehm bestanden und weiß gestrichen waren. Ich erklärte meiner erstaunten Schwester, dass sie jedes Jahr repariert werden mussten, aber trotzdem ihren Platz behielten, weil sie als Erste errichtet wurden, und zwar von Vaters ersten Frauen. Sie waren sozusagen die Wurzeln des Harems. »Du wirst es nicht glauben«, informierte ich meinen Gast, »aber sie haben das angenehmste Raumklima und benötigen im Gegensatz zu den Neubauten keine Klimaanlage. Im Moment wohnen Mama Patty und Mama Felicitas darin, die ältesten Frauen meines Vaters.

»Ich bin schon sehr gespannt auf die beiden«, sagte Magdalena und blickte sich neugierig um.

»Dann gibt es noch ein großes Gemeinschaftshaus, in dem an jedem Sonntag die Familienversammlung abgehalten wurde, sowie ein Kochhaus und verschiedene Nebengebäude für Gerätschaften und einige Verschläge, in denen die Autos abgestellt wurden«, fuhr ich mit meinen Erklärungen fort. »Mein Vater besaß übrigens stets mehrere davon. Die großen Wagen unterstrichen sein Ansehen als einflussreicher Mann, musst du wissen. Hier in Nigeria sind solche Äußerlichkeiten, zu denen auch teurer Männerschmuck und goldene Armbanduhren gehören, extrem wichtig.«

»Aha, und warum?«, wollte meine Schwester wissen.

»Ganz einfach«, lautete meine Antwort, »weil sichtbar zur Schau gestellter Luxus für die normalen Menschen bedeutet, dass Gott seine schützende Hand über den Besitzer hält.«

An jenem Abend, als die warme Nachtluft in den stillen Höfen erfüllt war von den süßlichen Aromen der verschiedenen Frauenparfüms, den schweren Blütendüften und den vertrauten Stimmen, die Neuigkeiten austauschten, fühlte ich mich im Harem zum ersten Mal seit langem wieder so wohl wie in den Tagen meiner Kindheit. Das Abschiedsfest für meine Mutter schien die besten Jahre des Harems zu neuem Leben zu erwecken. Ihre Seele muss sich in unserem Kreis sehr wohl gefühlt haben; es fand alles in Mutters Sinne statt.

Unser Rundgang führte Magdalena und mich zurück zum Haus meiner Kindheit, in dem ich meine ersten Lebensjahre verbracht hatte. Zwei weiß gekleidete Frauen – die eine klein und rund, die andere groß und hager – erwarteten uns neben Magdalenas Koffern. Die kugelrunde Mama Bisi nahm den Gast mit jener Herzlichkeit in die Arme, die ich an meiner Lieblingsmama so schätze. Sie reichte meiner groß gewachsenen Schwester aus Deutschland nicht mal bis zur Schulter. Mama Ada folgte dem Beispiel ihrer Freundin und Mitfrau, allerdings lag in ihren Bewegungen die für sie typische Eckigkeit, die sie nur im Umgang mit ihren wirklichen Freunden abstreift. Ihr von Liebe und Verständnis geprägter Charakter offenbart sich meist nicht auf den ersten Blick. Dafür findet sie, auch wenn sie nur wenig spricht, immer genau die richtigen Worte.

Während Mama Bisi sich gerührt die Tränen aus den Augen wischte und kein Wort hervorbrachte, sagte Ada in ihrem harten Englisch: »Du bist das genaue Abbild deiner Mutter. Du siehst aus wie sie, als sie damals hier ankam.«

»Lisa trug keine Brille und ihr Haar war auch etwas länger«, verbesserte Mama Bisi. »Aber du hast Recht, Ada, sie ist im gleichen Alter.« Dann schüttelte sie nachdenklich den Kopf. »Es ist schon seltsam. Die Mutter geht, die Tochter kommt. So soll es wohl sein.« Dann putzte sie sich geräuschvoll die Nase. »Hat Choga dir schon etwas zu essen gegeben? Du bist so dünn. Genau wie deine Mutter.«

»Als Lisa hier ankam, war sie nicht so dünn. Das kam erst später«, korrigierte diesmal Ada ihre Mitfrau.

»Sie hat immer so viel gearbeitet. Überall war sie gleichzeitig«, erzählte Mama Bisi. »Choga, hol doch deiner Schwester etwas zu essen!«

Gehorsam wollte ich schon loslaufen, als Magdalena mich zurückrief: »Bitte bleib, ich bin überhaupt nicht hungrig! Aber ich würde mich gern etwas ausruhen.«

»Die Arme«, pflichtete die stets um jeden besorgte Mama Bisi bei, »Choga, du musst ihr doch etwas Ruhe gönnen.«

Mama Ada, die im Gegensatz zu Mama Bisi damals noch im Harem lebte und arbeitete, sagte nur: »Ich habe die Betten für euch beide gerichtet.«

Ich brachte meine deutsche Schwester in Mutters Zimmer, wo sie übernachten sollte. Verwundert sah sie sich darin um. Ich ertappte mich dabei, die beiden winzigen Räume mit Magdalenas Augen sehen zu wollen. Mutter war immer mit so wenigen persönlichen Sachen zufrieden gewesen. Das schmale Sofa, auf dem sie und ich Platz hatten, auf dem wir so oft gesessen hatten, wenn sie mir ihre Geschichten erzählte. Damit man nicht sah, wie abgeschabt der Stoff war, hatte sie mehrere Decken über die Polster gebreitet. Auf der Anrichte standen die geschnitzte Madonna und das Wasserbecken, an der Wand hing das Bild von den Alpen, von denen sie mir so oft erzählt hatte.

»Ich hatte es mir anders ausgemalt«, sagte Magdalena nach einer Ewigkeit. »Hier drin sieht es gar nicht aus, wie ich es mir in einem Harem vorgestellt habe.«

»Jede Frau durfte sich ihre Zimmer selbst einrichten und ihre persönlichen Sachen mitbringen«, versuchte ich zu erklären. »Das war Vaters Wunsch.«

»Mutter wird es wohl gegen das Heimweh geholfen haben«, warf Magdalena ein. »Hat sie oft von Deutschland gesprochen?«

»Manchmal. Sie mochte den Winter in Bayern, den vielen Schnee und den Wechsel der Jahreszeiten, den man hier nicht so deutlich spürt.«

»Sie ging mit mir gern im Winter zum Skifahren«, erinnerte sich Magdalena, »da war sie wie ausgewechselt. Hat viel gelacht.« Sie überlegte kurz. »Wir haben das nicht oft gemacht, glaube ich. Es ist schon so lange her. Die Erinnerung an die Kindheit meiner Tochter ist frischer als an die eigene.«

»Meine Mutter hat eigentlich selten gelacht«, meinte ich und als mir mein Versprecher auffiel, verbesserte ich mich schnell: »Unsere Mutter, wollte ich sagen.«

»Na ja, vielleicht hast du ja Recht«, gab Magdalena zu bedenken, »in gewisser Weise hatten wir wohl zwei verschiedene Mütter.« Sie trat ans Fenster und klappte den unteren Teil hoch. Schweigend blickte sie hinaus und hörte der Musik zu, die heraufwehte. Dann wandte sie sich zu mir um. »Glaubst du, ihr Leben wäre anders verlaufen, wenn ich mitgekommen wäre nach Afrika?«

»Warum hast du es nicht getan? Wollte sie es nicht?«

»Nein, ich. Als meine Eltern nach Lagos gingen, war ich 16. Ich wollte unbedingt mein Abitur in dem Klosterinternat am

Chiemsee machen, in das ich damals ging«, erklärte Magdalena.

»Und, hast du es bereut? Ich meine, du warst doch dann ganz allein.«

Meine Schwester wich der Frage aus: »Wir haben uns geschrieben. Anfangs. In den ersten Wochen.«

Im Schlafzimmer stand das Foto von meiner Taufe auf dem Nachttisch, daneben das Margeritenbild. Magdalena nahm es in die Hand und setzte sich langsam aufs Bett, ganz in das Abbild ihrer Jugend vertieft. Wie oft hatte ich Mutter Löcher in den Bauch gefragt über das Mädchen auf dem Foto, das ich so gern einmal getroffen hätte. Und nicht selten wurde sie ganz traurig, weil sie meine Fragen nicht beantworten konnte. Weil sie nicht wusste, was ihre große Tochter tat, dachte und fühlte.

»Mama hat dich sehr vermisst«, erzählte ich. »Oft meinte sie: ›Ich weiß nicht einmal mehr, wie sich Magdalenas Haar anfühlt.‹«

»Sie hat mir auch gefehlt. Aber ich habe mich gegen dieses Gefühl gewehrt, mir eingeredet: Meine Eltern wollen sowieso nicht, dass ich bei ihnen in Afrika bin. Und später ...« Magdalena brach ab, musterte das von Mama Ada perfekt gemachte Doppelbett: »Diese Bettwäsche! Die kenne ich! Da drin habe ich auch schon geschlafen. Unglaublich, dass es die noch gibt.«

»Mama war sehr sparsam. Sie hat ihre Sachen immer in Ordnung gehalten.«

»Ordentlich, ja, das war sie. Deswegen konnten wir das alle nicht verstehen, das mit ihr und deinem Vater. Es passte so gar nicht zu ihr.« In ihrer Stimme war ein Unterton, dem ich aber nicht nachspüren wollte. Mein Vater hatte Magdalena die Mutter weggenommen. Mein Vater? Oder sogar ich selbst? Seit meiner Geburt stand ich schließlich zwischen Mutter und Magdalena ... Mir brannte die Frage auf der Zunge, ob sie am Ende glaubte, dass ich Mutter den Rückweg nach Deutschland versperrt hatte.

Meine Schwester deutete auf das Bett. »Hat dein Vater in dem anderen Bett geschlafen?«

»Nein, nie. Wenn Mutter ihn sehen durfte, dann ist sie hinüber in sein Haus gegangen.«

»Er ist nie hierher gekommen?«, fragte Magdalena verwundert.

Seltsam, darüber hatte ich nie nachgedacht. Vater hatte sich tatsächlich niemals in unseren Räumen blicken lassen. Was hätte er hier auch gesollt? Dies war Mutters Reich. Vater hatte sein eigenes Haus, und zwar das größte und neueste, am Rande des *compound* gelegen, mit einem eigenen Eingang zur Straße hin. So konnte er Besucher empfangen, von denen der Harem nichts mitbekam.

»Mutter hat geschrieben, dass dein Vater schon vor Jahren gestorben ist«, sagte sie dann. »Wieso gibt es den Harem denn immer noch?«

»Weil Mutter es so wollte. Sie hat dafür gekämpft, damit die Frauen ihr Zuhause behalten konnten«, antwortete ich.

»Und sie wollte hier nie weg?« Das ungläubige Erstaunen in ihrer Stimme entging mir nicht. »Hätte sie denn nicht gehen können? Wurde sie etwa hier festgehalten?«

Was hatte meine deutsche Schwester nur für eine Vorstellung von einem afrikanischen Harem! »Alle Frauen lebten und leben freiwillig hier«, sagte ich. »Wir sind eine große Familie!« Ich erklärte Magdalena, dass wir alle diesen Ort liebten, weil er jahrezehntelang vor allem ein Hort des Friedens gewesen war. Die Sorgen der Menschen blieben ausgesperrt. Hier konnten wir ungezwungen lachen, spielen, uns Geschichten erzählen und füreinander da sein. Im Harem meines Vaters hatte nicht nur ich viele unbeschwert glückliche Kindheitsjahre verbracht. Ich dachte immer, dass alle Familien so groß seien wie unsere. Manchmal waren wir über hundert. Ebenso war ich davon überzeugt, dass jedes Kind zwanzig Mütter habe – oder zumindest Frauen, zu denen es Mama sagen kann. Und dass jede dieser Mamas für einen da sein müsse.

Viel Zeit war seitdem vergangen. Ich wusste inzwischen, dass die Welt so nicht war. Mein Vater hatte diese Welt für uns erschaffen, doch unser Paradies hinter den hohen weißen Mauern war zerbrochen. Wie ein buntes Glas, das auf harten Zementboden fällt und dessen Scherben sich überall verstreuen. So wie die bunten Splitter, die die Krone unserer Mauern zierten. Als ich einmal sah, wie sie im Sonnenlicht glitzerten, hielt ich sie für tausend kleine Sterne, die vom Himmel gefallen waren, um mich und meine Schwestern zu beschützen.

Vor vielen Jahren, als ich noch ein kleines Mädchen war, hatte Mutter mir den Sinn der Glasscherben auf den Mauern rings um den Harem erklärt. Niemals hatte ich den Wunsch verspürt, auf die andere Seite zu klettern, um nachzusehen, was sich dort befinden mochte. Keine meiner Spielgefährtinnen wäre auf den Gedanken gekommen, so etwas zu tun. Zwischen den hohen Mauern, das war unsere Welt. Damals reichte mir diese Welt vollkommen.

Dass ich den Harem irgendwann mit ganz anderen Augen sehen musste, davon sagte ich meiner Schwester vorerst nichts. Schließlich war es unser erster Abend.

Es klopfte. Mama Ada schob den Kopf zur Tür herein. »Ich habe von unten gesehen, dass bei euch noch Licht brennt«, sagte sie. »Wollt ihr eurer Mutter einen letzten Besuch abstatten?«

Mit ihrem Tod war Mutter dorthin zurückgekehrt, wo ihr Leben im Harem begonnen hatte – in das Haus meines Vaters. Ein Raum in diesem Haus, in dem mein Vater auch vor Jahren starb, war einst extra für ihn so hergerichtet worden, dass er die letzte Phase seiner Krankheit leichter ertragen konnte. Nun lag Mutter dort. Die kalte Stille in dem Raum, die so gar nicht zu der warmherzigen Stimmung des Fests draußen passte, legte sich eisig um mein Herz.

Die Tote sah aus, als ob sie eben erst eingeschlafen wäre. Mama Felicitas und Mama Patty hatten sich viel Mühe gegeben, damit wir unsere Mutter als eine Frau von würdevoller Schlichtheit in Erinnerung behalten konnten. In ihrer für die Ewigkeit geschminkten Schönheit, gehüllt in weißes Tuch, das nur ihr Gesicht freiließ, wirkte sie irgendwie entrückt. Meine Schwester trat stumm an den offenen Sarg, an dessen Kopfende zwei violette Kerzen brannten. Die Muskeln in Magdalenas Gesicht arbeiteten. Ein Vierteljahrhundert lang war sie ihrer Mutter nicht mehr so nah gewesen wie in diesem Augenblick.

»Soll ich euch allein lassen?«, fragte ich. Als sie stumm nickte, ging ich hinaus. Einige Zeit später gesellte sie sich zu mir; ihr Gesicht war verweint.

»Ich glaube, sie hat mir verziehen«, sagte Magdalena.

»Was musste sie dir denn verzeihen?«

»Dass ich sie zurückgewiesen habe. All die Jahre. Wann immer sie nach Deutschland kam, bin ich ihr stets aus dem Weg gegangen. Ich habe Mutter nie eine Chance gegeben, mir zu erklären, warum sie hier in Nigeria leben wollte. Ich war so selbstsüchtig. Dachte nur an meinen eigenen Verlust.«

»Hat Mutter denn nie gefragt, ob du nicht nachkommen willst nach Afrika?«

Gedankenverloren sahen wir den Frauen zu, die zum Klang der Trommeln einen Tanz aufführten. Noch immer hatte Magdalena mir nicht geantwortet. »Doch, sie hat mich schon gefragt. Ich glaube, jedenfalls. Später riss dann der Kontakt über Jahre hinweg ab.« Magdalena nahm meine Hand. »Was weißt du eigentlich über das Leben unserer Mutter, bevor sie deinen Vater geheiratet und dich bekommen hat?«

»Sie hat nicht oft darüber gesprochen.«

»Soll ich dir davon erzählen? Und dann berichtest du, wie es weiterging?«

Ich nickte heftig und wir gingen hinauf in Mutters Zimmer. Es war längst Mitternacht, doch wir waren zu aufgewühlt, um uns schlafen zu legen.

»Mutter ist hier«, sagte ich. »Ich spüre es ganz deutlich.«

»Ich fühle ihre Gegenwart auch«, meinte Magdalena. »Dann will ich jetzt anfangen.«

Eine Bayerin in Afrika

»Der deutsche Nachname unserer Mutter ist Hofmayer«, begann Magdalena ihren Bericht. »Sie kam 1933 in Bayern auf einem Bauernhof zwischen Rosenheim und Traunstein zur Welt. Als sie das erste Mal afrikanischen Boden betrat, hatte sie Bayern noch nie zuvor verlassen. Damals war sie 41 Jahre alt und seit 16 Jahren mit ihrem Mann Bruno, ihrer ersten und bis dahin einzigen Liebe, verheiratet. Sie konnte praktisch kein Englisch.« Meine Schwester musterte mich: »Weißt du eigentlich, dass du einen leicht bayerischen Akzent hast, Choga?«

Ich verstand nicht, was sie damit sagen wollte. »Ich habe selten mit jemandem Deutsch gesprochen, außer mit Mutter«, antwortete ich.

»Das meine ich«, sagte Magdalena. »Du hast von Mutter einen bayerischen Akzent übernommen. In Bayern würde man glauben, du wärst dort aufgewachsen. Obwohl du nie dort gelebt hast. Das ist schon eigenartig!«

Magdalena machte eine Pause, bevor sie fortfuhr. »Am Sarg ist mir aufgefallen, dass Mutter immer noch den Schmuck von früher trägt.«

Sie meinte ein etwa fünf Zentimeter langes, schlichtes Kreuz aus Silber und einen silbernen Anhänger mit dem Bild des Heiligen Christophorus. »Das Kreuz hat sie zu ihrer Taufe geschenkt bekommen, das Medaillon von ihrem Vater, bevor er in den Krieg zog«, sagte ich. Mutter hatte mir einst von den beiden Schmuckstücken erzählt, von denen sie sich nie trennte. Ich vereinbarte mit Magdalena, dass wir sie unter uns aufteilen sollten.

»Deine deutschen Großeltern hießen Maria und Sepp Brunner«, fuhr meine Schwester fort, »sie waren Landwirte. Unser Opa meldete sich 1944 freiwillig an die Front; er starb, als Mutter zwölf Jahre alt war. Oma Maria bewirtschaftete daraufhin den Hof gemeinsam mit Xaver, Mutters acht Jahre älterem Bruder. Mutter ging damals noch zur Schule. Es war eine Hauswirtschaftsschule. Irgendwann kehrte sie dann als Hauswirtschafterin auf den elterlichen Hof zurück. Auf dem Brunnerhof gab es nicht nur Kühe und Schweine, sondern auch eine umfangreiche Geflügelzucht, um die sich Mutter ganz besonders kümmerte. Auf den fruchtbaren Feldern gediehen Mais und Getreide. Oma Maria hat ihre eigenen Bedürfnisse immer hintan gestellt und sich selbst nie etwas gegönnt. Obwohl sie eine vermögende Frau war. Aber das hat sie nie interessiert. Sie machte einfach nur ihre Arbeit und ging jeden Sonntag, nachdem sie das Vieh versorgt hatte, in die Kirche. Du weißt ja selbst, dass auch Mutter sehr gläubig war«, sagte Magdalena.

»Ja, natürlich, sie hat auch mich so erzogen«, erzählte ich. »Und ich bin ihr dafür sehr dankbar, vor allem in schweren Zeiten.«

»Als Mutter 22 Jahre alt war, begann sich ihr Leben zu verändern: Ihr Bruder Xaver heiratete. Seine Frau Johanna war drei Jahre älter als Mutter«, berichtete Magdalena weiter. »Die beiden verstanden sich überhaupt nicht. Tante Johanna war eine ziemlich bestimmende Person, der auch ich lieber aus dem Weg ging. Zwei Jahre nach ihrer Heirat mit Onkel Xaver übernahm sie endgültig das Kommando auf dem Brunnerhof: Oma Maria hatte einen Schlaganfall erlitten. Onkel Xaver war zwar ein lieber Mensch, der von früh bis spät nur schuftete. Aber die Hosen hatte eindeutig Tante Johanna an. Mutter hat sich wohl immer im Weg gefühlt, zumindest hat sie es so erzählt. Deshalb hat sie es auch so genossen, als Bruno, ein Freund von Onkel Xaver, ihr damals den Hof machte. Bruno war das, was man zu jenen Zeiten eine gute Partie nannte: Von

Beruf war er Bierbrauer. Die beiden heirateten 1958. Ich kam im selben Jahr zur Welt. Schon zwei Jahre später zogen wir nach München, weil Papa eine Stelle bei einer Brauerei angeboten worden war«, schilderte Magdalena und ich hing gebannt an ihren Lippen.

»Ich kann mich erinnern, dass Mama mir erzählt hat, sie wäre nicht gern in die Stadt gezogen. Sie hat gesagt, sie wäre ein echter Landmensch. Das laute, stinkende Lagos hat sie auch nie gemocht. Sie hat sich schon immer im Harem wohler gefühlt als draußen«, konnte ich hinzufügen.

»Das kann ich mir gut vorstellen«, schmunzelte meine Schwester. »Ach ja, etwas Wichtiges habe ich noch vergessen. Der Streit zwischen Mutter und ihrer Schwägerin wurde immer schlimmer, bis Tante Johanna und Onkel Xaver ihr kurz vor der Hochzeit mit meinem Vater die Tür wiesen.«

»Mir ist das bis heute völlig unverständlich. Mutter war für mich eigentlich immer eine Person, die jeder Konfrontation aus dem Weg ging«, warf ich ein. »Wie dem auch sei. Jedenfalls wurde aus dem großen Zerwürfnis der beiden Geschwister nach Oma Marias Tod eine erbitterte Feindschaft. Der Auslöser war die Heirat unserer Mutter mit deinem Vater«, fuhr Magdalena fort.

Ich sah meine Schwester überrascht an. Aus diesem Blickwinkel hatte ich das Ganze noch gar nicht betrachtet. Nun wollte ich unbedingt mehr über Mutters Vorleben erfahren. »Wie ist es euch in München ergangen?«, fragte ich daher aufgeregt.

»In München hat Mutter schnell eine neue Arbeit gefunden«, ging Magdalena auf meine Frage ein. »Der Brauerei, für die mein Vater gearbeitet hat, gehörten einige Lokale und Biergärten. Als sie Mutter irgendwann eine Stelle als Leiterin einer der Gaststätten anboten, hat sie sofort eingewilligt.«

»Ja, ich weiß«, erwiderte ich, »Mama hat oft davon gesprochen, wie glücklich sie damals war. Aber es muss auch ganz schön hart für sie gewesen sein. Schließlich warst du damals doch noch ziemlich klein, oder?«

»Stimmt. Viel Freizeit hatten die beiden damals nicht. Und Urlaub haben wir auch nie gemacht«, sagte Magdalena. »Obwohl Papa seit seiner Jugend den Wunsch gehabt hatte, fremde Länder zu bereisen. Doch Mutter wollte die Gastwirtschaft keinen fremden Händen überlassen.«

»Ach so. Mir hat Mutter mal erzählt, dass Johanna der Grund dafür war. Sie befürchtete, ihre Schwägerin könnte noch einmal zerstören, was sie sich aufgebaut hatte«, legte ich meine Version der Ereignisse dar.

»Das kann natürlich gut sein«, sagte meine Schwester nachdenklich. »Aber schließlich hat sie sich doch von der Gastwirtschaft getrennt. Ich glaube, es war 1972, als die Brauerei jemanden suchte, der eine Zweigniederlassung in Südamerika aufbauen wollte. Papa war sofort Feuer und Flamme und auch Mutter war bald überzeugt und stimmte seinen Plänen zu. Damals wollte ich noch mitgehen«, fuhr Magdalena fort. »Aber ausgerechnet zu diesem Zeitpunkt erlitt Oma Maria einen zweiten, sehr schweren Schlaganfall, der sie halbseitig lähmte. Tante Johanna sah sich außerstande, Oma zu pflegen, denn der Brunnerhof war inzwischen der größte der ganzen Gegend geworden. Außerdem hatten Tante Johanna und Onkel Xaver drei Kinder. Mutter sah es als ihre Pflicht an, Oma zu uns nach München zu holen.«

»Darum ist dein Vater also ohne Familie nach Südamerika aufgebrochen.« Das hatte ich nicht gewusst. »Mama hat nur mal erzählt, dass dein Vater im Ausland eine Beziehung zu einer anderen Frau eingegangen ist. Und dass er ihr bei seinen Besuchen in München wie ein Fremder vorkam.«

»Das war bestimmt schon nicht leicht für sie. Aber nach Oma Marias Tod ging es ihr dann richtig schlecht«, erinnerte sich meine Schwester. »Sie litt unter starken Angstzuständen. Papa hat schließlich in Südamerika gekündigt und ist nach München zurückgekehrt. In der Zeit seiner Abwesenheit hatte Mutter sich äußerlich stark verändert. Zuvor war sie nicht gerade schlank gewesen, aber die doppelte Belastung durch die

Trennung von meinem Papa und Omas Pflege hatten sie stark abmagern lassen. Bei einer Größe von 1,68 Meter wog sie nur noch 52 Kilo.«

»Ja, sie war wirklich immer sehr dünn«, bestätigte ich. »Aber erzähl weiter. Was ist dann passiert?«

»Gegen Ende des Jahres 1974 erfuhr Papa von der Möglichkeit, in Afrika einen Ausbildungsbetrieb für Brauereiwesen aufzubauen. Bis zu diesem Zeitpunkt hatten meine Eltern noch nie von einem Land namens Nigeria gehört«, erzählte Magdalena. »Die beiden waren damals sehr mit sich selbst beschäftigt, vielleicht haben sie sich deshalb nicht richtig Mühe gegeben, mich davon zu überzeugen, dass ich besser mitgehen sollte. Wahrscheinlich wussten sie aber einfach nur nicht, was sie erwartete. Ich war in der Schule sehr gut. Was sollte ich in Lagos? Soweit ich weiß, konnte man uns nicht mal sagen, ob es dort eine deutsche Schule gab. Für mich war damals klar, dass ich im Internat blieb. Na ja, jedenfalls bestiegen die beiden zwischen Weihnachten und Silvester ein Flugzeug, das sie nach Lagos brachte. Es ist wirklich unglaublich: Als Mutter in Nigeria ankam, wusste sie weder etwas über das fremde Land, noch sprach sie richtig Englisch. Aber das Schlimmste war wohl, das hat sie zumindest behauptet, dass sie sich völlig überflüssig vorkam! Du kennst ja Mutter. Sie hat schon immer alles am liebsten selbst gemacht. Außerdem hat sie streng nach der Bibel gelebt und sich zeit ihres Lebens nur am siebten Tag der Woche ausgeruht. Und plötzlich fand sie sich einer völlig neuen Situation gegenüber. Papa hatte ein sehr großes, modernes Haus zur Verfügung gestellt bekommen, in dem Mutter jeder Handgriff von dienstbaren Menschen abgenommen wurde. Wann immer sie versuchte, sich in den Tagesablauf einzumischen, kam es zu Missverständnissen und sie fühlte sich mehr und mehr ausgeliefert. Papa hatte einen Dreijahresvertrag unterschrieben, die Gastwirtschaft in München leitete jemand anders – wo sollte sie also hin?«

Magdalena sah mich müde an, doch ich bat sie weiterzusprechen. An Schlaf war jetzt sowieso nicht zu denken.

»Obwohl Papa gehofft hatte, Mutter glücklich zu machen, kam alles noch viel schlimmer als zuvor. Tagelang lag sie im Bett und rührte sich nicht. Zu diesem Zeitpunkt trat diese Heilerin in Mutters Leben.«

»Das war Amara«, sagte ich mit einem breiten Lächeln. »Sie vermittelte damals Hauspersonal an wohlhabende Weiße, die in Lagos lebten. Eines ihrer Mädchen hatte ihr wohl von Mama erzählt und sie beschloss, sich die traurige Frau aus Deutschland einmal anzusehen. Irgendwie gelang es Amara, sich mit Mama zu verständigen. Zunächst gab sie ihr eine Medizin aus verschiedenen afrikanischen Kräutern, die sie selbst angerührt hatte. Nach einigen Wochen legte sich das Gefühl der Niedergeschlagenheit und Mama begann, sich für ihre Umgebung zu interessieren. Sodann brachte Amara sie mit einer Frau zusammen, die ihr Englisch beibrachte. Allerdings liefen die Dinge anders, als von Amara erwartet.« Ich musste kichern.

»Wieso denn?«, fragte Magdalena. »Was ist denn passiert?«

»Kaum konnte Mama ihren Wünschen Ausdruck verleihen, begann sie die Dienstmädchen zu erziehen. Nichts machten die armen Dinger richtig. Anstatt beleidigt zu sein, kam Amara schließlich auf die fantastische Idee, Mama die Mädchen ausbilden zu lassen. Mutter blühte auf und ...«

Magdalena unterbrach mich. »Ja, genau, Vater hat mir davon erzählt. Er freute sich riesig, dass es ihr endlich auch gefiel. Zu der Zeit haben sie es sich richtig gut gehen lassen und ständig Leute eingeladen.«

»Und auf einem dieser Feste haben sich wohl meine Eltern kennen gelernt. Mama sagte, David Umukoro, also mein Vater, habe das Auftreten eines Königs gehabt, sei aber auch ein guter Zuhörer und viel zu bescheiden gewesen, um mit seiner Arbeit zu prahlen. Außerdem erregten seine sanften Augen ihre Aufmerksamkeit«, schwärmte ich bei der Erinnerung an die lebendige Schilderung meiner Mutter.

»Ich weiß«, erinnerte sich nun auch Magdalena. »Er war nicht nur Mutter vom ersten Augenblick an sympathisch. Auch Papa war von ihm sehr angetan und erzählte ihm bereitwillig von seiner Arbeit.«

»Mein Vater war jemand, der mit großem Geschick Menschen zusammenbrachte. Er hatte ein sicheres Gespür dafür, was jemand brauchte und wer ihm dabei behilflich sein konnte. Außerdem kannte er unglaublich viele Leute. Er vermittelte deinem Vater, glaube ich, sogar einen Beratervertrag bei einer im Aufbau befindlichen Brauerei. Das stimmt doch?« Ich sah meine Schwester fragend an.

»Ja, ja. Papa David war oft bei meinen Eltern zu Gast. Er und Mutter haben sich wohl häufig über Landwirtschaft unterhalten. Und dann muss er sie wohl mal auf seine Farm eingeladen haben. Papa erzählte damals, sie sei völlig begeistert von dem Ausflug zurückgekommen und habe von den rotbraun leuchtenden Böden geschwärmt«, berichtete Magdalena. »Und dein Vater hat ihr dann angeboten, diese Farm zu bewirtschaften. Warum auch immer!«

»Das kann ich dir erklären!«, rief ich aus. »Nigeria wurde in den 70er Jahren von einem plötzlichen Reichtum förmlich überrannt. Aus dem Erlös der sprudelnden Ölquellen wurden viele materielle Wünsche erfüllt. In dieser Zeit startete die mit reichlich Geld gesegnete Regierung ein Programm, das mein Land auch heute gut gebrauchen könnte. Es hieß *Feed the nation*. Mit der Absicht, das Volk auch künftig satt machen zu können, erhielten Investoren die Möglichkeit, dem Staat Land abzukaufen und zu bewirtschaften. Damals wurden auch viele Ausländer aufgefordert, sich an dieser Aktion zu beteiligen. Insofern war es also nichts Außergewöhnliches, dass mein Vater unsere Mutter um Hilfe bat«, schloss ich meinen Vortrag.

»Das leuchtet mir ein«, pflichtete Magdalena mir interessiert bei. »Für Mutter hatte das Ganze ja auch nur Vorteile. Sie kehrte zu ihren wahren Wurzeln zurück, dein Vater gab ihr eine neue Aufgabe und ihre gerade überwundene Depression war bald vergessen. Mutter war wieder sie selbst geworden.«

»Allerdings merkte sie bei all der Arbeit wohl nicht, dass sie deinen Vater immer seltener zu Gesicht bekam. Aber offensichtlich schien der die allmähliche Entfremdung kaum zu bemerken. Allerdings hatte auch er zu jener Zeit sehr viel zu tun, das hat Mama immer wieder betont.«

Nun meldete sich Magdalena wieder zu Wort. »Ja, so hat es mein Vater auch gesehen. Dennoch behauptete er, deinem späteren Vater nicht ganz so blind vertraut zu haben wie unsere Mutter. Zwar hat er sich niemals so abfällig über David Umukoro geäußert wie meine Tante und mein Onkel. Aber man konnte schon heraushören, dass er David für einen Menschenfänger hielt, der es auf Mutter abgesehen hatte. Vor allem auf eine Frage fand Papa nie eine Antwort: Warum musste dein Vater ausgerechnet einer verheirateten Frau Avancen machen? Er hatte doch bereits mehr als genug eigene Frauen!«

»So einfach lässt sich das wohl nicht sagen«, wendete ich ein. »Als es um den Aufbau dieser ersten Farm ging, war zwischen den beiden wohl noch keine Liebe im Spiel. Du hast doch selbst gesagt, dass Mutter sehr religiös war. Und sie war deinem Vater garantiert treu. Oder glaubst du, das stimmt nicht?«

»Nein, das wird schon so gewesen sein. Jedenfalls hat Vater nie etwas anderes gesagt. Er meinte, da wären ein paar Dinge zusammengekommen. Was, das hat er nicht genau erklärt. Mir jedenfalls nicht.«

»Wenn du willst, erzähle ich dir die Geschichte meiner Eltern so, wie ich sie kenne«, bot ich meiner Schwester an.

»Die würde ich gern erfahren, um endlich zu verstehen, warum sich eine Bayerin in einen afrikanischen Haremsherrscher verlieben konnte«, sagte meine deutsche Schwester und sah mich gespannt an.

Vaters 33. Frau

Die Geschichte meiner Eltern hat tatsächlich keinen leichten Anfang genommen. Es kam eine Menge zusammen, bis sich meine Mutter endlich in meinen Vater verliebte!

»Ich war kein leichtsinniges junges Mädchen mehr«, sagte sie mir, als ich sie wieder einmal gebeten hatte, mir alles von Anfang an zu erzählen. »Sondern eine Frau von 41 Jahren. In Deutschland hatte mir mein Hausarzt gesagt, ich wäre bereits im Klimakterium. Als ich Deutschland verließ, dachte ich, dass ich die besten Jahre als Frau bereits hinter mir hatte. Das war wohl auch der Auslöser für die Depressionen, unter denen ich damals litt.«

Und dann kam Papa David! Ein Mann mit Charme, manche Leute sagten sogar, er habe Charisma gehabt, und seine Ausstrahlung machte ihn tatsächlich unwiderstehlich. Vater wirkte auf Frauen. Mutter mag das wohl zunächst verdrängt haben, aber Papa David verstand es, ihr den Hof zu machen. Ob er es darauf anlegte, dass sie sich in ihn verliebte? Ich weiß es nicht. Aber ich habe meine Eltern später oft beobachtet und bin überzeugt, dass die beiden sich gesucht und gefunden haben. Sie passten einfach gut zusammen, ergänzten sich in vielerlei Hinsicht. Außerdem glaube ich an die Macht des Schicksals. Die beiden waren einfach füreinander bestimmt.

Doch da war noch so vieles andere, zum Beispiel die Art, wie Papa David lebte. Nachdem die beiden mit dem Aufbau der Farm begonnen hatten, lud er Mutter in sein Haus ein. »Es war ein Sonntagmorgen, diesen Tag werde ich nie vergessen«, erzählte Mutter mir. »Papa David hatte mir einen Fahrer mit einem dieser blank polierten großen Wagen geschickt. Dann fuhren wir zum *compound,* wo er mich schon erwartete. Ich war völlig sprachlos, als ich sah, wie er lebte. Diese riesige Anlage mit den zahlreichen Häusern, der zur Schau gestellte Reichtum, die Gelassenheit, mit der er im Mittelpunkt so vieler Menschen stand. Doch die Herzlichkeit, mit der mich die Frauen empfingen, beeindruckte mich bald noch mehr. Die Menschen, die Papa David umgaben, waren alle so freundlich, ungezwungen und natürlich. Von ihnen ging eine unglaublich positive Stimmung aus. Anfangs wusste ich gar nicht, dass sie alle seine Ehefrauen waren. So ein Gedanke wäre mir nicht im Traum gekommen. Gleich nach unserer Ankunft zogen wir alle in das größte Gebäude, wo die Frauen zu singen begannen. Es ging unglaublich laut und fröhlich zu, den ganzen Abend wurde getanzt und geklatscht. Für mich war das der Inbegriff von Lebensfreude. Und wie sehr hatte ich mich danach gesehnt! Nach all den trüben Jahren in Deutschland. Das hier war der vollkommene Gegensatz. Dann hielt Papa David eine Ansprache. So gut war mein Englisch damals noch nicht, daher brauchte ich eine Weile, bis ich kapierte, dass er predigte! Jetzt erst verstand ich, dass ich einem afrikanischen Gottesdienst beiwohnte. Die Zeremonie war in keinster Weise zu vergleichen mit dem, was ich aus Deutschland kannte.«

Bald ließ Mutter sich jeden Sonntag abholen, sie freute sich die ganze Woche über auf die Geselligkeit. Sie lernte die fremde Sprache überraschend schnell und verfolgte bald aufmerksam, was Papa David predigte. »Mir hat gefallen, was er da sagte. Er sprach von gegenseitiger Rücksichtnahme, vom Miteinander, von der Gleichheit aller Menschen. Da war nicht ein Satz, den ich missbilligt hätte. Und hinterher verteilte er Essen an die Kinder aus armen Familien. Ich hatte die Armut in Lagos inzwischen kennen gelernt. Und hier sah ich: Da tat einer etwas, half, teilte mit den Ärmeren.«

Und dann waren da die anderen Frauen, einige im Alter von Mutter. Mama Patty und Mama Felicitas zum Beispiel, mit denen sie sich sofort gut verstand. Sie bezogen die Deutsche in ihr Leben ein; Mutter liebte Handarbeiten und Basteln. Die Frauen zeigten ihr, womit sie so beschäftigt waren, und Mutter lernte begeistert. Andererseits verstand sie sich auf Dinge, die die anderen nicht konnten. So entwickelte sich eine gesellige Runde; auch ohne Papa David, den Mittelpunkt.

»Irgendwann musste ich mir eingestehen, dass es nicht nur die Geselligkeit und Fröhlichkeit im Haus von Papa David waren, das harmonische Miteinander. Das Leben dort wurde zu meinem eigenen. Denn was erwartete mich schon zu Hause? Leere und Einsamkeit. Nein, ich erkannte, dass ich mich in den Mann verliebt hatte, der all das erschaffen hatte, diese eigene kleine Welt«, erzählte Mutter mir, als ich sie fragte, wann sie sich zum ersten Mal ihrer Liebe zu meinem Vater bewusst geworden war.

Innerhalb von wenigen Monaten hatte Mutter sich völlig verwandelt und kleidete sich in die weiten, weißen Gewänder, die Vaters Frauen trugen. Viele Jahre später berichtete sie mit einem wundervollen Strahlen in den Augen: »Das war viel angenehmer als die engen deutschen Sachen, die mich immer einschnürten. Plötzlich fühlte ich mich geradezu symbolisch befreit von dem ganzen Druck, der all die Jahre auf mir gelastet hatte. Die Liebe, die ich für deinen Vater empfand, gehörte dazu: Ich fühlte mich mit einem Schlag um Jahre jünger. Ich war deinem Vater richtig dankbar. Er gab mir nicht nur meine Zuversicht und meine Lebensfreude zurück, sondern auch meine Jugend. Das Gleiche empfand ich, als ich merkte, dass ich dich erwartete. Ich fühlte, dass ich ein Geschenk bekommen hatte, ein unerwartetes, ein großes und kostbares.«

Magdalenas Vater war bereit, mich als seine Tochter zu akzeptieren. Mutter wollte das jedoch nicht: »Ich liebte Papa David und wünschte mir, dass du als sein Kind aufwächst«, sagte sie Jahre später, als sie mir von dieser Zeit im Jahr 1975 berichtete. Außerdem wollte Papa David sich auf jeden Fall zu uns beiden bekennen und meine Mutter heiraten.

Mutter meinte, erst da hätte sie allmählich verstanden, wie Vaters Leben funktionierte. Stolz erzählte sie mir: »Ich wurde allen seinen Frauen vorgestellt. Die meisten kannte ich ja schon, aber als ich erfuhr, dass ich seine 33. Frau werden sollte, da war mir doch etwas mulmig zumute. Und alle anderen 32 Frauen mussten der Ehe zustimmen! Damit es keinen Streit gab. Doch Papa David war sehr geschickt vorgegangen. Er hatte mich ja schon in den *compound* mitgenommen, bevor wir ein Paar waren. Seine wichtigsten Frauen, Felicitas und Patty, die das Sagen hatten, mochten mich. Wenn er gespürt hätte, dass die beiden mich schon anfangs abgelehnt hätten, dann wärst du wohl nie geboren worden, Choga Regina. Ich denke, dein Vater hätte die Beziehung beendet, bevor es dafür zu spät gewesen wäre.«

Ich selbst habe übrigens erlebt, wie Vater in späteren Jahren auf die gleiche Weise weitere Frauen allmählich an den Harem herangeführt hat. Ich halte das den anderen gegenüber für absolut fair; vorausgesetzt, man heißt die Vielehe an sich gut.

Auf die Idee, dass Mamas erster Mann sich von Papa David missbraucht und betrogen gefühlt haben konnte, bin ich nie gekommen. Aber er war wohl der Ansicht, mein Vater sei richtig strategisch vorgegangen. Er hat wohl schon gewusst, dass Papa David mit meiner Mutter weitere Pläne hatte, als er sie das erste Mal in den *compound* eingeladen hat. Mutter hatte mir irgendwann mal erzählt, dass er um Auflösung seines Vertrages gebeten hatte und wieder zurück auf den Brunnerhof gekehrt war, wo er fünf Jahre später mit nur 54 Jahren starb. Mutter und er hatten sich aber in Deutschland noch mal getroffen und er hatte ihr wohl auch verziehen.

Mutter war bereits mit mir im fünften Monat schwanger, als sie Ende 1975 David Umukoro nach nigerianischem Recht heiratete. Es muss eine sehr pompöse Zeremonie gewesen sein, bei der die ganze riesige *Familie* – so nennen wir alle Bewohner des Harems – versammelt war. Das heutige Gemeinschaftshaus gab es damals noch nicht und das alte war für Hochzeiten zu klein. Daher haben sie unter freiem Himmel geheiratet, was Mutter auch viel schöner fand. Ihre Ehe war übrigens die letzte, die auf diese Weise geschlossen wurde. Das Fest dauerte bis zum nächsten Morgen.

Da ich schon einige Hochzeiten im Harem erlebt habe – jene meines Vaters und auch viele meiner Halbgeschwister –, kann ich mir gut vorstellen, wie stimmungsvoll es zugegangen sein muss: Schon Tage vorher wurde der *compound* geschmückt, es wurden seltene Speisen zubereitet und alle Frauen waren damit beschäftigt, sich schön zu machen. Der Haremschor aus Mädchen und Frauen übte neue Lieder ein. Die Vorfreude auf dieses gesellschaftliche Ereignis zauberte eine besondere, spannungsgeladene Atmosphäre. Die Familie der neuen Frau war natürlich auch willkommen. In Mutters Fall war das nicht möglich. Nur Amara, die mittlerweile zu Mutters Freundin und Ratgeberin geworden war, konnte damals dabei sein.

Amara erinnerte sich auch Jahre danach immer wieder gern an die Hochzeit. »Ein knappes Jahr zuvor hatte ich deine Mutter als eine tieftraurige Frau kennen gelernt«, sagte sie einmal, »jetzt stand sie neben diesem würdevollen Mann und strahlte wie eine Königin. In ihren Augen lag der glückliche Glanz junger Frauen, die die erste entscheidende Etappe ihres Lebens erreicht haben. Ihr weißer Schleier war mit bunten Blumen geschmückt und ein mit feinen, golden glänzenden Fäden durchwebtes Tuch lag um ihre Schultern. Als ich deine Eltern dann gemeinsam tanzen sah, schien die Vergangenheit wirklich sehr weit entfernt.«

Die schon vor der Hochzeit geknüpften Freundschaften erwiesen sich nun als Mutters Stütze. Mama Patty und Mama Felicitas halfen ihr beim Einrichten der privaten Räume. Mutter war die erste und blieb die einzige Europäerin im Harem. Mit entsprechend großem Interesse lauschten die anderen ihren Berichten aus der fremden, fernen Welt. Kaum eine von Davids Frauen kannte etwas anderes als den *compound* und das elterliche Zuhause. Mutter genoss die Aufmerksamkeit, die ihr entgegengebracht wurde, und verwöhnte die Mitfrauen mit ihrer Kochkunst – sie war schließlich lange genug Gastwirtin gewesen! Und gutes Essen wurde im Harem stets gern genossen. Außerdem mussten meine vielen Halbschwestern früher oder später auf ihre eigene Hochzeit vorbereitet werden, so dass Mutters Wissen über Haushaltsführung durchaus angebracht war.

Durch die abweisende Reaktion von Mutters Verwandten kannte ich die deutschen Vorbehalte gegen die Vielehe, aber ich hatte mit eigenen Augen gesehen, dass Mama sich in diesem Kreis wohlgefühlt hat. Dort gab es keine Einsamkeit, sondern gegenseitige Hilfe und Verständnis. Im Laufe meines Lebens habe ich leider erfahren müssen, dass dies nicht überall der Fall ist, doch dazu später. Es lag an der Person meines Vaters und zu einem erheblichen Teil an seinen beiden ersten Frauen Patty und Felicitas, dass der Harem, in den ich hineingeboren wurde, eine wirklich harmonische Gemeinschaft darstellte.

Papa David achtete stets darauf, dass jede seiner *queens* – seiner Königinnen, wie er seine Frauen nannte – gleich behandelt wurde. Sowohl was die Zeit betraf, die er mit ihnen verbrachte, als auch die materiellen Zuwendungen für ihre Wohnung und ihre Garderobe. In regelmäßigen Abständen besuchten Händlerinnen den Harem, verkauften Schönheitsmittel für den ganzen Körper, Stoffe, aus denen Kleider genäht wurden, sowie Schmuck.

Zwar gab es nur eine Farbe, die unsere Kleidung haben durfte – weiß. Allerdings waren alle Stoffarten von Seide über Baumwolle bis zu teuren Stickereien in zarten Abstufungen, elfenbein, hauchfeines Zartrosa oder die Andeutung eines milden Gelb erlaubt. Allerdings musste der Grundton jedes Stoffes weiß sein, das war ein ungeschriebenes Gesetz, das von niemandem übertreten werden durfte. Mit diesem äußeren Zeichen unserer Garderobe wollte Papa David uns somit bereits das Gefühl geben, über die Tage unseres irdischen Daseins hinaus für die Ewigkeit bereit zu sein.

Jeder *queen* stand für den Kauf von Kleidung und anderen Kleinigkeiten der gleiche Geldbetrag zur Verfügung. Dennoch schafften es einige immer wieder, die Händlerinnen, die sich natürlich über jedes zusätzliche Geschäft freuten, zu überreden, ihnen etwas zu verkaufen, das die anderen nicht hatten. Damit wollten sie dann meist angeben – oder beispielsweise mit einem ausgefallenen Duft andere beim Buhlen um Vaters Gunst ausstechen.

Ich glaube, ein Harem ist der beste Ort, um zu erlernen, welche Wirkung ein Duft haben kann. Vater hatte eine sehr empfindliche Nase. Ihn mit einem außergewöhnlichen Parfüm zu betören und somit die von Mama Patty festgelegte Besuchsreihenfolge umzuwerfen, war für manche Frau ein echter Sport. Da die Frauen alle ähnlich geschnittene Kleider trugen, also oft wirklich wie Zwillinge aussahen, blieb ihnen eigentlich auch kein anderes Mittel als der persönliche Duft, um auf sich aufmerksam zu machen.

Vater, der mit seinem Charme nicht gerade sparsam umging, lobte dann die neue Parfümnote und erwählte ihre Trägerin zu seiner Favoritin. Gott sei Dank tat er das nur selten und wurde wohl auch oft genug von Mama Patty auf die Folgen solch impulsiven Handelns hingewiesen. Denn die Favoritin war dann dem handfesten Ärger jener *queens* ausgesetzt, die eigentlich an der Reihe gewesen wären.

Umgekehrt konnte die Rechnung auch mal nicht aufgehen: Vater wandte sich ab und erwies seine Gunst eben gerade nicht der *queen,* die sich für ihn einparfümiert hatte. Ich muss nicht erwähnen, dass die Abgewiesene obendrein noch den Spott der anderen zu ertragen hatte ...

Mama Patty war die Regentin der *queens*. Zu ihren Aufgaben gehörte auch, dass sie gerecht einteilte, welche Frau mit meinem Vater zusammen sein durfte. Bei so vielen Frauen war das eine aufreibende Tätigkeit! Es musste bedacht werden, welche Stillzeiten eingehalten werden mussten (nach der Geburt eines Jungen zwei Jahre, nach der Geburt eines Mädchens ein Jahr). Oder wann die fruchtbaren Tage waren, in denen die jeweilige Frau von den anderen geschmückt und gereinigt meinem Vater zugeführt wurde. Zu beachten waren natürlich auch die unreinen Tage, in denen Vater auf keinen Fall mit der betreffenden Frau zusammenkommen durfte.

Manches Mal hatte eine der *queens* ein blaues Auge, das sie einer Mitfrau verdankte. Konnten sich die beiden nicht einigen, hatten sie vor Mama Patty zu erscheinen, die dann entschied, wer im Recht war. Patty berief dann das »Tribunal« ein, das aus ihr selbst (weil sie als erste Frau die ältesten Rechte besaß) und zwei weiteren Frauen bestand.

Unter den *queens* gab es enger befreundete Gruppen, die sich darum bemühten, ihre Vertreterin im »Tribunal« unterzubringen, um so ihren Einfluss zu vergrößern. Da Mutter sich mit fast allen verstand, wurde sie bereits im dritten Jahr ihres Haremslebens in das Frauengericht gewählt. Als Europäerin und nicht mehr ganz junge Frau konnte sie mit nüchternem Blick urteilen. Eine Fähigkeit, die die anderen sehr schätzten. Übrigens auch mein Vater, der Mutter oft um Rat fragte.

Unter all den Frauen gab es nur eine, die Mutter von Anfang an ablehnte. Ihr Name war Idu. Mein Vater hatte sie nur wenige Wochen vor meiner Mutter zur Frau genommen. Idu stammte aus dem Norden Nigerias, war groß und schlank und zum Zeitpunkt ihrer Hochzeit mit Vater 21 Jahre alt, also halb so alt wie meine Mutter. Die Afrikanerin entstammte einer sehr wohlhabenden Familie. Sie war stolz auf ihre Herkunft, denn ihr Vater trug den Titel eines Sultans; ein großer Clan war ihm treu ergeben. Soweit ich heute weiß, heiratete sie Papa David, weil ihr eigener Vater es von ihr verlangte. Es verletzte Idus Eitelkeit zutiefst, dass ihr Mann nur wenige Monate nach ihrer Hochzeit erneut heiratete. Als schlimmste Demütigung muss sie es aber aufgefasst haben, dass Mutter mich gebar, bevor Idu selbst schwanger wurde.

Die anfängliche Kinderlosigkeit und das Glück meiner Mutter, das ihr durch meine Geburt zuteil wurde, waren der Nährboden, auf dem Idu gegen meine Mutter zu hetzen begann. Da Vater sich mit Mutter nicht nur zum ehelichen Beisammensein traf, sondern auch mit ihr beriet, hetzte Idu die anderen auf und behauptete, dass Mutter Papa David verhexen würde. Also sorgte Mama Patty dafür, dass nur noch Idu zu meinem Vater durfte: Sie wurde endlich schwanger und es herrschte wieder Frieden.

Ein Mann von Einfluss

Mein Vater war nicht der einzige Nigerianer, der in Vielehe lebte. Allerdings haben die meisten Männer in meinem Land »nur« zwei oder drei Frauen. Das hängt von ihrer Religion, ihrem sozialen Stand oder schlichtweg von ihrem Geldbeutel ab. Papa David war ein reicher Mann. Vor allem aber jemand, der davon überzeugt war, eine große Aufgabe zu haben. Deshalb hatte er sich auch die größte zum Ziel gesetzt, die sich ein Mann stellen kann: den Menschen Selbstvertrauen und Selbstbewusstsein zu geben, damit sie ein glückliches Leben führen können. Der Weg dahin war die *Family Of The Black Jesus*, kurz *die Familie*. Er selbst, Papa David Umukoro, war die Keimzelle dieser *Familie*. Seine Frauen – und deshalb mussten es so viele sein – gebaren ihm die Kinder, die diese Familie immer weiter vergrößern und den Gedanken von Papa David in die Welt hinaustragen sollten.

Diese Aufgabe fiel in erster Linie den Söhnen zu. Zum Beispiel Papa Davids Ältestem, Moses. Bei meiner Geburt war Moses bereits 24 Jahre alt. Er war von unserem Papa in den moslemischen Norden geschickt worden, um dort eine *Familie* im Sinne unseres Vaters zu gründen. Im Jahr 1976, als ich auf die Welt kam, hatte er drei Kinder, soweit ich weiß, sind es heute etwa 20. Sie alle tragen dazu bei, den christlichen Glauben in der Interpretation meines Vaters zu verbreiten. Und die ältesten Nachkommen von Moses werden gewiss demnächst neue *Familien* gründen ...

Der Anfang zu diesem Lebenswerk liegt in einer Missionsschule in Calabar, einer Stadt im äußersten Südosten Nigerias.

Der kleine David – Kind armer, aber aufrechter Christen – lernte dort von den Patres Lesen, Schreiben und Rechnen. Natürlich im Glauben an Jesus Christus. Für die weißen Priester stand fest, dass Gottes Sohn weiß war. Doch irgendwann stellte mein Vater die Frage, ob Jesus die gleiche Hautfarbe gehabt haben könnte wie er selbst und seine Freunde in der Missionsschule. Und wie seine eigenen Eltern. Einige Mitschüler fanden diesen Gedanken durchaus sehr interessant. Aber nicht die Patres, die den knapp Zehnjährigen Mitte der Vierzigerjahre erzogen: Sie warfen ihn von der Schule. Vater empfand das stets als Unrecht. Er erzählte diese Begebenheit sehr oft, denn sie lieferte die Grundlage für sein gesamtes Leben.

Die Eltern schickten den aufmüpfigen kleinen David daraufhin zu Onkel Emanuel, dem Bruder seiner Mutter, ins fast tausend Kilometer entfernte Lagos. In Onkel Emanuels Haus wohnte nicht nur dessen sechsköpfige Familie, sondern auch deren nahe und entfernte Verwandtschaft. David, der kleine Querkopf aus der Fremde, begann ganz unten als *boy*, als Diener. Vater sagte immer, er sei dankbar dafür gewesen, dass er der Geringste von allen gewesen war. Denn so lernte er, sich zu behaupten.

Auch Onkel Emanuel war ein gläubiger Christ, erwies sich allerdings als ein sehr strenger Ziehvater. Das Gerede von einem dunkelhäutigen Sohn Gottes unterließ Papa deshalb bald. Den Gedanken daran allerdings nicht. Er hatte gelernt, dass das ungeschützt ausgesprochene, offene Wort unter Umständen den Verlust der Heimat nach sich zieht.

Mit der Zeit, als Vater nach Lagos kam, war die heute etwa zehn Millionen Menschen zählende Stadt viel kleiner und der Großteil der Bevölkerung sehr arm. Um ihren Glauben zu praktizieren, bauten die Bewohner der schlichten Siedlungen ihre eigenen Kirchen. Es waren einfache Hütten mit einem Kreuz, klapprigen Bänken (wenn überhaupt) und einem schlichten Altar. Aber diese Gotteshäuser boten den Gläubigen, die wie die Familie meines Onkels aus noch viel ärmeren

Gegenden Nigerias stammten und zum Arbeiten nach Lagos gekommen waren, einen Schutz und eine Gemeinschaft. Der Gott der Christen war das Dach, ihr Trost in schweren Zeiten und die Hoffnung, irgendwann das Paradies zu finden.

Auch Onkel Emanuel baute eine schlichte Kirche aus Lehm, Holz und Blech, die nur über eine einzige, abgegriffene Bibel verfügte. Sie genügte, denn lesen konnte ohnehin kaum jemand. Bis auf meinen Vater! Der hatte in der Missionsschule im Heimatdorf vier Jahre lang gut aufgepasst. Das blieb Onkel Emanuel nicht verborgen. Da man keinen Pastor für die selbst gebaute Kirche bekommen konnte, übernahmen Mitglieder der Gemeinde die Predigt, vorzugsweise Papas redegewandter Onkel. Und Vater, etwa zwölf Jahre alt, las aus der Bibel vor. Er, der als Diener gekommen war, stand somit nach kurzer Zeit jeden Sonntagmorgen im Mittelpunkt: Der kleine David hatte Zugang zur »Wahrheit«, dem Wort Gottes.

Immer öfter kamen auch die älteren Männer zu ihm und ließen sich von ihm mit Dingen helfen, die irgendwie mit Lesen und Schreiben zu tun hatten. Dieses Wissen, das er den anderen voraus hatte, zusammen mit seiner hilfsbereiten Art, machte ihn in der ärmlichen Gegend rasch zu einer wichtigen Person. Inmitten so vieler Leute, die er täglich traf, wusste er, was die Menschen brauchten. Einerlei, ob es sich dabei um heimliche Liebeswünsche, die Suche nach einer Arbeit oder um Dinge des täglichen Bedarfs handelte – vor allem Essen.

Irgendwann verliebte sich Papa David in die Tochter seines Onkels – Patricia, die spätere Mama Patty! Als sie Moses gebar, war sie schätzungsweise 18, Papa David circa 16 (in Nigeria werden Geburten öfter verspätet oder auch – wie in meinem Fall – gar nicht registriert). Gleichwohl gestattete der Onkel, dass die beiden nach ihrer Heirat in seinem Haus wohnen blieben. Jung, wie mein Vater war, machte er aber einen Fehler: Er schwängerte auch eine von Pattys Schwestern, Felicitas. Wieder bestand der Onkel auf einer Ehe. So hatte Papa David mit 17 bereits zwei Frauen und mittlerweile drei Kinder, allesamt Söhne. Indem Onkel Emanuel Vater aus dem Haus warf, setzte er ihn unter Druck, für das Auskommen seiner sechsköpfigen Familie zu sorgen. Was mitten in einer Wellblechsiedlung ein echtes Problem ist.

Zu dieser Zeit bereiste ein Afroamerikaner aus New York Nigeria, dessen Vorfahren aus Lagos stammten. Vater glaubte an eine göttliche Fügung, dass er den Mann ausgerechnet zu diesem Zeitpunkt kennen lernte. Dem Fremden erzählte Papa David von seiner Überzeugung, dass Jesus kein Weißer gewesen sei. Zum ersten Mal in seinem Leben bekam Vater zu hören, dass er mit dieser Idee keineswegs allein dastand!

Papa David lieh sich von dem Mann aus New York einen geringen Geldbetrag, mit dem er ein schlichtes Gotteshaus einrichtete. Es befand sich genau vor jener Hütte, in der er mit seinen beiden Frauen und den drei Kindern wohnte. Im Vorgarten sozusagen. Aber das ist etwas hochtrabend ausgedrückt, denn das kleine Stück Land diente gleichzeitig als Heimstatt vieler Hühner, eines Schweins und mehrerer Ziegen, die den mageren Boden umgruben. In jenen Jahren machte sich Nigeria gerade politisch von der Kolonialmacht England frei. Papa David bot den Menschen, wonach sie hungerten: Sie waren wegen ihrer Hautfarbe keine Menschen zweiter Wahl mehr.

Der Mann aus New York hatte Vater erzählt, dass die freien Gemeinden seiner Heimatstadt sich aus regelmäßigen Geldzahlungen der Mitglieder finanzierten. Bis zu 20 Prozent ihres Einkommens stifteten die Gläubigen für den Aufbau und den Erhalt ihrer Gotteshäuser und deren Einrichtungen. Dieses System übernahm Papa David, wie er trotz seiner Jugend – er war gerade mal Anfang 20 – bereits respektvoll genannt wurde. Er bat seine Gemeindemitglieder allerdings nur um fünf Prozent ihres Einkommens. Ich nehme an, es waren minimale Beträge, die auf diese Weise zusammenkamen, denn in jenen Anfangsjahren verdiente ja kaum jemand etwas.

Die *Familie* bestand bereits seit mehr als einem Jahr, als eine junge Frau namens Yemi die übliche Sonntagsversammlung morgens um neun besuchte. Seit ihrer Geburt litt sie unter einer Lähmung beider Beine, so dass sie von ihren Angehörigen getragen werden musste. Mama Patty, die an jenem Sonntagmorgen anwesend gewesen war, erzählte uns oft, dass niemand gesehen hatte, wie es geschehen war. Die von den lauten Gesängen berauschte Menge bemerkte plötzlich, dass die gelähmte Yemi sich unter die Tanzenden gemischt hatte.

Von diesem Sonntag an war die Kirche derart überfüllt, dass die Menschen bis hinaus auf die schmalen Wege der Nachbarschaft standen. Und von Mal zu Mal kamen mehr. Sie brachten Kranke mit, wollten erleben, wie Lahme von Papa David geheilt wurden. Die Menschen gaben freiwillig mehr, als sie sollten. Mein Vater war bald in der Lage, ein größeres Grundstück zu kaufen und eine neue Kirche zu bauen, damit sonntags alle Platz finden konnten. Vaters Ruf und seine Lehre vom schwarzen Jesus Christus verbreiteten sich so schnell wie der reife Samen eines Baumes im Sommerwind.

Von Onkel Emanuel hatte Vater eine zutiefst christliche Tradition übernommen: die Speisung der Kinder der Ärmsten. Sie fand regelmäßig nach jedem Gottesdienst statt. Ich will nicht behaupten, dass das kostenlose Mahl dazu beitrug, viele Menschen in die Kirche zu bringen. Aber geschadet hat es gewiss nicht. Viele Kinder kamen auf diese Weise zu einer richtigen Mahlzeit, die sich ihre Eltern nicht leisten konnten.

Mutter hat einmal gesagt, als ich sie über das Wunder befragte, das Yemi vor 35 Jahren erlebt hatte: »Vielleicht war sie gar nicht körperlich krank, sondern hatte einfach nur Angst aufzustehen. Als sie aber sah, dass alle anderen um sie herum tanzten und glücklich waren, hat sie es auch getan und ihre Angst vergessen.«

Ich glaube, genau das ist das wirkliche Wunder, das mein Vater vollbracht hat. Er hat allen, die er kannte, die Angst genommen. Jedenfalls, solange er die Kraft dazu hatte. Wenn Papa Davids Geschichte in seinen *Familien* erzählt wird, heißt es oft: Man muss von sich selbst überzeugt sein, damit Gott einem hilft, Großes zu schaffen. Diese Idee gibt vielen Mutlosen Kraft.

Mein Vater war kein Daddy, zu dem man sich auf den Schoß setzen konnte, um den Kopf Schutz suchend an seine Schulter zu betten. Papa war für alle da, aber für niemanden ganz persönlich. Sein Leben war gewissermaßen zu »groß« für unsere Alltagsprobleme. Bewusst vermisst habe ich seine väterliche Liebe jedoch selten – ich kannte es ja nicht anders.

Meine vielen Mamas

Fünf Monate nachdem meine Mutter in den Harem eingezogen war, kam ich zur Welt. Sie sagte immer, ich hätte mir ausgerechnet den heißesten Tag des Jahres ausgesucht. Aber sie befand sich auch bereits in ihrem 43. Lebensjahr und die letzte Geburt lag 18 Jahre zurück. Den halben Tag hatte sie damit verbracht, zusammen mit ein paar anderen Frauen die Innenwände des neuen Gemeinschaftshauses zu streichen. Bis zum Tag der Niederkunft gab es für Schwangere keine Schonung; sie arbeiteten wie alle anderen Frauen auch. Mutter hatte sich im Harem gut eingelebt und sich vorgenommen, keine Ausnahme zu bilden. Selbst als die Wehen einsetzten, arbeitete sie mit zusammengebissenen Zähnen weiter. Kurz nachdem die Fruchtblase geplatzt war, ließ sie sich von zwei Mitfrauen in ihr Zimmer bringen.

Bei ihrem Umzug von München nach Lagos hatte Mutter ein Doppelbett aus Eichenholz mitgenommen, falls sie mal Besuch bekam. Dieses Bett war in Vaters Harem ihre Schlafstatt. Darin wurde ich geboren. Kein einziger Arzt war anwesend. Mama Felicitas, die selbst insgesamt sechs Kinder zur Welt gebracht hat, betätigte sich schon seit ewigen Zeiten als Hebamme. Das nötige Wissen hatte sie bei einer Frau erlernt, die aus dem Norden Nigerias stammte. Mama Felicitas hatte ihre Arbeit bisher auch immer gut gemacht, doch ich wollte nicht so einfach aus ihrem Bauch kommen!

Mutters Erinnerung daran war noch Jahrzehnte später lebendig: »Es war ein ewiges Hin und Her. Erst hockte ich auf dem Boden neben dem Bett. Dann sollte ich mich ins Bett hineinlegen. Felicitas massierte mir immer wieder den Bauch. Dann ging's wieder in die Hocke. Ich bin fast verrückt geworden vor Schmerzen, aber nichts passierte.« Heute weiß ich, woran es scheiterte: Ich befand mich in Beckenlage; ich steckte fest!

Die Komplikationen bei der Geburt überforderten wahrscheinlich die Kenntnisse von Mama Felicitas. Nach stundenlanger Anstrengung packte sie schließlich eines meiner Beine und zog mich heraus. Das hört sich wenig sanft an, trotzdem schrie ich nicht, wie Mutter sich erinnern konnte. Um das im Mundraum und in den oberen Atemwegen festsitzende Fruchtwasser und den Schleim zu entfernen, wirbelte mich Mama Felicitas in der Luft herum, bis ich den ersten Schrei tat. Meiner Mutter schadete die – bei aller Liebe, die ich Mama Felicitas gegenüber empfinde, muss ich es so sagen – letztlich unsachgemäße Entbindung ebenfalls: Sie war mehrfach gerissen, wurde aber nicht genäht. Jahre danach bereiteten ihr die Narben noch Schmerzen.

Die Folgen meiner komplizierten Geburt wurden erst im Lauf der Jahre sichtbar: Krabbeln lernte ich nie und zu laufen erst sehr spät, mit über zwei Jahren. Anfangs fiel es niemandem auf, dass ich humpelte. Und als man es bemerkte, war es zu spät; ich habe eine kaputte Hüfte, was Mutter auf die schwere Geburt und die ruppige Behandlung zurückführt, die mir dabei zuteil wurde. Ohne diese Behinderung wäre mein Leben später wohl anders verlaufen. Aber es ist sinnlos, sich darüber zu beklagen; ich kann froh sein, dass es nicht noch schlimmer gekommen ist. Was das betrifft.

Die zweite »Hebamme«, die Mutter zur Seite stand, war Mama Bisi. Sie ist etwas jünger als Felicitas und die vierte Frau meines Vaters. Neben meiner Mutter ist sie der liebste Mensch, den ich von Kindesbeinen an kenne. Bisi ist klein und rund, obwohl mein Vater sonst eher groß gewachsene Frauen geheiratet hat. Sie stammt aus dem Volk der Yoruba, das in der Gegend von Lagos lebt. Obwohl sie Christin ist, hat sie von ihrer

Großmutter eine ganze Menge über Zauberei und Magie gelernt. Vater hielt von solchen Sachen überhaupt nichts. (Yemis »Wunder«, das ihm so viele neue Gemeindemitglieder bescherte, war ihm immer auch etwas peinlich, weil er keinesfalls als Voodoo-Priester dastehen wollte.) Deshalb musste man sich an Bisi immer heimlich wenden, wenn es um »die spezielle Sache« ging. Sie hat außerdem die Gabe, verwelkt am Boden liegende Pflanzen wieder hochzupäppeln. (Sie schwört darauf, an Vollmond auf eine schwache Pflanze einzureden!)

An Bisis weicher Schulter ist immer Platz zum Ausweinen. Nur in einen Streit mischt sie sich nie ein, sie heilt lieber hinterher die seelischen Wunden. Was auch passiert, Bisi findet in allem immer etwas Positives und sie lacht viel, ohne albern zu sein. Bisi strahlt eine Lebensfreude aus, die sich auf ihre ganze Umgebung auswirkt. Sie ist für mich mehr als eine Freundin, auf die Verlass ist: Bisi ist meine zweite Mutter, meine Mama Bisi.

Es war also gut, dass ausgerechnet sie Felicitas und Mutter half. Als ich auf die Welt gekommen war, soll Bisi gerufen haben: »Sie wird ein hübsches Kind!« Das war wirklich sehr freundlich von ihr, denn ich war völlig verschrumpelt, hatte ein schwarzes Fell am Körper und eine käseweiße Haut, auf der sich überall rote Stellen und blaue Flecken abzeichneten. Mutter selbst hatte nach der Geburt kaum die Kraft, mich zu begutachten. Mama Bisi betreute die geschwächte Wöchnerin und mich liebevoll und half uns über die ersten schweren Tage mit ihrer Kräutermedizin.

Vater besah sich jedes seiner Kinder ausgesprochen gründlich am Tag nach der Geburt. Die Zeremonie der Namensgebung fand allerdings erst 14 Tage später statt, wenn das Risiko des frühen Kindstods etwas geringer war. Über mein Aussehen muss er ziemlich entsetzt gewesen sein, denn der Name, den er mir entgegen seiner üblichen Vorgehensweise gleich bei unserer ersten Begegnung verlieh, mutet etwas trotzig an: Gott hat mich gemacht. (So lautet mein tatsächlicher Name in der Sprache des Volks meines Vaters.) Irgendwie klingt das in meinen Ohren so, als wollte Vater sagen: Ich kann nichts für Chogas Aussehen! Ausgerechnet ich wurde als eine der Ersten im neuen Gemeinschaftshaus zusammen mit drei anderen getauft. Mama Bisi wurde meine Patentante, Ada ebenfalls.

Ada ist ganz anders als Bisi, allein schon äußerlich: Sie ist fast hager, und hat riesige Hände, die ganz schwielig sind. Denn Ada liebt es, hart zu arbeiten. Sie hat einige der Häuser auf Vaters Grundstück mit erbaut. Meine Patentante redet nicht viel, hört aber gern zu, wenn andere erzählen. Irgendwann sagt sie dann einen Satz, nur einen einzigen, der aber alles zusammenfasst, was die anderen mit tausend Wörtern ausgedrückt haben. Wer nicht warten kann, bis Ada endlich etwas sagt, der hält sie für etwas dumm. Womit man ihr sehr Unrecht tut. Aber ich glaube, es ist ihr ziemlich egal, was die anderen über sie denken. Ada stammt aus aus einem sehr kargen Landstrich im Norden. Ihre Familie zog zeit ihres Lebens mit den Tieren auf der Suche nach Weideland herum. Vielleicht hat sie dadurch gelernt, dass man im Leben Geduld braucht, bis sich die Dinge fügen.

Als Kind glaubte ich immer, dass die kleine runde Bisi ganz jung sei und Ada schon sehr alt. Später fand ich dann heraus, dass es genau umgekehrt ist. Vater hat Ada nur vier Jahre vor Mutter geheiratet. Sie war seine 28. Frau und ist heute erst etwa 50 Jahre alt.

Doch nun wieder zu mir. Bisis Optimismus war berechtigt gewesen: Ich, der behaarte Bleichling, entwickelte mich zu einem hübschen Kleinkind. Allerdings hatte ich als Kind oft mit meinem Gewicht zu kämpfen. Im Harem wurden Unmengen von Essen gekocht und gefuttert! Die Ernährung war auch nicht gerade figurbewusst. Die *queens* übertrafen sich in der Zubereitung köstlicher Speisen. Meine Favoriten waren Yamsbrei mit gebackenen Kochbananen, Ananas mit süßer Dosenmilch, frisch geröstete Erdnüsse und süßes Weißbrot. Leckere, mit Wasser, Dosenmilch und viel Zucker zubereitete Ovomaltine trinke ich heute noch am liebsten (habe es mir inzwischen aber verboten).

Dank Bisis aufmerksamer Pflege gediehen auch die Obstbäume auf dem Grundstück prächtig. Die reifen Früchte schmeckten köstlich. Und nicht nur die. Ich naschte den ganzen Tag lang! Entsprechend sah ich aus. Ich war kugelrund, kullerte über den Boden und wurde von allen gerne gekitzelt, weil ich so eine fröhliche, helle Stimme hatte. Anstatt dafür zu sorgen, dass ich Bewegung bekam, trugen mich meine vielen Mamas und Schwestern dauernd auf dem Rücken herum.

Vielleicht war ich auch dank meines ungewöhnlichen Aussehens das Haremsmaskottchen: Meine Haut war heller und meine Haare waren nicht kraus, sondern lockig weich. Ständig wurden mir neue Frisuren gelegt, Zöpfchen geflochten und mit bunten Perlen geschmückt. Viele der Frauen suchten meine Nähe, um mich zu verschönern. Ich genoss die Prozeduren und hielt ganz still ...

Die Einzige, die in mir mehr als nur ein süßes Püppchen sah, war Ada. Ich war etwa zwei gewesen, als Mama Adas einziges Kind, ein Mädchen, im Alter von sechs Jahren an Lungenentzündung starb. Als Patentante fühlte Ada sich außerdem doppelt berufen, ein wachsames Auge auf mich zu haben. So entdeckte sie mein Beinproblem als Erste: ein Bein war kürzer und weniger kräftig als das andere, da die Muskeln nicht so stark ausgeprägt waren. Ada machte oft Beinübungen mit mir und achtete darauf, dass ich die richtigen Sachen aß, damit ich nicht zu dick wurde. Leider war mein ausgeprägtes Hüftleiden auf diese Weise nicht zu heilen. Aber durch Adas Hilfe entdeckte ich immerhin, dass meine Beine zum Laufen da sind.

An meine ersten Jahre im Harem habe ich nur angenehme Erinnerungen. Meine Kinderwelt bestand aus bunten Glasperlen, die ich zu Ketten auffädelte, Holzstücken, die ich in Puppen verwandelte, und Stoffresten, die zu Kleidern wurden. Kronkorken oder die Ösen von Getränkedosen wurden zu fantasievollen Gesellschaftsspielen genutzt. Die anderen Mädchen und ich spielten nach, was die *queens* für ihre Schönheitspflege taten: Wir bemalten uns mit Farben, für die wir ersatzweise die rote Erde des Bodens in etwas Wasser aufweichten. Aus Kreide stellten wir Weißschminke oder wunderbaren Puder her. Heimlich und sparsam verwendeten wir die Parfüms unserer Mütter, weil wir genauso verführerisch duften wollten wie sie.

Um mich herum waren so viele Kinder, mit denen ich aufwuchs. Am liebsten spielte ich mit Efe und ihrer Schwester Jem, den beiden jüngsten Töchtern von Mama Bisi. Efe war zwei Jahre älter als ich, Jem vier. Die Wohnung meiner Mutter lag im gleichen zweistöckigen Haus wie jene von Mama Ada und Mama Bisi. Eine steile Außentreppe verband die beiden Etagen – ein wunderbarer Spielplatz. Oben zurrten wir ein Seil fest, an dem wir dann kletterten und schaukelten. Wir bestanden Mutproben, indem wir von oben heruntersprangen, oder wir spielten die Geschichte von Rapunzel nach. (Mutter hatte einige deutsche Märchen übersetzt, die sie allen Kindern vorlas.) Jem, die Älteste von uns, wollte immer die arme eingesperrte Rapunzel sein, Efe der Prinz und mir blieb nur die Rolle der bösen Hexe.

Da wir vom oberen Treppenabsatz aus über die hohe Mauer hinwegblicken konnten, die den Harem umgab, diente die Treppe auch als Ausguck und verband uns somit zumindest durch unsere Fantasie mit unserer Nachbarschaft. Eine unserer Nachbarinnen war eine Frau aus Deutschland, die ganz allein ein großes Haus bewohnte. Wir stellten uns vor, dass sie eine Hexe wie aus dem Rapunzel-Märchen sei, die Kinder ihren Eltern wegnimmt, denn die weiße Frau hatte keine Familie.

Oft waren wir drei auch die Ersten, die mitbekamen, wenn eine neue Frau in Vaters Harem einzog. Je bedeutender Papa Davids Rolle wurde, desto reicher schienen die Frauen zu sein, die er heiratete. Besonders deutlich erinnere ich mich an den Einzug einer in goldene Gewänder gekleideten Frau, die ihre Sachen von zwei weiteren Autos anliefern ließ. Aber auch diese *queen* hatte sich bald der einheitlichen Kleiderordnung zu beugen.

Von solchen Ereignissen abgesehen war unser Tagesablauf von beruhigender Gleichmäßigkeit. Bei Sonnenaufgang standen wir auf, dann wurden wir Kinder in Schüsseln gewaschen, bevor wir uns zum gemeinsamen Gebet und anschließenden Frühstück mit unseren Müttern in den Höfen der jeweiligen Häuser versammelten. Danach trennten sich die Gruppen in jene, die das Haus zu säubern, jene, die zu kochen, und jene, die auf dem Grundstück zu arbeiten hatten. Die Aufgaben der Gruppen wechselten wöchentlich; ihre Einteilung oblag Mama Felicitas, die für Organisatorisches zuständig war.

Vormittags gingen die größeren Kinder in die Schule, deren Unterricht im Gemeinschaftshaus abgehalten wurde, die kleineren spielten oder halfen mit, beaufsichtigt von den Frauen, die in den Höfen und Gärten arbeiteten. Nach dem schlichten, meistens nur aus einem Brei oder einer Schale Reis bestehenden Mittagessen, etwa gegen elf Uhr, wurde eine lange Mittagsruhe eingelegt. Man konnte schlafen, sich von den älteren etwas vorlesen oder erzählen lassen. Nachmittags gegen vier wurde der Harem wieder lebendig. Es wurde Tee getrunken und Gebratenes geknabbert. Die älteren Kinder hatten anschließend wieder Unterricht oder mussten ihre Hausaufgaben erledigen, die jüngeren spielten zusammen. Mit einem gemeinsamen Gebet und Abendessen so gegen acht ging der Tag zu Ende. Um neun, halb zehn lag der Harem bereits wieder in tiefem Schlummer.

Jede Woche verlief nach dem gleichen Muster. Am Samstag wurde gemeinsam sehr gründlich gebadet, die Frauen machten sich gegenseitig schön. Das mindestens einmal wöchentliche Geschrubbe mit harten Bürsten, das unsere Haut weicher machen sollte, mochte ich überhaupt nicht. Mutter bearbeitete meinen Körper jedes Mal, als wollte sie allen Dreck der ganzen Woche und der folgenden von mir herunterholen. Anschließend wurden wir eingeölt und massiert. Ich genoss die Samstagabende und Sonntage, wenn wir in frisch gewaschenen, weißen Kleidern ins Gemeinschaftshaus gingen – meistens die einzige Gelegenheit, Vater zu sehen. In seinem leuchtend hellen Gewand sprach er zu seinen Frauen und Kindern und erzählte Geschichten.

Papa David hatte eine tiefe Stimme, der ich gern zuhörte. Er redete meist sehr lange; ich begriff oft nicht, was er erzählte, doch der Klang seiner Worte wirkte beruhigend. Nicht nur auf mich. Auch meine Geschwister wachten oftmals erst auf, wenn unsere Mütter uns sanft anstießen, weil alle zu klatschen, singen und tanzen begonnen hatten. Bei diesem Teil des wöchentlichen Fests machten die Jüngsten am liebsten mit.

Die Sonntagsversammlung war die einzige Gelegenheit, fremde Menschen zu Gesicht zu bekommen. Die Besucher betraten das Versammlungshaus durch einen Hintereingang, in dessen Nähe wir niemals kamen. Es waren Leute, die in der Nachbarschaft des Harems wohnten, die sich aber zu den Versammlungen ebenso weiß kleideten wie wir. Ehrfurchtsvoll nannten wir sie »unsere Gäste«. Es waren auch einige Männer darunter. Aber niemals unternahm einer von ihnen den Versuch, eine der *queens* auch nur anzusehen. Das wäre sowieso sinnlos gewesen, denn die Gesichter der Frauen waren durch weiße Tücher verhüllt. Die sich anschließende Speisung der Kinder wurde ausschließlich von den älteren *queens* durchgeführt, aber der ganze Harem hatte dafür zuvor stundenlang das Essen zubereitet.

Da Papa David nur vier Grundschuljahre lang die Schule besuchen durfte, achtete er sehr auf die Ausbildung seiner Kinder. Sobald seine Söhne sechs Jahre alt waren, schickte er sie in Internate, die im ganzen Land verteilt waren. Auf diese Weise sicherte er ihnen eine gute Ausbildung. Viele meiner Halbbrüder studierten oder gingen zum Militär und einige von ihnen bekleiden heute politische Ämter. Wir Mädchen, die wir den Harem nicht verlassen durften, besuchten den Unterricht im Gemeinschaftshaus. Trotzdem hatten wir uns morgens die Schuluniform anzuziehen. Sie bestand aus einem knielangen, weißen Rock, langärmliger weißer Bluse und einem weißen Kopftuch, das stramm um den Kopf gebunden wurde. Glücklicherweise durften wir barfuß gehen, denn wir sollten voller Demut den Boden unter unseren Füßen spüren, aus dem wir hervorgegangen waren und zu dem wir zurückkehren, wenn die Zeit gekommen ist.

Da wir Mädchen auch eine stattliche Zahl waren, manchmal über 30 in den verschiedensten Altersstufen, machte unsere kleine Privatschule im Gemeinschaftshaus durchaus Sinn. Wir wurden alle gemeinsam unterrichtet. Mama Nita war ausgebildetete Lehrerin und sehr streng mit uns, sonst hätten wohl alle durcheinander geplappert. Die älteren Schwestern halfen uns jüngeren und gelegentlich übernahm eine der anderen Mamas Teile des Unterrichts, wozu wir dann in kleine Gruppen aufgeteilt wurden. Mama Bisi brachte den Älteren gelegentlich Biologie bei. Meine eigene Mutter fand nur selten Zeit zum Unterrichten. Dann widmete sie sich den Größten, meistens nur vier oder fünf Mädchen, denen sie komplizierte Mathematik beibrachte.

Mama Patty, die eine sehr schöne Singstimme hat, unterrichtete Musik und lehrte uns Kirchenlieder, die wir als Chor am Sonntag vortrugen. Da ich recht musikalisch bin, durfte ich hin und wieder einen Solopart übernehmen. Ich genoss es sehr, Vaters Augen leuchten zu sehen, wenn ich sang.

Ich ging schon deshalb gern zur Schule, weil mir das Lernen leicht fiel. Meine vier Jahre ältere Freundin Jem, die ich wie alle Mädchen mit *sister* ansprach, drückte sich wann immer sie konnte vor dem Schulunterricht. Am liebsten versteckte sie sich schon gleich morgens.

»Sister Jem! Wo bist du? Geh lernen!«, rief ich durch den ganzen *compound*. Das brachte mir den Spitznamen »Geh-lernen« ein und da ich später immer am fleißigsten war, stand ich im Ruf, eine Streberin zu sein. In Wirklichkeit litt ich unter meiner Körperfülle und meiner Humpelei, die ich durch meinen Lerneifer ausgleichen wollte. Jem, die es irgendwann Leid war, von mir in ihren Verstecken aufgestöbert zu werden, fand einen Weg, um mich für immer davon abzubringen: Sie hänselte mich wegen meines Beins und machte dadurch ihre gleichaltrigen Freundinnen erst darauf aufmerksam.

Älter als zwölf war keines der Mädchen, das die Schule besuchte. Sobald die erste Regel einsetzte, mussten sie die gemeinsame Unterkunft aller Schulkinder, das Kinderhaus, verlassen. Sie wurden dann im so genannten »Hühnerhaus« auf ihre Rolle als künftige Ehefrau und Mutter vorbereitet, um spätestens zwei bis drei Jahre später verheiratet zu werden.

Bis zum Alter von sechs Jahren durften alle Kinder bei ihren leiblichen Müttern leben. Vorausgesetzt, die *queen* bekam nicht ein neues Baby. Dann übernahm eine andere Mama die Mutterrolle, damit sich die junge Mutter um ihr neues Kind kümmern konnte. So entlasteten sich die Frauen gegenseitig. Meine Mutter bekam kein weiteres Kind mehr und so teilte mein Vater ihr wichtige Aufgaben außerhalb des Harems zu, über die ich später berichten werde. Bisi und Ada wurden meine Lieblingsmamas, bei denen ich mich so geborgen fühlte, dass ich Mutter nicht wirklich vermisste.

Hohe Mauern

Die Anlage des Harems brachte es mit sich, dass stets jene Gruppen von Halbschwestern zusammen spielten, die sich den Hof zwischen ihren Gebäuden teilten. Trotzdem kannte ich so ziemlich jede im Harem mit Namen. Und natürlich kannten alle mich. Eines der Wohnhäuser lag etwas abseits, sein Hof grenzte an die Außenmauer. Daraus ergab sich, dass die Bewohnerinnen dieses Hauses dazu neigten, für sich zu bleiben. Meine Mutter, Mama Ada und Mama Bisi sahen es nicht gern, wenn ich mit Jem und Efe dorthin zum Spielen ging. Sie wollten unnötigen Streit vermeiden, denn in diesem Haus lebte Mama Idu, jene Frau, die Vater kurz vor meiner Mutter geheiratet hatte.

Irgendwann, ich muss etwa fünf gewesen sein, machte das Gerücht die Runde, Mama Idu habe einen Zauberkasten, der bewegte Bilder hervorbringe. Niemand von uns hatte zuvor von der Existenz von Fernsehgeräten gehört, wir hatten ja nicht mal Radios. Aber Mama Idu hatte solch ein Ding und sämtliche Frauen und alle Kinder ihres Hauses saßen davor. Wir waren alle fasziniert von dem Gerät, aus dem fremde Frauen und Männer zu uns sprachen. Am Anfang jedenfalls. Mich langweilten schon bald die großen Köpfe auf dem Bildschirm, die immer so ernst dreinblickten. Denn meistens liefen irgendwelche Schulprogramme, mit denen man Rechnen und Schreiben lernen konnte.

Also verstand ich nicht, dass die *queens* sich so sehr darüber aufregten, dass nur Idu einen Fernseher besaß. Bis Vater eines Nachmittags plötzlich in dem besagten Hof auftauchte, in dem sich alle um den kleinen Apparat versammelt hatten. Es kam nie vor, dass er sich in den Frauenhöfen blicken ließ! Wollte er mit einer seiner *queens* Kontakt aufnehmen, so schickte er ihr eines der immer irgendwo herumlaufenden Kinder.

Eigenhändig unterbrach Papa David die Stromversorgung des Geräts. Alle schrien durcheinander! Es war ein unglaublicher Aufstand. Vater stand inmitten der *queens* in ihren weißen Gewändern, die wild mit den Armen herumfuchtelten. Sie sahen aus wie aufgescheuchte große Vögel. Keine Ahnung, ob Vater irgendwas sagte; man hätte es sowieso nicht verstanden.

Plötzlich schnappte er sich einen der herumstehenden Stühle, trug ihn zur Außenmauer, schleppte den Fernseher ebenfalls dorthin, wuchtete ihn hoch – und warf ihn über die Mauer. Wir hörten erst einen Knall und sahen dann Rauch aufsteigen. Alle starrten Papa David mit offenen Mündern an. Und diesen Moment werde auch ich niemals vergessen: Er, der immer so distanziert war, sich würdevoll gab, hatte ein Problem ganz handgreiflich gelöst ...

In das entstandene Schweigen hinein sagte er: »Gottes Wort kommt nicht aus einem solchen Kasten. Nur der Teufel spricht daraus in seinen vielen Zungen zu euch.«

Mama Idu, damals etwa so alt wie ich heute, schob sich durch die anderen Frauen hindurch. Trotzig trat sie Papa David entgegen. Zwei *queens* versuchten sie zurückzuhalten, aber sie tippte mit ausgestrecktem Zeigefinger gegen Vaters Brust: »Was redest du da? Es war nicht das Wort des Teufels, dem wir zuhörten!«

Idu hatte es gewagt, Vater zu widersprechen! Eisige Stille legte sich über alle. Papa David blieb ganz ruhig. »Hat dich dein Vater nicht gelehrt, deinem Mann zu gehorchen?«, fragte er.

Ihre Freundinnen wollten Mama Idu fortziehen, denn sie hatte etwas absolut Verbotenes getan. Papa Davids Wort war Gesetz, niemand wagte je, es anzuzweifeln. Doch Idu schien das ziemlich egal zu sein. »Ich bin zu jung, um von der Welt da draußen ausgeschlossen zu sein!«, fauchte sie.

Ich war damals noch klein und hatte nicht die geringste Ahnung, wovon Mama Idu sprach. (Auch später habe ich niemals eine *queen* sich derart abfällig über den Harem äußern hören.) Nur an der Reaktion der anderen Frauen und meiner älteren Schwestern konnte ich erkennen, dass Idu einen furchtbaren Fehler begangen hatte. Kein Mensch sagte mehr ein Wort.

Papa David sah jede Einzelne an: »Versteht ihr jetzt, was ich meine? Aus Mama Idu spricht der Teufel. Sie versündigt sich nicht nur gegen ihren Mann, sondern auch gegen unsere Gemeinschaft. Für sie ist in unserer Mitte kein Platz mehr.«

Plötzlich blieb Vaters Blick auf mir haften. Mein Herz setzte vor Schreck einen Schlag aus. Ich glaubte, er wollte mich jetzt auch bestrafen, weil ich ebenfalls der Stimme des Teufels gelauscht hatte. »Choga, lauf zu Mama Patty und Mama Felicitas. Sie sollen kommen und Idus Sachen zusammenpacken. Idu verlässt uns noch heute.«

So schnell ich konnte, raste ich aus dem Hof hinaus, um die beiden ältesten Mamas zu alarmieren. Die waren gerade damit beschäftigt, gemeinsam mit meiner Mutter irgendwelche Schreibarbeiten zu erledigen. Sie ließen alles stehen und liegen und eilten hinüber zum Schauplatz des Geschehens. Ich wollte sie begleiten, aber Mutter verbot es mir. So habe ich Idus Abschied nicht miterlebt. Meine älteren *sisters,* die dabei waren, erzählten, dass Idu um Verzeihung und Gnade gebettelt habe. Vergeblich. Ihren damals erst vierjährigen Sohn musste die Rebellin im Harem zurücklassen; er gehörte zu seinem Vater.

Damals konnte ich mir nicht ausmalen, welches Leben Idu erwartete, wenn sie die hohen Mauern verließ, die ich damals als Schutz empfand und gegen die sie aufbegehrte. Idu habe ich erst fast zehn Jahre später wieder getroffen. Leider – wie ich heute sagen muss. Denn während der schweren Zeit, die sie nach ihrem Rauswurf durchmachte, traf sie irgendwann auf jenen, den Vater mit seinem eindrucksvollen Auftritt aus dem Harem verbannen wollte: den Teufel.

Papa David unternahm alles, um uns im Harem vor der Welt

draußen zu beschützen. Zumindest, was geistiges Gut betraf. Materielles dagegen vermochte die Glasscherben bewehrte Mauer durchaus zu überwinden: Nigeria hatte sich dank des Öls zu einem wohlhabenden Land entwickelt und der Reichtum ging auch an unserer behüteten Welt nicht spurlos vorüber. Die Frauen, die Vater heiratete, brachten immer wertvollere Gegenstände mit. Damit sich niemand benachteiligt fühlte, hatte Vater irgendwann dafür zu sorgen, dass überall Kühlschränke standen, wenn mehrere *queens* dies wünschten. Als Deckenventilatoren in Mode kamen, wurden auch die in allen Schlafzimmern angebracht. Zwei Jahre nach Idus Rauswurf konnte er sich auch der Fernsehwelt nicht länger entgegenstellen. Er setzte allerdings durch, dass nur zwei Stunden pro Tag geguckt werden durfte. Und zwar ausschließlich Lernprogramme, für die ich mich aber ebenso wenig interessierte wie die anderen Kinder.

Etwa zu der Zeit, als Vater den Fernseher über die Mauer schleuderte, sollte ich zum ersten Mal den Harem verlassen. Der Grund war mein Humpeln, das nun nicht mehr zu übersehen war. Eines Tages putzte mich Mutter heraus und führte mich zu einem von Vaters großen Autos. Erst am Wagen stellte ich fest, dass sehr wohl auch Männer für Vater arbeiteten und in der Nähe des Harems wohnten – seine (und unsere) Leibwache.

Vom Treppenabsatz, auf dem wir spielten, hatte ich zwar schon öfters die breite Straße vor unserem Harem gesehen, doch als wir über den staubigen Belag fuhren, sagte ich laut, was ich dachte: »Hier ist es aber schmutzig.«

Mutter nahm meine Hand, hielt sie fest und sagte: »So ist die Welt nun einmal, Choga Regina.«

Wir mussten ziemlich weit fahren, in eine ganz andere Gegend, in der keine hohen Mauern um die Häuser errichtet waren. Dort lagen kranke Menschen auf den Straßen, dreckiges Wasser sammelte sich in stinkenden offenen Kanälen. Ich war schockiert; wie wunderbar wir es doch in Vaters großem *compound* hatten!

Mutter hatte veranlasst, dass ich im Haus ihrer Freundin Amara einer indischen Ärztin vorgestellt wurde. Amara kannte ich von deren gelegentlichen Besuchen im Harem. Vater hätte nie zugelassen, dass ich die Praxis eines normalen Arztes aufsuchte. Deshalb die umständliche Vorgehensweise, mich zu Amara bringen zu lassen, wohin die Ärztin schließlich kam. Sie untersuchte mich in Mutters und Amaras Gegenwart. Keine Ahnung, was sie herausfand; zu diesem Zeitpunkt interessierte es mich ja auch nicht.

Viel beunruhigender fand ich, dass es bei Amara so ganz anders aussah als im Harem. Dass die Fenster vor unseren Zimmern vergittert waren, das war für mich stets eine Selbstverständlichkeit gewesen. Erst, als ich das Haus von Amara sah und bemerkte, dass sie keine Gitter an den Fenstern hatte, fiel es mir auf.

»Bei dir ist es aber hässlich«, sagte ich unbedacht zu ihr. Sie erzählte mir diese Geschichte noch Jahre später immer wieder, als ich bei ihr wohnte. Heute kann ich mir nicht mehr vorstellen, dass ich es einmal schön gefunden habe, so eingesperrt zu leben. Aber es war auch ein anderes Leben, als unschuldiges Kind, das sich freute, mit seiner Mutter hinter die hohen Mauern zurückkehren zu dürfen. Eben weil dort diese Gitter, die hohen Mauern und die Scherben waren, von denen ich glaubte, dass sie mich vor der Welt draußen beschützten.

Heute denke ich, dass auch goldene Gitter bleiben, was sie sind – Gitter. Mein Vater begründete die Sicherheitsmaßnahmen so: »Die Art, wie wir leben, wird von vielen Menschen mit Misstrauen betrachtet. Sie verstehen nicht, dass unsere *Familie* etwas Besonderes ist, in der einer für den anderen da ist. Nur so gewinnen wir die Kraft, um anderen helfen zu können. Draußen in der Stadt herrscht ein ausgeprägter Egoismus, der den Menschen das Leben verdirbt. Davor müssen wir uns schützen.« Nachdem ich das Elend der Riesenstadt gesehen hatte, konnte ich seine Worte kaum in Zweifel ziehen.

Mutter war durch den Besuch bei Amara aufgefallen, dass

ich viel zu große Angst vor dem Leben »draußen« hatte. Wenn sie Amara besuchte, nahm sie mich daher seitdem gelegentlich mit. Erfolgreich war diese »Therapie« allerdings nicht. Wahrscheinlich begann sie deshalb, mir mehr von dem Leben zu erzählen, das sie früher geführt hatte, in Deutschland, auf einem Bauernhof mit grünen Wiesen ringsum. Von einem fremden Land mit Bergen, auf denen Schnee lag, von Kindern, die im Winter mit einem Schlitten fuhren. Ob sie sich danach gesehnt hat? Ja, aber sie fand einen Weg, ihre Sehnsucht zu stillen.

Eine Sehnsucht

In meinen Träumen versuchte ich mir manchmal vorzustellen, wie es dort aussehen mochte, wo meine Schwester Magdalena lebte. Allerdings wusste ich nicht einmal, wie sich grünes Gras anfühlte!

»Soll ich dir welches besorgen?«, fragte Mutter, als ich etwa vier Jahre alt war.

»Wo gibt es denn Gras?«

»Ich werde dir Grassamen aus Deutschland mitbringen.«

»Ich will auch nach Deutschland!«, rief ich.

Diesen Wunsch wollte meine Mutter mir jedoch nicht erfüllen. Heute weiß ich, dass es auch gar nicht möglich gewesen wäre, denn ich hatte keinerlei Personaldokumente: Mein Vater hat meine Geburt niemals offiziell gemeldet. Das allerdings war gar nicht der wirkliche Grund, wie Mutter mir wesentlich später gestand: Papa David hatte Sorge, dass wir beide nicht wieder nach Nigeria zurückkommen würden. Blieb ich allerdings im Harem, würde seine 33. Frau das niemals wagen.

»Hatte Papa David denn Grund zu dieser Sorge?«, fragte ich meine Mutter, als ich selbst schon erwachsen war.

»Ich liebte deinen Vater und hatte mich im Harem gut eingelebt. Also sah ich überhaupt keinen Anlass, wieder in Deutschland zu wohnen. Noch dazu, wo dein Vater im Begriff war, ein neues Farmprojekt aufzuziehen, das ich mitgestalten konnte.«

Mutter reiste allein. Per Testament hatte Oma Maria das Erbe zwischen Onkel Xaver und meiner Mutter geteilt. Der Onkel bekam natürlich den Hof, meiner Mutter wurden Wiesen und Felder vermacht. Sie hatte mit keinem großen Erbe gerechnet. Doch in Bayern wurde ihr eröffnet, dass auf dem scheinbar wertlosen Land ein großer Golfplatz angelegt werden sollte. Nun waren die »sauren Wiesen« ein Vermögen wert, und das wollte man der »Ehebrecherin« nicht kampflos überlassen. Statt wie geplant zwei Wochen blieb Mutter drei Monate lang in Deutschland.

Als sie zurückkam, brachte sie mir einen Karton voll Grassamen mit. Mama Bisi grub für mich ein vier mal vier Meter großes Stückchen harten Boden um, das zwischen unserem Haus und dem Garagengebäude der Autos lag. Dann streuten wir die deutschen Grassamen darauf. Daraus wollte ich Magdalenas Deutschland erstehen lassen. Ich hatte dafür zu sorgen, dass dieser kleine Flecken Erde immer feucht war. Und das war in der langen regenarmen Zeit nicht gerade einfach. Dreimal am Tag begoss ich den immer wieder austrocknenden Boden! Mutter hatte mir gesagt, dass aus dem Samen eine bayerische Wiese erwachsen würde, wie es welche bei ihr zu Hause gab. Ich ordnete rings um meine künftige Wiese eine Markierung aus Steinen und freute mich, als sich darin ein leichter grüner Flaum bildete.

Natürlich hatte ich angenommen, dass wir auch in Afrika irgendwann diese weißen Blumen haben würden, aus denen Magdalena den Kranz geflochten hatte, mit dem ich sie auf dem Bild im Schlafzimmer sah. Doch trotz all meiner Fürsorge spross keine einzige Margerite. Das Gras war anfangs zwar weich, bildete aber bald gelbe Spitzen. Dann wurde ich krank, kümmerte mich eine Woche lang nicht um mein kleines Stück Deutschland – und von meinem Traum waren nur noch vertrocknete, harte Gräser im rissigen Boden übrig. Magdalenas Land war von der afrikanischen Sonne aufgefressen worden. So viel Wasser ich auch darauf kippte, mehr als ein paar spärliche Halme ließen sich nicht blicken. Und denen machte schließlich eine Ziege den Garaus.

Mutter nahm mich tröstend in den Arm. »Wenn ich das nächste Mal nach Deutschland fahre, nehme ich dich mit.

Dann kannst du über eine richtige Wiese laufen. Stundenlang«, versprach sie mir.

Sie fuhr zwar ein Jahr später wieder in ihre Heimat, doch mitnehmen durfte sie mich auch diesmal nicht. Ob dieses Misstrauen, das Vater ihr unterschwellig entgegenbrachte, die Beziehung der beiden belastete, kann ich nicht sagen. Anmerken ließ sich Mutter es jedenfalls nicht. Andererseits war es ihr wichtig, dass ich wusste, dass ein Teil meiner Wurzeln in Deutschland liegt.

Daher hatte sie schon zeitig damit begonnen, mir Deutschunterricht zu geben. Sie brachte mir zahlreiche Kinderlieder bei, später deutsche Gedichte, die sie aus den deutschen Büchern, die sie von ihrem zweiten Besuch in einer großen Kiste mitbrachte, gemeinsam mit mir auswendig lernte. Meine Lieblingsschwestern Efe und Jem lachten mich damals oft aus, wenn ich mal wieder irgendwelche für sie unverständliche Verse vor mich hin brummelte. Ich war jedoch unglaublich stolz darauf. Ich habe sie trotzdem alle vergessen. Nur noch an eines erinnere ich mich: *Wer reitet so spät durch Nacht und Wind* ... Weil es so schön gruselig ist. Kinderlieder konnte ich mir besser merken: *Ein Männlein steht im Walde, ganz still und stumm* ... Immer wieder übte Mutter mit mir das deutsche Ä. Heute kann mein kleiner Sohn Joshua dies Lied auch. Ich bin mir aber nicht ganz sicher, ob er weiß, was er da singt.

In dieser Zeit, zwischen meinem fünften und achten Lebensjahr, begann meine Mutter sich ihren sehnsüchtigen Wunsch nach einem Landleben zu erfüllen. Dazu kamen zwei Dinge zusammen: das unverhofft große Erbe und die besondere Gabe meines Vaters – seine stets großen Ideen. Meine Mutter besaß das nötige Geld, damit er die neueste realisieren konnte.

Papa David hatte von einem sehr erfolgversprechenden Farmprojekt nordöstlich von Abuja gehört. Abuja, mitten im Land, 1 000 Kilometer von Lagos entfernt, war 1976 zur neuen Hauptstadt Nigerias ausgerufen worden. In den Ausläufern des fruchtbaren Jos-Plateaus stand eine heruntergekommene

Farm zum Verkauf. Der Ort hieß Jeba. Vater, dessen Kontakte sich inzwischen über das ganze Land erstreckten, erkannte die enormen Vorteile der Lage Jebas: Die neue Hauptstadt würde irgendwann einmal Millionen Menschen anziehen (inzwischen sind es etwa 700 000). Und die brauchten Nahrung. Mit einer großen, auf die Bedürfnisse der Städter zugeschnittenen Farmproduktion würde viel Geld zu verdienen sein. Darüber sprach er mit Mutter.

Vaters Idee von einer großen Farm stieß bei ihr auf offene Ohren. Gemeinsam besahen sie sich das Projekt in Jeba und Mutter war von der Lage und dem fruchtbaren Boden begeistert. Abgesehen davon ist das leicht hügelige, weite Land zum Verlieben schön. Die Farm wurde mit Mutters Geld gekauft, Eigentümer wurde allerdings mein Vater, der eine andere *Familie* dorthin schickte, um die Farm aufzubauen. Meine Mutter durfte lediglich wochenweise nach Jeba reisen.

Als die Sache mit Jeba begann, erfuhr ich davon natürlich kein Wort. Später verteidigte Mutter Papa Davids Vorgehen: »Es hätte nicht afrikanischen Sitten entsprochen, wenn ich fortgegangen wäre.« Bei ihrem zweiten Deutschlandbesuch erstand Mutter landwirtschaftliches Gerät. All das verschlang zwar einen Großteil des Erbes, brachte aber nicht den von Papa David erhofften Gewinn. Was ihn seine Meinung über »afrikanische Sitten« offensichtlich ändern ließ. Soweit ich weiß, war meine Mutter die einzige Frau, der mein Vater überhaupt erlaubte, den Harem auf längere Zeit zu verlassen, um für ihn jenseits der hohen Mauern Aufgaben zu übernehmen. Es muss wohl an dem drohenden Niedergang der Farm gelegen haben.

Später fand Mutter mir gegenüber auch dafür eine vertretbare Begründung: »Ich befand mich nun wirklich in der Menopause. Eine Frau, die keine Kinder mehr bekommen kann, darf ihren eigenen Geschäften nachgehen.« In der Tat beginnt die Zeit selbst bestimmten Frauenlebens nach Ansicht nigerianischer Männer erst mit Mitte 40. Mutter war damals, Anfang 1984, knapp 50 Jahre alt.

Ich war fast acht, als meine Mutter mir eröffnete, dass wir den Harem verlassen würden, um in Jeba zu leben. Natürlich hätte ich am liebsten geweint und geschrien, dass ich nicht fort will von meinen Mamas und Schwestern, dass ich mein Zuhause liebe, meine Schule. Meine kleine, so vollkommen erscheinende Welt. Aber ich bin so erzogen worden, niemals einer meiner Mamas zu widersprechen. Es war höchstens erlaubt, respektvoll zu fragen, warum etwas geschah oder warum eine Erwachsene etwas für richtig hielt. Die Erwachsenen wiederum hatten das zu respektieren und vernünftige Begründungen zu geben. Das taten auch alle; sie nahmen uns Kinder für voll.

Meine Mutter erklärte mir geduldig die Gründe für den bevorstehenden Auszug aus dem Harem. Sie sprach von der Aufgabe der Farm, den Menschen Nahrung zu verschaffen, von der Arbeit des damaligen Verwalters, der sich mit den teuren deutschen Geräten nicht auskannte, so dass ständig etwas kaputt ging und die Farm daher hoch verschuldet war. Sie sagte, Papa David habe deshalb entschieden, dass sie die Leitung Jebas übernehmen sollte. Da das aber bedeutet hätte, dass sie und ich ganz getrennt gewesen wären, hatte Vater ihr erlaubt, mich mit nach Jeba zu nehmen.

»Warum darf Mama Bisi nicht mitkommen? Sie macht alle Pflanzen gesund! Und Mama Ada? Sie ist stark und kann bestimmt Häuser bauen!«, protestierte ich. Als Kind griff ich somit in das Schicksal meiner Mamas ein. Ich wollte sie um mich haben, denn ich hing an ihnen wie an meiner leiblichen Mutter. Bisi musste nicht lange überredet werden! Sie freute sich, uns begleiten zu dürfen. Mama Bisis Töchter Jem und Efe, inzwischen zwölf und zehn, kamen sogar auch mit. Mama Ada war gerade schwanger geworden, weshalb auch sie mitreisen durfte.

Allerdings behielten Mutter, Ada und Bisi auch während ihrer Abwesenheit vom Harem ihre Räume. Alles andere hätte bedeutet, dass Papa David sie – so wie die ungehorsame Mama Idu Jahre zuvor – verstoßen hatte. Nur ihren Platz in Mama Pattys Tribunal musste Mutter aufgeben, wodurch sie an Einfluss auf die Geschicke der übrigen Frauen verlor.

Unser Abschied vom Harem war tränenreich und sogar Vater ließ sich in unserem Hof blicken, gab Ratschläge, was mitzunehmen sei. »Warum kommst du nicht mit, Papa David?«, fragte ich meinen Vater. Es war eine der seltenen Gelegenheiten, dass ich mich direkt an ihn wenden konnte.

Mein Vater warf meiner Mutter einen verwunderten Blick zu. Dann beugte er sich langsam zu mir herab: »Papa David ist immer bei dir, kleine Choga. Aber manche Dinge kann ich nicht selbst machen. Du kannst sehr stolz auf deine Mutter, Mama Bisi und Mama Ada sein. Tu immer, was sie dir sagen, denn was deine Mamas dir sagen, das kommt auch von Papa David.«

»Aber du wirst uns doch besuchen?«

»So oft ich kann, kleine Choga. Sei unbesorgt, du wirst dich dort wohl fühlen, wo ihr hinfahrt.«

»Dürfen Frauen denn ganz allein wegfahren?«

»Du bist ein kluges Kind«, sagte Vater lachend, »nein, das dürfen sie nicht. Es muss jemand dabei sein, der euch beschützt.«

Papa David schickte uns in einem Konvoi von Autos auf die Reise. Allein schon die Fahrt glich einem Abenteuer! Niemals zuvor hatte ich die Weiten meines Landes zu Gesicht bekommen. Riesige Wälder und ebenso endlose kahle Flächen. Das alles überstieg mein Vorstellungsvermögen völlig! Damals gab es noch nicht so viele gut ausgebaute Straßen und Autobahnen, die Strecke war in miserablem Zustand und führte über viele Umwege, wie ich heute weiß.

Vater hatte jedem unserer vier Autos einen Leibwächter mitgegeben. Wegen der Anwesenheit der Männer hatten wir uns während der ganzen Fahrt zu verschleiern. Zum ersten Mal begann mich der Schleier zu stören, denn im Wagen war es stickig und heiß.

Wir übernachteten bei zwei anderen *Familien,* denen wir vor allem Kleiderstoffe mitbrachten, die sie freudig entgegennahmen. Die beiden Zwischenstopps entwickelten sich zu richtigen Wiedersehensfeiern. Mama Ada und Mama Bisi kannten viele der jüngeren Frauen. Sie waren in Lagos aufgewachsen und in die neuen *Familien* als Ehefrauen verheiratet worden. Auch Mutter war bekannt, da sie unseren Gastgebern schon früher einmal in Papa Davids Auftrag Besuche abgestattet hatte. Alle wussten, dass sie die Sorgen der *Familien* Papa stets zu Gehör brachte. Sie lebten alle wie wir in großen Gemeinschaften, ähnlich gut abgesichert durch Mauern und Gitter, aber ihre *compounds* waren nicht annähernd so groß wie unserer in Lagos.

Landleben

Unter der Farm in der Nähe von Jeba hatte ich mir all die Jahre einen *compound* vorgestellt wie den Harem in Lagos – eine kleine Festung. Umso erstaunter war ich über die Offenheit des Gehöfts! Keine hohen Mauern, keine Gitter. Stattdessen ein großes weißes Steinhaus mit einem braunen Blechdach. Ein Engländer hatte es Jahrzehnte zuvor errichtet.

Ein Haus wie dieses, mit einer großen Eingangs- und Wohnhalle samt offenem Kamin und Freitreppe in das obere Stockwerk, kannte ich bis dahin nicht. Seitdem der Brite ausgezogen war, hatte das Anwesen eine wechselhafte Zeit erlebt und vom früheren Stil waren nur noch Ansätze zu erkennen. Trotzdem erschien es mir, die ich unsere schlichten Häuser im Harem gewohnt war, verschwenderisch luxuriös. In den ersten Wochen verbrachten wir Kinder Stunden damit, die herrliche Treppe rauf und runter zu gehen. Bis Efe auf einer Stufe einbrach und sich dadurch die morsche Konstruktion entlarvte. Mama Adas geschickte Hände flickten nicht nur an dieser Stelle ...

Die Anlage bestand außerdem aus neuen Lehmbauten mit Dächern aus Palmwedeln, in denen Lebensmittel gelagert wurden, und einem ziemlich verfallenen Schuppen für die landwirtschaftlichen Geräte. Etwas abseits befand sich ein leerstehender Flachbau, der bei unserem Einzug unbewohnbar war, früher aber die Bediensteten des Engländers beherbergt hatte. Neben dem Haus hatte Papa Udoka eine wacklige Kapelle errichtet, die eher einem Schuppen glich und in die gerade mal ein Dutzend Menschen passte. Nur einige Holzzäune umgaben das Gelände, aber selbst die waren anfangs größtenteils vom Wind niedergedrückt.

Damals fehlte mir natürlich jede Vergleichsmöglichkeit mit einer intakten Farm, so dass ich Mutters Entsetzen über den Zustand des von ihrem Geld erworbenen Hofs nicht verstand. Mittlerweile ist mir aber klar, dass es eine energische Frau wie meine Mutter brauchte, um dies verkommene Juwel auf Vordermann zu bringen. Damit allerdings war die *Familie,* die diese Farm seit drei Jahren bewirtschaftete, völlig überfordert.

Deren Vorstand Papa Udoka machte bald deutlich, was er von den engagierten Plänen hielt: »Ihr Frauen werdet das hier nie schaffen!« Er hatte keine Lust, sich Mutter unterzuordnen.

Als Antwort teilte Mutter die mitgereisten Leibwächter ein, um die zerbrochenen Zäune zu reparieren und das entkommene Vieh – Ziegen und Hühner – einzufangen. Papa Udoka erkannte rasch, dass Mutter, Ada und Bisi die neue Chance, die sich ihnen bot, zupackend nutzten. Immerhin blieben zwei von Papa Udokas Frauen bei uns. Mama Ngozi und Mama Funke waren ältere Frauen, deren bereits verheiratete Töchter im nächsten Dorf lebten. Sie hatten deshalb keine Lust, Papa Udoka in jenen Ort zu begleiten, in den Papa David ihn und seine Familie schickte. Mama Ngozis und Mama Funkes Töchter sowie deren Verwandtschaft wurden in der Folge zu unerlässlichen Helfern auf dem 20 Hektar großen Farmland.

Obwohl ich spürte, dass Mama Ada und Mama Bisi die Liebe meiner Mutter zur Farm teilten und sich sofort inmitten der sanften grünen Hügel wohl fühlten, hatte ich Angst. Ich kam mir so ungeschützt vor. Die ersten Tage verließ ich mein neues Zimmer im Erdgeschoss, das ich mit Efe teilte, daher kaum. Und Mutter hatte leider zu wenig Zeit, um sich um mich zu kümmern.

Efe und Jem sollten als Farmarbeiterinnen ausgebildet werden. Um tagsüber nicht allein im Haus herumzusitzen, begann ich, die beiden aufs Feld zu begleiten, denn die Yamsernte stand bevor. Mama Bisi und Mama Ada machte die harte körperliche Arbeit nichts aus, aber uns Stadtmädchen ging schnell die Puste aus.

Die schweren Yamswurzeln kann man nur mit Mühe aus der Erde graben und muss obendrein gut aufpassen, dass sie nicht abbrechen, wenn man es falsch angeht. Männliche Unterstützung gab es auf der Farm selbstverständlich nicht; wir waren auf uns gestellt. Für die Frauen und Mädchen, die zum Helfen auf die Farm kamen, war das normal, denn auf allen Bauernhöfen ist die Feldarbeit Sache der Frauen. Aber ich war erst acht! Und vom Leben im städtischen Harem ziemlich verwöhnt. Da ich jedoch wegen meines Babyspecks kräftiger wirkte, als ich war, erwarteten alle von mir, dass ich mithalf. Um mich keinen Hänseleien auszusetzen, tat ich mein Bestes, stellte mich bei der Ernte allerdings eher ungeschickt an. Daher war es schon bald meine Aufgabe, die schweren Wurzeln mit einem kleinen Handkarren zum Haus zu transportieren, von wo sie mit einem alten Traktor zum Markt gefahren wurden. Von der enormen Anstrengung schmerzten meine Beine und mein Rücken. Abends fiel ich wie ein Stein aufs Nachtlager.

Nach ein paar Monaten nahm mich Mama Ada zur Seite und begutachtete mich eingehend, dann lachte sie: »Das Leben auf dem Land tut dir gut, meine Kleine. Dein Babyspeck ist wirklich verschwunden.« Wahrscheinlich lag es daran, dass ich durch die schwere körperliche Arbeit, auf die ich nicht vorbereitet worden war, überhaupt nicht mehr zum Naschen kam und nicht mehr träumend und spielend den Tag verdöste. Ich hatte mich deutlich verändert. Bald kannte ich jeden Winkel der Farm und des Hauses und es erschien mir nach so kurzer Zeit bereits unvorstellbar, wie ich mein Leben je hinter Mauern verbringen konnte!

Papa Udokas *Familie* hatte sich nicht nur kaum um den Erhalt des Hauses gekümmert. Von ihrem Erbe hatte Mutter auch einen neuen Traktor angeschafft. Als wir in Jeba eintrafen, stand das wertvolle Gefährt bereits seit Wochen im Freien neben dem undichten Schuppen, ungeschützt der Witterung ausgesetzt. Es dauerte Wochen, bis endlich ein Mechaniker mit den erforderlichen Ersatzteilen kam, um das Fahrzeug zu reparieren. Von einem ebenfalls neuen Lastwagen hieß es anfangs, er sei zur Reparatur in Jeba. Als Mutter dann im Ort nachfragte, hatte niemand das teure Gefährt je gesichtet.

Dass Mutter auf dem Land als Weiße und obendrein als selbstständig handelnde Frau einen schweren Stand hatte, erfuhr ich erst später. Es dauerte lange, bis die Männer, die in Jeba das Sagen hatten, die Fremde respektierten. Und zwar genauso lange, bis sie merkten, dass Mutter und die anderen Frauen gute Arbeit leisteten und mit unseren Farmprodukten Geld zu verdienen war.

Schulunterricht war auch nicht mehr in dem Umfang möglich wie im Harem in Lagos. Da Jem und Efe nicht mehr zur Schule gingen, blieb ich als einzige Schülerin übrig. Doch niemand hatte Zeit, mich zu unterrichten, also besuchte ich anfangs die Schule in Jeba, einem Ort mit etwa 2 000 Einwohnern. Der Fußmarsch ins Dorf, vorausgesetzt ich nahm die Abkürzung über die Felder, dauerte eine Stunde. Was mit meinem Bein nicht gerade angenehm war. Der Weg über die unasphaltierte Straße war zwar sicherer, weil Schlangen besser zu erkennen waren, nahm aber gut drei Stunden in Anspruch.

Also entschied ich mich für den Querfeldeinmarsch. Bis eines Tages eine Schlange vor meinen Füßen lag. Mama Funke erklärte mir zwar, dass es sich um ein harmloses Exemplar handelte, und wollte mich in »Schlangenkunde« unterweisen. Doch zum einen verstand ich die zahnlose Mama Funke und ihre ungewohnte Sprache sehr schlecht, zum anderen gibt es rund ein Dutzend verschiedene Sorten, die sich teilweise recht ähnlich sind.

Doch das waren nicht die einzigen Probleme, die mir die Schulzeit verleideten. Wenn beispielsweise Erntezeit war, wurden alle Hände gebraucht und so saß ich oft allein im Klassenraum der Schule von Jeba. Und dafür hatte ich einen dreistündigen Marsch hinter mich gebracht, der mir am Nachmittag noch einmal bevorstand. Ich gebe zu, anfangs erschienen mir einige dieser Widrigkeiten des Landlebens alles andere als verlockend! Um dem langen Weg und dem Frust über den Ausfall zu entgehen, blieb ich bald ganz zu Hause.

Mama Bisi wusste immer viele Lieder und Reime, um mich aufzumuntern oder mir zu beweisen, dass ich mich im Irrtum befand. Damals weckte sie mich morgens oft mit diesem Kinderlied: »Da steht ein Bulle im Gras und frisst und frisst nur was. Denn er will nicht ziehen den Karren zur Stadt, lieber wird er dick und satt. Doch wenn der Bulle ihn zöge, dann würde er kräftig und stark.« Dann gab Mama Bisi mir einen Kuss und sagte: »Also, lerne und werde stark wie deine Mutter.«

Ich wollte durchaus lernen. Aber eben so wie früher, im Harem. Dass meine beiden Lieblingsschwestern jedes Interesse am Unterricht verloren hatten, war mir rätselhaft. Im Gegensatz zu ihnen bestand ich auf meinem Recht – so empfand ich es zumindest. Schließlich schrieb Mutter meinem Vater einen Brief, in dem sie um eine Lehrerin bat. Wochen vergingen und nichts geschah. Dann hielt eines Abends eines von Vaters großen Autos vor dem Haus. Papa David war persönlich gekommen, um mir einen Lehrer zu bringen! Er hatte die Jahreszeit für sein Kommen klug gewählt. Auf den Feldern war jetzt nicht viel zu tun. Aus dem Norden blies der Harmattan ständig den Sand der Sahara über das Land.

Vater wollte vor allem auch seine Frauen sehen und ihnen beweisen, dass er sie weiterhin liebte. Auch mit Mutter verbrachte er sehr viel Zeit und ich stellte fest, dass sie in den zwei Wochen seines Aufenthalts selbst mich ganz anders behandelte. Sie war irgendwie liebevoller, weicher. Im Harem war mir dieser Einfluss meines Vaters auf Mutter nie aufgefallen, vielleicht, weil immer so viele Menschen um uns herum waren und ich deshalb keinen so engen Kontakt zu ihr hatte.

Der Lehrer, den Papa David ausgesucht hatte, hieß Okereke. Er unterrichtete Efe, mich und die Enkel von Mama Funke und Mama Ngozi sowie eine Hand voll weiterer Kinder, die im Umkreis der nächsten zwei Kilometer wohnten. Jem arbeitete lieber weiter auf dem Feld und war mit keinem Mittel zur Teilnahme am Unterricht zu bewegen. Okereke war uralt, sehr mager und hatte einen Buckel. Er hatte ein abwechslungsreiches Leben geführt, von dem er mir abends auf der breiten Veranda unseres Hauses, wo übrigens auch der Schulunterricht stattfand, lange erzählte.

Von Okereke erfuhr ich eigentlich alles über die Geschichte meines Landes, er lieh mir sogar seine Bücher. Dafür bin ich ihm sehr dankbar. Außerdem war er das erste männliche Wesen, das mir seine Zeit schenkte. Papa David hatte ich ja eigentlich nur als würdevolles Oberhaupt der Familie erlebt, aber nicht als Vater. Und einen Großvater hatte ich nie. Okereke war alles zusammen: Ersatzpapa und -opa, Lehrer und Geschichtenerzähler.

Als Übersetzer für den englischen Gouverneur hatte er lange Jahre gearbeitet, sich aber irgendwann für die Unabhängigkeit Nigerias eingesetzt und war zwischen die Fronten geraten. Er öffnete mir die Augen, wie leicht das in meinem Land geschehen kann. Okereke bewunderte meinen Vater und die Art, wie er den Mitgliedern seiner Familie half, selbst für ihren Unterhalt zu sorgen. Deshalb lebte der alte Mann bei uns; seine »Bezahlung« bestand aus Essen und einem Nachtlager in einem wieder hergerichteten Teil des separaten Flachbaus. Die in einem Gefängnis erlittene Folter machte es ihm unmöglich, körperliche Arbeiten zu verrichten. Umso unentbehrlicher war er für Mutter bei der Erledigung der vielen Schreibarbeiten, die das Führen einer solch großen Farm mit sich bringt.

Bisis Prophezeiung

Mutters größte Hilfe beim Wiederaufbau der Farm war Mama Ada, die unermüdlich arbeitete. Bereits in den ersten Wochen hatte sie ihr Baby verloren. Sie hatte sich wohl doch zu sehr angestrengt. Vaters Besuch hatte auch sie verändert, sie lachte öfter und war nicht mehr so schweigsam wie sonst. Den Grund fand ich erst ein paar Monate später heraus: Mama Ada war erneut schwanger. Da sie so groß und hager war und sich stets in weite Gewänder wickelte, bekam ich das erst recht spät mit, denn Ada schonte sich immer noch nicht. »Ein Mensch, der nichts arbeitet, ist nutzlos. Umso besser, wenn mein Baby das frühzeitig merkt«, sagte sie immer.

Mama Bisi hatte auf einem versteckten Fleckchen Erde neben dem Haus ein kleines Blütenwunder zustande gebracht. Dort gediehen einige prächtige Bougainvilleabüsche, die sie zu neuem Leben erweckt hatte. Wenn ich sie am Abend suchte, um mit ihr ein bisschen zu plaudern oder mich an sie zu kuscheln, konnte ich sie dort zumeist finden. Sie sprach mit ihren Büschen und zupfte welke Blüten ab.

Deshalb war ich auch nicht sonderlich erstaunt, als ich sie eines Abends leise sprechen hörte, während ich mich näherte. Zu meiner Überraschung war sie nicht allein. Mama Ada war bei ihr; meine beiden Lieblingsmamas hockten am Boden zwischen den Sträuchern. Als Mama Ada mich sah, hob sie mahnend den Zeigefinger an die Lippen, um mich schweigen zu heißen, bevor ich etwas sagen konnte.

Ich verstand nicht sofort, was vor sich ging: Mama Bisi befragte das Orakel, um die Zukunft von Mama Adas ungeborenem Kind zu erfahren. Papa David, das wusste jeder, lehnte die traditionelle Anrufung der Ahnen ab. Doch in der Abgeschiedenheit der Farm konnte sein langer Arm uns nicht erreichen; Mama Bisi praktizierte wieder ihr Orakel, für das sie ihre alten Kaurischnecken verwendete. Natürlich heimlich.

Die Prophezeiung des Orakels habe ich an jenem Abend zwar nicht wortwörtlich verstanden, aber ich bekam mit, dass Mama Adas Baby nicht lange nach der Geburt sehr krank werden würde und dass wir alle besonders gut auf die Kleine aufpassen müssten. Ihre erste Tochter war nur sechs Jahre alt geworden und erst vor kurzem hatte sie eine Fehlgeburt erlitten – kein Wunder, dass diese Prophezeiung ein Schock für sie war.

»Wird es sterben wie das andere Kind?«, fragte Ada.

»Kein ›es‹. Eine ›sie‹ – ein Mädchen!«, sagte Bisi. Sie warf die kleinen Schnecken erneut und studierte eingehend ihre Lage. »Deine Tochter wird rein wie eine weiße Blume sein, die keine Schuld auf sich lädt. Deshalb verlangen ihre Ahnen, dass ihr Name Susan lautet.«

Mama Ada war nach dieser Prophezeiung sehr verstört. Sie begab sich sofort in unsere kleine Kapelle. Sie verließ sie die nächsten Tage nicht einmal, betete pausenlos und flehte Gott um Hilfe an.

Mutter bemerkte Adas seltsames Verhalten bald und befragte auch mich über die Ursache, da sie sich große Sorgen machte und wusste, dass ich oft mit meiner Patentante zusammen war. Aber ich hatte meinen beiden liebsten Mamas versprochen, dass ich kein Wort über Bisis Orakel verraten würde. Denn obwohl Ada und Bisi Mutters beste Freundinnen waren, befürchteten sie dennoch, dass Mutter Papa David informieren und ihm Bisis heidnisches Verhalten berichten würde. Das Schweigen, das ich mir selbst auferlegt hatte, machte mich krank. Ich bekam hohes Fieber und Durchfall. Mama Bisi vernachlässigte ohne zu zögern ihre täglichen Arbeiten und übernahm meine Pflege.

Ich hatte wohl schon einige Tage lang so hohes Fieber, dass Mutter keinen Rat mehr wusste. Da legte sich meine Pflegerin zu mir auf das Nachtlager aus Strohmatten, streichelte mir den nassen Kopf und sagte: »Ich habe einen schrecklichen Fehler gemacht, Choga. Verzeih meine Dummheit. Ich werde deiner Mutter alles beichten. Du sollst nicht weiter darunter leiden, dass Erwachsene von dir verlangen, über ihre Taten zu schweigen.«

»Papa David wird sehr böse mit dir werden! Wenn er dich nun fortschickt wie Mama Idu?«

»Dann ist das Gottes Wille.« Mama Bisi sagte das vollkommen ruhig, aber für mich waren ihre Worte schrecklich. Sie zu verlieren, wäre das Schlimmste überhaupt gewesen.

»Mama Bisi«, fragte ich nach einer Weile, »sind denn Mama Adas Ahnen im Himmel?«

»Ja, mein Kind, natürlich«, bestätigte sie.

»Aber warum sagen sie dann, dass Mama Adas Baby krank wird? Warum helfen sie nicht, dass es gesund bleibt?«

»Das tun sie doch, Choga! Sie weisen uns auf die Gefahren hin, die dem Kind drohen.«

»Aber Gott beschützt doch alle Kinder, Mama Bisi. Warum beschützt er nicht Mama Adas Baby?«

»Er wird es beschützen, aber wir müssen ihm dabei helfen.«

»Ich werde ganz schnell gesund und Mama Adas Baby pflegen«, versprach ich. Mama Bisi küsste mich und ich spürte, wie ein Tropfen auf mein Gesicht fiel. Nie zuvor hatte ich meine Patentante weinen sehen.

Dass meine Mutter die Farm leitete, darüber hatte ich mir zuvor nie Gedanken gemacht, weil mir gegenüber niemand darüber sprach. Erst Mama Adas Schicksal machte mir deutlich, dass Mutter eine besondere Stellung innehatte – als Vaters Stellvertreterin auf der Farm. (Erst später habe ich erfahren, dass sie tatsächlich die einzige Frau war, die eine von Vaters *Familien* führte.) Meine Mutter regelte die verfahrene Situation ausgesprochen diplomatisch. Nachdem Bisi ihre Verfehlung gestanden hatte, kam sie zu mir und erklärte mir, dass Bisi es gut gemeint habe mit Mama Ada.

Schon am nächsten Tag war mein hohes Fieber so gut wie verschwunden und zwei Tage später konnte ich wieder draußen spielen.

Ich war gerade neun geworden, als Papa David zur Taufe von Mama Adas drei Wochen altem Baby auf der Farm eintraf. Vater hatte für meine kleinste Halbschwester den Namen Rebecca ausgewählt. Allerdings nannten wir die Kleine alle längst Susan und wenn ich morgens aufwachte, lief ich zuerst zu Mama Ada und fragte: »Wie geht es der kleinen Sue?« Ich war ja dabei gewesen, als Mama Bisi von den Ahnen diesen Namen mitgeteilt bekommen hatte. Als der Taufsonntag kam, war ich gespannt, welchen Namen Papa David meiner Halbschwester geben würde.

»Ich taufe dich hiermit auf den Namen Rebecca Susan«, sagte er. Ich atmete erleichtert auf. Meine Mutter, die das Mädchen als Patin über das Taufbecken hielt, strahlte über das ganze Gesicht. Ja, so machte Mutter das! Wenn sie etwas erreichen wollte, tat sie es leise und unauffällig. Und alle waren zufrieden mit dem Kompromiss, den sie erzielt hatte. Gerufen wurde mein Schwesterchen allerdings nur mit ihrem Kosenamen Sue. Aber das wusste Vater nicht; er war ja weit entfernt. Auch als Sue blieb sie seine Tochter und wurde in seinem Sinne erzogen.

Von der ersten Minute an hatte ich eine besondere Beziehung zu Sue. Natürlich mochte ich Efe und Jem nach wie vor sehr gern, aber die Kleine konnte den beiden die Position als meine Lieblingsschwester durchaus streitig machen. Ich ließ mir von meinen Mamas alles beibringen, was man wissen muss, um ein Baby richtig versorgen zu können. Schon bald trug ich Sue den ganzen Tag in einem Tuch auf dem Rücken herum. Ich kam mir richtig nackt vor, wenn ich sie nicht dabei hatte. In Okerekes Unterricht legte ich sie neben mir auf den Boden. Als die Kleine zu krabbeln begann, hatte auch der Lehrer ein Auge auf sie und sogar meine Mitschülerinnen und Halbschwestern beaufsichtigten sie. Da Sue lange Zeit unsere jüngste Mitbewohnerin blieb, wurde sie von allen geliebt. Wenn Mama Ada sie mit aufs Feld nehmen wollte, war ich richtig traurig. Die kleine Sue war ein Teil von mir geworden. Das Tollste aber war, als sie ihr erstes Wort sagte – meinen Namen. Ich trug Sue überall hin und forderte sie auf, das Wort zu wiederholen. Es war zwar nur die zweite Silbe meines Namens, aber alle freuten sich mit uns und lachten. Und Mama Adas Tochter lachte mit!

Da nur Mutter und meine Lieblingsmamas in die Prophezeiung des Orakels eingeweiht waren, achteten vor allem wir vier besonders auf das kleine Mädchen. Sobald eine von uns Sue weinen hörte, kamen wir herbeigestürzt. Was nicht immer eine gute Idee war, denn die Kleine bekam bald spitz, dass sie schon mit einem leisen Quengeln große Aufmerksamkeit erreichte!

Lebensretter Corn

Ein Hund gilt in meinem Land nicht viel. Die Leute haben selbst wenig zu essen und teilen nicht gern mit einem Hund. Deshalb suchen sich die Tiere ihr Essen selbst und die, die zu keiner Farm gehören (das ist die Mehrzahl), schließen sich in Rudeln zusammen. Das sind richtige Banden, die sich vor allem nachts blutige Kämpfe liefern. Oft konnte ich keinen Schlaf finden, wenn ganz in der Nähe das beängstigende Geheul der Meute zu hören war. Außerdem gelten Hunde als schmutzige und nutzlose Tiere, die niemandem einen Gewinn bringen, anders als Ziegen oder Hühner.

Trotzdem gab es auf unserer Farm einen Hund und der war sogar geachtet. Er war nämlich sehr nützlich, weil er eine ganz besondere Gabe hatte: Corn jagte Schlangen. Irgendeiner seiner Vorbesitzer hatte dem Hund diese Fähigkeit wohl beigebracht. Seinen Namen verdankte Corn übrigens der Farbe seines Fells; er war so gelb wie reifes Getreide.

Da ich vor allem Angst hatte, was ich nicht aus dem Harem in Lagos kannte, fürchtete ich mich auch vor Corn, denn ich war zu jung, um den Unterschied zwischen einem streunenden und einem zahmen Haushund erkennen zu können. Daher ging ich dem Hund nach Möglichkeit aus dem Weg. Wir wussten wenig über Corns früheres Leben. Aber Papa Udoka hatte das Tier nach Auskunft von Mama Funke ganz offensichtlich dazu abgerichtet, immer in der Nähe der kleinen Kinder zu bleiben. Wenn eines schrie, dauerte es keine fünf Sekunden und Corn war zur Stelle. Die Nase am Boden suchte er dann die Umgebung ab, ob er irgendwo eine Schlange entdecken konnte. Und einmal fand er tatsächlich eine. Zufällig war Okereke gerade in der Nähe und sah alles mit an: Corn stürzte sich blitzschnell auf die Schlange, biss sie direkt hinter den Kopf, wirbelte sie herum und machte ihr so den Garaus.

»Noch ist er nicht zu alt für die Schlangenjagd«, sagte Okereke, »aber wenn er ein bisschen langsamer wird, ist irgendwann eine Schlange schneller als er.«

»Und was passiert dann?«, fragte ich.

»Man wird einen neuen Hund holen oder selbst auf die Schlangen achten müssen«, antwortete der alte Lehrer. Dann überlegte er laut: »Es wäre vielleicht eine gute Idee, einen zweiten Hund zu besorgen. Vielleicht kann Corn ihn anlernen, bevor es zu spät ist.«

Ich sah Okereke mit großen Augen an: »Du meinst, Corn wird nicht besonders alt werden?«

Der Mann nickte: »Das ist nun mal der Lauf der Welt. Ein Hund ist kein Mensch.«

Ich blickte die kleine Sue neben mir an und dann den Hund. Ich dachte an Mama Bisis Orakel und daran, dass wir auf Sue gut aufpassen mussten.

Von diesem Tag an sah ich Corn mit anderen Augen. Ich fing an, mit ihm zu spielen, und er begleitete Sue und mich überall hin. Als Mama Bisi sagte, dass der Hund ungepflegt sei und deshalb nicht ins Haus dürfe, befragte ich Mutter so lange, bis sie mir erklärte, wie man einem Hund kämmt und von Ungeziefer befreit. Mutter mochte Corn; sie hatte in Deutschland auf dem Brunnerhof stets Hunde gehabt. Allerdings war Corn für sie genauso wie für alle anderen ein Tier mit einer Aufgabe. Doch ich stellte fest, dass ein Hund wie eine Freundin sein kann, an die man sich kuschelt. Trotzdem blieben meine Mamas der Meinung, dass er nicht ins Haus durfte. Sie fürchteten, ich würde den Hund wie einen Menschen behandeln und ihn so um seine Jagdinstinkte bringen. Lediglich Efe und Jem unterstützten meine Bestrebungen – wir drei hielten nach wie vor zusammen –, doch leider ohne Erfolg.

Von Corns Nachtleben bekam ich nur dann etwas mit, wenn der Schlangenhund mal wieder eine frische Bisswunde hatte, die er sich bei einer Auseinandersetzung mit den Streunern zugezogen hatte. Mama Bisi gab mir dann eine ihrer Tinkturen und ich behandelte den tapferen Kämpfer, während ich ihm Mut zusprach. Zum Dank blieb Corn stets in meiner Nähe. Als ich eines Nachts vom Geheul der anderen Hunde erwachte, öffnete ich das Fenster und sah in die schwarze Nacht hinaus. Da erregte ein sanftes Fiepen meine Aufmerksamkeit: Corn saß unter meinem Fenster. Er hatte Wache gehalten. Beruhigt legte ich mich wieder hin.

Dann wurde ich wieder einmal sehr krank. Mutter sagte immer, dass ich durch das Leben in der Stadt zu empfindlich geworden sei und deshalb anfällig für jede kleine Krankheit. Ich lag mit hohem Fieber auf der Schlafmatte am Boden. Efe sah hin und wieder nach mir, machte mir kalte Wadenwickel und flößte mir Mama Bisis selbst hergestellte Medizin ein. Mittags war es drückend heiß in meinem Zimmer. Auf der Farm hatten wir nicht den Komfort eines Deckenventilators, wie ich ihn aus dem Harem in Lagos kannte. Obendrein musste das Fenster geschlossen bleiben, damit kein Ungeziefer hereinkommen konnte. Ich flehte Mutter an, die mir gerade aus deutschen Märchenbüchern vorlas, das Fenster zu öffnen. Nach langem Betteln gab sie endlich nach. Irgendwann schlief ich wohl ein. Ich träumte wirren Unsinn, und als ich erwachte, war Mutter nicht mehr im Zimmer.

Plötzlich nahm ich eine langsame, kriechende Bewegung wahr. Durch das weit offen stehende Fenster wand sich ein langer, dunkler Körper. Bevor ich realisieren konnte, dass es eine Schlange war, ließ sie sich schon mit einem leisen Klacken auf den Boden fallen. Ich setzte mich auf und starrte das etwa anderthalb Meter lange Tier an, das sich auf mich zubewegte. Es war direkt zwischen dem Fenster und mir, auf der anderen

Seite befand sich die Wand. Ich konnte nirgendwohin entkommen. Die Schlange hob ihren Kopf, züngelte suchend nach meinem heißen Körper.

Nach einer langen Schrecksekunde schrie ich gellend los: »Mama!«

Die Schlange bewegte sich nun nicht mehr. Ich sah zur Tür, aber niemand kam. Das machte dem Biest wohl Mut, seinen Angriff fortzusetzen. Ohne nachzudenken, formte mein Mund einen hellen, aufgeregten Schrei: »Corn! Komm schnell!«

Vielleicht hatte der Hund schon meinen ersten Hilferuf richtig verstanden, denn wie der Blitz sprang er über die niedrige Fensterbank und stürzte sich auf die Schlange. Alles ging so rasend schnell; ich sah nur ein Bündel Fell über den Boden toben. Nach wenigen Augenblicken war es wieder still. Corns bernsteinfarbene Augen blickten mich an, so, als wollte er fragen: Bist du okay? Zwischen seinen Beinen lag der tote Leib der Schlange.

»Komm her!«, rief ich atemlos und umarmte meinen Lebensretter. Aber irgendetwas stimmte nicht mit Corn. Er krümmte sich auf dem Boden und knabberte an seinem Hinterbein. Schlagartig kamen mir Okerekes Worte in den Kopf, dass irgendwann eine Schlange schneller als der Hund sein würde. Ich bog den Kopf des Hundes zurück und näherte mich der Stelle, an der er herumgebissen hatte. In seinem kurzen Fell erkannte ich deutlich zwei kleine, an den Rändern ausgefranste Punkte – den Abdruck der Giftzähne!

Ich schrie wie noch nie in meinem Leben um Hilfe. Mein Lebensretter durfte nicht sterben! Mutter kam als Erste ins Zimmer gestürmt, dann Bisi, schließlich Okereke. Der alte Lehrer beugte sich über den Hund und schüttelte den Kopf.

»Ich nehme Corn besser mit«, sagte er.

»Was tust du mit ihm?«

»Ich werde ihm helfen, dass er nicht unnötig leiden muss.«

»Nein!« Ich rappelte mich hoch, verstellte Okereke, der den Hund schon auf dem Arm hatte, um ihn hinauszutragen, den Weg. »Corn darf nicht sterben.«

»Wir können ihn nicht retten«, sagte der Lehrer.

Ich drehte mich zu Mutter: »Mama, bitte, er hat mir das Leben gerettet. Du kannst doch bestimmt etwas tun!« Mein Kreislauf war zu schwach, ich konnte mich kaum aufrecht halten und fiel schließlich gegen meine Mutter, die mich auffing.

»Es gibt nur eine Möglichkeit«, meinte Mutter. Sie nahm ihr Kopftuch vom Kopf und band Corns Bein am Ansatz ab. Als sie die Enden fest zuzog, jaulte der Hund auf.

»Mit drei Beinen hat das Tier keine Chance, Mitfrau Lisa«, sagte Mama Bisi gefasst.

»Drei Beine?«, stammelte ich.

»Wenn, dann müssten wir ihm eines amputieren, und zwar unverzüglich«, entgegnete Mutter. »Er stirbt sonst unter furchtbaren Qualen.«

Ich riss mich von ihr los, stürzte auf Corn zu und streichelte ihn. Er hechelte bereits kurzatmig, sein Fell war schweißnass.

»Dann aber schnell«, entschied Bisi. Sie befahl mir, mich wieder hinzulegen. Mit raschen Schritten trug Okereke den Hund nach draußen, Mutter folgte ihm, während Mama Bisi die Schlange packte. Sie war schon fast aus dem Zimmer, als sie zurückkam, um das Fenster wortlos zu schließen.

Wenig später hörte ich einen markerschütternden, kurzen Schrei. Dann herrschte schreckliche Stille. Ich presste die Augenlider zu und begann zu schluchzen.

Corn sah ich erst über eine Woche später wieder, als es mir etwas besser ging und ich aufstehen konnte. Sein Anblick versetzte mir einen Stich ins Herz. Sein Körper war dick verbunden, um den Kopf trug er einen Beißschutz, damit er sich nicht seine Wunde lecken konnte. Ich bettete seinen Kopf in meinen Schoß und kraulte ihn stundenlang.

Irgendwann stand Mama Bisi vor mir: »Das ist doch kein Leben für einen Jagdhund, Choga. Willst du wirklich, dass er für immer leidet?«

Ich wusste nicht, was ich sagen sollte. Mama Bisi schien Recht zu haben, mein Lebensretter stand überhaupt nicht mehr auf.

Ich legte ihn auf eine alte Decke, schob ihm Wasser hin. Was sollte Corn fressen? Er hatte sich seine Nahrung immer selbst gesucht; ich hatte mir nie darüber Gedanken gemacht, wie er das anstellte. Hundefutter gab es sowieso nicht; dass man in Deutschland so etwas kannte, erfuhr ich erst viel später durch Mutter. Aber es war selbst mir als Neunjähriger klar, dass er in diesem Zustand niemals mehr auf die Jagd gehen konnte.

Am nächsten Tag fand Okereke mich, wie ich neben dem kraftlosen Corn kauerte. »Wenn du willst, dass der Hund wieder laufen lernt, dann darfst du ihn nicht länger verhätscheln«, sagte er. »Steh auf und ruf ihn, versuch ihn aufzumuntern.« Ich versuchte Corn mit einem Stock zu locken, doch er blickte dem Spielzeug nur ratlos nach. Schließlich suchte ich Hilfe bei Mama Bisi, fragte, ob sie nicht eine Medizin hätte.

»Versuchen kann ich es ja mal«, meinte sie. »Wenn es Gottes Wille ist, dann wird der Hund überleben.«

Mutter gab mir für Corn Essensreste, heimlich natürlich, weil wir selbst nicht besonders viel hatten. Es waren vor allem gekochte Yamswurzeln mit winzigen Brocken Fleisch, unter die Mama Bisi ihre Medizin mengte. Hin und wieder bekam er einen Knochen. Allmählich versuchte Corn tatsächlich aufzustehen. Er war ein sehr starker Hund mit kräftiger Beinmuskulatur. Als der Verband nach Wochen entfernt wurde, hatte sich mein Liebling schon an sein Schicksal gewöhnt. Es gelang ihm bald, mit drei Beinen zu laufen. Nicht sehr schnell, eben so wie ich, wenn mir meine Hüfte wieder einmal sehr weh tat.

Corn wich nicht mehr von meiner Seite. Wir beide waren wohl ein besonderes Paar, wenn wir abends gemeinsam vom Feld zurück zum Haus humpelten. Niemand verlangte mehr von ihm, nachts draußen zu schlafen, wo die Hunderudel umherzogen. Gegen die hätte er keine Chance gehabt. Er durfte sich an meinem Fußende zusammenrollen. Heulten draußen seine Artgenossen, schrak er manchmal hoch und jaulte im Traum kurz auf, drehte sich dann im Kreis und kuschelte seine Nase wieder ins Fell.

»Wen Gott liebt, den lässt er nicht im Stich«, sagte Okereke.

»Siehst du, Gott liebt auch Hunde, obwohl sie keine Menschen sind«, antwortete ich.

»Es war gut, dass du für deinen Lebensretter gekämpft hast. Wenn ich ihn getötet hätte, hätte ich mich an Gott versündigt. Ich habe etwas von dir gelernt, mein Kind«, sagte mein alter Lehrer und strich mir sanft über den Kopf, »vor Gott ist jedes Lebewesen gleich.«

Am nächsten Sonntag durfte Okereke vor allen die Ansprache halten. Er erzählte die Geschichte von Corn und mir. Unser kleiner Hund war danach überall bekannt. Niemand wagte es mehr, den dreibeinigen Hund zu verspotten oder gar Steine nach ihm zu werfen, denen das arme Tier nicht entkommen konnte.

Manchmal kamen Frauen vorbei, nur um Corn zu streicheln. Die Menschen hielten ihn für einen Glücksbringer, weil Gott ihn beschützte. Einige Zeit später hörte ich von einer weiter entfernt gelegenen Farm, die ebenfalls einen so genannten Schlangenhund hielt, dass auch ihrer gebissen worden war. Entgegen der Sitte, ein nutzloses Tier zu töten, hatten auch die Nachbarn ihren Hund nicht erschossen, sondern ihn gesund gepflegt wie wir unseren Corn.

Das Herz eines Vaters

Als ich eines Nachmittags von einem der Felder zurückkam, sah ich Mutter und Mama Bisi schon von weitem. Sie standen nebeneinander vor der Veranda. Es war später Nachmittag, die Sonne glühte intensiv, die Luft über der warmen Erde flirrte. Ich sagte zu Mama Ada, die neben mir herging und einen ausladenden Korb mit Mais auf dem Kopf trug, dass die beiden Mamas zu einer Person zu verschmelzen schienen, mit zwei Köpfen. Ich selbst trug die kleine Sue auf den Rücken gebunden mit mir und hielt mit einer Hand einen wesentlich kleineren Korb auf dem Kopf fest, damit er nicht hinunterfiel. Es gelang mir nie, etwas freihändig auf dem Kopf zu balancieren wie die Erwachsenen und viele meiner Schwestern – mein Beinproblem ließ und lässt mich noch heute ständig von einer Seite auf die andere schwanken. Die kleine Sue fand das ganz lustig und wollte immer viel lieber von mir getragen werden als von ihrer kerzengerade einherschreitenden Mama. An meiner Seite humpelte Corn, dem die Zunge hechelnd aus dem Maul hing.

Wortlos nahm Mutter mir meinen Korb ab. Sie verwöhnte mich selten mit Zärtlichkeit. Diese Aufmerksamkeit war schon sehr viel. Und dann strich sie mir flüchtig über die staubigen Zöpfe.

»Du bist sehr tapfer, Choga«, sagte Mutter.

Ich blickte zu ihr auf und war verwundert, denn ich wusste nicht, was sie meinte. Deshalb schwieg ich. Mama Bisi befreite mich von Sue. Später beteten wir und aßen unser Nachtmahl zusammen mit den anderen Frauen und Schwestern und einigen Farmhelferinnen ein, die während der Saison vor allem in der verschwenderisch großen Eingangshalle schliefen (der feine englische Vorbesitzer hätte daran sicher seine Freude gehabt ...).

Vor dem Zubettgehen rief mich Mutter auf die Veranda, wo bereits Mama Bisi saß und einen Korb flocht, den sie zusammen mit unzähligen anderen auf dem Markt verkaufen wollte. Seitdem wir in Jeba lebten, kam es nicht mehr sehr oft vor, dass Mutter mir noch eine Geschichte vorlas oder erzählte. Umso mehr freute ich mich also und wollte mich zu ihren und Mama Bisis Füßen auf den Boden setzen.

»Choga, geh mal ein paar Schritte auf und ab«, sagte Mutter.

»Warum?«

»Ich möchte sehen, wie du gehst.«

Ich tat, wie mir geheißen. Der Tag auf dem Feld hatte mich angestrengt, der ganze Körper tat mir weh.

»Belaste mal das andere Bein«, meinte Mutter. Ich versuchte es. Nach einigen Schritten verfiel ich wieder in meine übliche Haltung, in der ich das schmerzende Bein weniger beanspruchte. Das tat ich aus reiner Gewohnheit immer so.

»Deine Mutter hat Papa David geschrieben«, meldete sich plötzlich Mama Bisi zu Wort. »Wir alle finden, er soll dir helfen, dass du besser laufen kannst.«

Entsetzt starrte ich erst Mama Bisi an, dann Mutter. »Das dürft ihr nicht!«, stieß ich hervor.

»Es muss etwas geschehen, Kind, bevor es zu spät ist! Ich habe Papa David gebeten, dich von einem Arzt behandeln zu lassen.« Mutter sprach sehr ernsthaft und sah mich dabei fest an.

Ich hasste es, wenn sie oder irgendjemand anders von meinem Bein sprach. Es tat zwar weh, doch damit hatte ich mich abgefunden. So wie Corn, der es sogar schaffte, mit drei Beinen durch die Gegend zu laufen.

»Irgendwann wirst du heiraten und Kinder bekommen wollen, meine Kleine«, sagte Mama Bisi. »Dann ist es zu spät, noch etwas zu tun.« Ich stutzte, meine mütterliche Patentante steckte also dahinter. Sie, die immer nur tröstete, aber sich nach Möglichkeit nicht einmischte in den Lauf der Dinge, wollte tatsächlich in mein Schicksal eingreifen.

Ich hielt Mama Bisi und Mutter entgegen: »Ich will keinen Arzt. Gott hat mich so gemacht.« Doch das war nur die halbe Wahrheit, wie ich heute eingestehen kann. Ich wollte niemals anders behandelt werden als meine Schwestern. Ich wollte nichts Besonderes sein, deswegen schämte ich mich, wenn über mein Bein so offen gesprochen wurde.

Einige Wochen später eröffnete mir Mutter, dass sie die Farm für unbestimmte Zeit verlassen müsse. Eine erneute Reise nach Deutschland stand bevor: Noch einmal sollte sie in ihrer Heimat eine Anzahl landwirtschaftlicher Geräte, Saatgut und Düngemittel erstehen. Nicht nur für uns, sondern auch für die anderen Farmen, die Papa David gehörten.

»Dein Vater schickt uns ein Auto, mit dem wir nach Lagos gefahren werden«, sagte Mutter.

Ich spielte gerade mit Sue. »Darf Sue mitkommen?«, fragte ich. Mutter lachte und sagte, dass mein Schwesterchen Mama Ada brauche. Und dann fügte sie hinzu: »Du wirst ein paar Wochen im Harem bleiben, Choga Regina.«

Niemals hatte ich gewagt, meiner Mutter offen zu widersprechen. Doch jetzt tat ich es: »Ich will aber hier bleiben!«, stammelte ich trotzig.

Sie erklärte mir geduldig, dass ich nach Lagos müsse – um zum Arzt zu gehen. »Dein Vater hat zugestimmt, dass dich ein Spezialist im Krankenhaus ansieht.« Mutter hatte, das wusste ich aber damals nicht, in mehreren Briefen an Papa David dafür gekämpft, dass ich diesen Termin bekam. Doch ich weigerte mich! Und zwar auf meine Art: Ich lief weg, verkroch mich hinter Mama Bisis Bougainvilleabüschen und heulte, als wollte man mir ein großes Unrecht antun. Ein Krankenhaus! Wie entsetzlich! Dorthin kam man doch nur, wenn man krank war. War ich etwa krank? Die Welt brach für mich zusammen. Corn spürte mich auf und kuschelte sich an mich.

Irgendwann fand mich Mama Bisi und durch ihre Worte beruhigte ich mich zumindest wieder ein bisschen. »Deine Mutter ist einverstanden, dass ich mitfahre, meine Kleine. Du musst keine Angst haben. Mama Bisi wird immer bei dir sein«, versprach sie mir. Corn allerdings konnte uns nicht begleiten.

Als Jem abends vom Feld zurückkam, erzählte ich ihr von den Plänen unserer Mütter. Doch anstatt mich wie erwartet zu unterstützen, sagte sie nur: »Ist doch toll, wenn sie dir helfen wollen.«

Am Tag der Abreise fiel mir der Abschied von Sue am schwersten. »Du musst gut auf sie aufpassen«, ermahnte ich immer wieder Mama Ada. Bis Mutter mich mit einem Lächeln darauf hinwies, dass Mama Ada schließlich Susans Mutter sei! Aber ich hatte so ein seltsames Gefühl.

»Choga kommt bald wieder«, versprach ich meinem Schwesterchen.

»Choga wieder«, sagte Sue. Wenn ich gewusst hätte, dass ich sie zum letzten Mal sprechen hörte, hätte ich mich mit Händen und Füßen dagegen gewehrt, fortzufahren.

Für die Fahrt nach Lagos wurde diesmal ein anderer Weg gewählt, was ich an den unterschiedlichen *Familien* erkannte, die wir besuchten. Wir steuerten Farmen an, die wie unsere unterhalten wurden, um landwirtschaftliche Produkte herzustellen, die dann auf Märkten verkauft wurden. Wie bei uns litten auch die anderen *Familien* unter der Trockenheit der Böden, obwohl die Flüsse durchaus Wasser führten. Aus Mutters Gesprächen mit den Leitern der Farmen, den Vorständen der *Familien,* die ich stets belauschte, erfuhr ich, dass unbedingt Bewässerungssysteme benötigt wurden, vor allem Pumpen, um die Felder fruchtbarer zu machen.

Die Farmer behandelten Mutter mit großer Ehrfurcht, denn sie wussten, dass Mutter in den nächsten Tagen nach Deutschland reisen würde, um genau solche Geräte zu besorgen. Wir drei wurden sehr freundlich behandelt, denn meine beiden Mamas hörten allen Farmern geduldig zu und beendeten die

Gespräche schließlich mit einem wichtigen Satz: »Wir werden Papa David eure Probleme vortragen, damit er für eine Lösung sorgt.«

Der Tagesablauf im Harem hatte sich kaum verändert. Mama Patty und Mama Felicitas hatten zugestimmt, dass Papa David in der Zwischenzeit zwei neue Frauen heiratete. Wir wurden von den Mitfrauen meiner Mamas und meinen Schwestern eher verhalten begrüßt. Sie waren uns gegenüber ein wenig misstrauisch und neideten uns wohl die Sonderrolle, die wir in ihren Augen einnahmen. Niemand traute sich so recht, uns Fragen über das Landleben zu stellen, und so kehrte schnell wieder der Stadtalltag in mein Leben ein. Vom Mangel, den wir auf dem Land so deutlich gespürt hatten, merkte man in Lagos nichts. Sogar ein neues Haus war errichtet worden. Und wie früher gab es reichlich zu essen; ausgehungert stürzte ich mich auf die reichlich vorhandenen Leckereien. Als wollte ich nachholen, was mir in Jeba gefehlt hatte.

Von meinen beiden Mamas sah ich nicht mehr viel. Sie verbrachten viel Zeit bei Papa David, worauf sie ein Anrecht hatten. Ich war inzwischen zehn und lebte wieder im Kinderhaus, diesmal aber in einem anderen Trakt, der den älteren Mädchen vorbehalten war. Meine Schwestern hatten sich ebenso wie ich verändert. Viele von denjenigen, mit denen ich groß geworden war, kamen entweder allmählich in die Pubertät oder führten sich gar schon wie Fast-Erwachsene auf. Manchmal fühlte ich mich richtig einsam. Meine Erfahrungen in Jeba interessierten hier niemanden. Ich gab bald auf, meinen Schwestern vom Landleben erzählen zu wollen. Andererseits konnte ich mit ihren Schönheitstipps nicht viel anfangen und ihren Gesprächen nur als dumme Zuhörerin lauschen, die nicht verstand, wovon sie sprachen.

Plötzlich bemerkte ich auch die Mauern, die das Grundstück umgaben. Mir fehlte die klare Luft, ich roch die Abgase der Autos und störte mich an ihrem lauten Hupen. Die kümmerlichen

Büsche im Garten, die ich als kleines Kind für prächtige Gewächse gehalten hatte, taten mir nur noch Leid. Mama Bisis Einfluss machte sich bemerkbar. Ich begann mit den Blumen zu sprechen, verwöhnte sie mit Wasser, von dem es auf der Farm zu wenig gab. Meine Schwestern lachten über meinen Pflanzentick und machten Bemerkungen über mein Beinproblem.

Mit einem Satz: Meine Heimat im Harem war mir recht fremd geworden. Ich hatte Heimweh nach Sue und Corn, die mich brauchten. Im Harem hatte ich nichts zu tun. Meine einzige Rettung war die Schule, die ich lieber besuchte als je zuvor. Und natürlich die Familienfeste, bei denen ich singen durfte, während Papa David in der ersten Reihe saß und mich mit wohlwollendem Blick bedachte. Hinterher lobte er meine schöne Stimme und mein gepflegtes Aussehen, fragte, ob ich mich auf der Farm wohl fühlte.

»Es ist herrlich dort!«, platzte ich heraus.

»Das klingt ja fast so, als ob es dir hier nicht so gut gefällt.« Vater sah mich aus seinen großen, gütigen Augen an.

»Doch, doch ... aber wir haben dort einen Hund und der fehlt mir«, fiel mir gerade noch rechtzeitig ein. Schließlich wusste ich, dass Papa David der Harem über alles ging!

»Ich habe davon gehört, wie du um Corns Leben gekämpft hast, kleine Choga. Ich habe diese Geschichte allen erzählt, die ich getroffen habe. Denn wir müssen jedes Lebewesen achten«, sagte Vater und küsste meine Stirn. Es kam wirklich selten vor, dass Papa David eines seiner Kinder auf diese Weise aus der Menge der anderen hervorhob. In unserer Welt, in der alle gleich waren, bedeutete ein Kuss des Vaters so viel wie ein Ritterschlag.

Einige Tage später kam gegen Mittag Mama Bisi zu uns Mädchen. Es war während der Stunden der Ruhe, in denen es zu heiß zum Lernen und Arbeiten war. Sie brachte mich zu Mutters Wohnung. Im ersten Augenblick erkannte ich Mutter kaum wieder: Sie trug einen knielangen Rock und eine weiße Bluse; das helle, zu einem Knoten im Nacken gebundene Haar bedeckte ein dünner weißer Schal. Ich starrte sie entgeistert an.

Sie sah wunderschön aus. Ganz anders als in den weiten weißen Gewändern, mit denen wir uns sonst verhüllten. Sie hatte sich in eine Europäerin verwandelt. Ich hatte sie nie zuvor so gesehen, denn Mutter wollte keine Sonderrolle einnehmen und vermied es, dass die Mitfrauen sie in westlicher Kleidung sahen. Deshalb hatte Mama Bisi mich zu ihr geführt.

»Choga Regina, ich werde jetzt zum Flughafen gebracht«, sagte Mutter. »Ich weiß nicht genau, wann ich wieder zurück bin. Du musst mir versprechen zu tun, was dir gesagt wird. Auch wenn du anderer Meinung bist. Du kannst dich erinnern, dass wir in Jeba über deine Schwierigkeiten beim Gehen gesprochen haben. Dein Vater hat zugestimmt, dass du im Krankenhaus behandelt wirst. Also sei bitte brav und folgsam. Mama Bisi wird bei dir blieben und auf dich aufpassen.« Meine Patentante nickte mir aufmunternd zu.

Ich blickte auf das Bild meiner deutschen Schwester Magdalena, neben dem Mutter stand. »Kann ich nicht mitkommen nach Deutschland?«, fragte ich zaghaft. Mutters Antwort bestand aus einem stummen Schütteln ihres Kopfes. »Bitte, Mama«, versuchte ich noch einmal. Sie ließ sich nicht erweichen.

Heute weiß ich, dass Mutter auch diesmal meinen Vater darum ersucht hatte, mich in ihre Heimat mitnehmen zu dürfen, um mich dort operieren zu lassen. Doch er hatte sich geweigert; zum einen, weil ich keine Papiere hatte (ein Problem, das man leicht hätte lösen können), zum anderen, weil er nicht wollte, dass ich durch eine Auslandsreise eine Sonderbehandlung genoss, die den anderen Kindern gegenüber unfair gewesen wäre.

Dafür hatte ich Verständnis und beharrte nicht länger auf meinem Wunsch. Allein die Tatsache, dass Vater mich anderntags in ein riesiges modernes Krankenhaus bringen ließ, war schließlich schon ein unglaubliches Privileg. Zwar hatte er mir während des Familienfests seine Zuneigung offen gezeigt, aber heute weiß ich, dass Mutter dennoch die treibende Kraft hinter diesem Schritt war.

Schon die Größe der Klinik ängstigte mich. Ich wurde natürlich sofort von Mama Bisi getrennt, die wieder nach Hause zurückgehen musste. Die Ärzte untersuchten mich mehrmals und von all dem ist mir am besten in Erinnerung geblieben, dass ich mich dafür vor lauter fremden Männern entkleiden musste. Ich schämte mich entsetzlich und wäre am liebsten davongelaufen – was ich auch einmal versuchte. Aber schon an der dritten Tür scheiterte ich, weil ich nicht erkannte, dass sie aus Glas war: Ich rannte mit dem Kopf dagegen und zog mir eine Platzwunde zu.

Schließlich erschien Vater persönlich. Es war das erste Mal, dass er sich um meine Gesundheit direkt kümmerte. Man hatte ihn wohl gerufen, um ihn über die Operation, die die Ärzte vornehmen wollten, zu informieren. Das Ergebnis ließ mich aufatmen: Papa David packte mich in eines seiner großen Autos und wir fuhren zurück zum Harem. Die Operation war ersatzlos gestrichen worden. Sie hätte mehr gekostet, als 20 Männer in einem Jahr verdienen. So erklärte mir Mutter es nach ihrer Rückkehr Wochen später. Das sah ich ein. Denn wenn Vater mich hätte operieren lassen, hätte er mehrere meiner Geschwister auf die gleiche Weise behandeln lassen müssen. Das wäre unbezahlbar gewesen.

Dass Mutter über Vaters Entscheidung in Wirklichkeit sehr empört gewesen ist, habe ich erst über zehn Jahre später von ihr erfahren. Durch den Verkauf von Oma Marias Wiesen hatte Mutter eine solch enorme Menge Geld bekommen, dass man mir ohne weiteres zwanzig oder dreißig neue Hüftgelenke hätte einbauen lassen können. Das einzige Ergebnis meines Aufenthalts in der Klinik war ein Paar Schuhe mit erhöhtem Absatz. Ich trug sie nicht oft, denn sie drückten. Im Harem achtete niemand darauf, ob ich sie anzog. Und da auch sonst niemand Schuhe an den Füßen hatte, ließ ich sie gerne weg. Als Mutter endlich aus Deutschland zurück war, befahl sie mir, die Schuhe zu tragen. Aber da passten sie mir schon kaum noch, was ich für einen Glücksfall hielt. Also humpelte ich weiter wie zuvor. Ich hatte mich daran gewöhnt.

Kaum war Mutter wieder im Harem, packten wir schon für die Rückreise nach Jeba. Der Abschied von Lagos fiel mir nicht sonderlich schwer, da ich mich dort seit unserer Rückkehr nicht mehr richtig wohl gefühlt hatte. Im Auto bekam ich mit, dass sie in Deutschland sehr viel Ärger mit ihrer Familie in Bayern gehabt hatte. Sie sprach mit Mama Bisi darüber, ihrer besten Vertrauten, wenn die beiden glaubten, dass ich schlief. Die Verwandten warfen Mutter vor, das Erbe in Afrika zu verschleudern. Sie hatte in ihrer Heimat wohl eine ziemlich schlechte Zeit durchgemacht.

»Ich habe meine Wurzeln verloren«, hörte ich Mutter sagen.

In Jeba humpelte Corn schwanzwedelnd auf uns zu und leckte mir vor Freude die Hände, als ich aus dem Auto stieg. Doch er sollte der Einzige sein, der uns freudestrahlend begrüßte. Mama Ada empfing uns voller Sorge. Sue war schwer krank, hatte hohes Fieber und konnte keine Nahrung bei sich behalten. Die Kleine war matt und ausgezehrt, viel zu schwach zum Reden. Wir vier wussten natürlich alle, dass Anlass zu größter Sorge bestand. Mama Bisis Prophezeiung schien uns die Luft zum Atmen abzuschnüren. Mama Ada und ich wichen überhaupt nicht mehr von Sues Seite, sangen ihr Lieder vor, versuchten, ihr Wasser und Medizin zu verabreichen. Mama Bisi war davon überzeugt, dass Sue an Malaria litt.

Schließlich beschloss Mutter, dass Sue in die Klinik ins 60 Kilometer entfernte Jos gebracht werden müsse. Allerdings hatte sie diese Entscheidung mit Papa David abzustimmen. Dazu musste sie am Markttag, dem einzigen Tag, an dem sie in die Stadt kam, zum Postamt gehen und ihn anrufen.

Vater lehnte die kostspielige Behandlung für seine Tochter ab. »Sie ist nur ein Mädchen und Ada wird noch viele Kinder haben können«, beschied Papa David die verzweifelten Frauen, die um das Leben der kleinen Sue beteten.

Vielleicht wäre es auch tatsächlich sinnlos gewesen, Sue ins Krankenhaus zu bringen. Inzwischen war sie so abgemagert, dass sie nur noch teilnahmslos auf ihrer Bettstatt neben uns lag. Sie schlief in ihren Tod hinein. Schon am nächsten Morgen wurde sie begraben. Mama Bisi, Mama Ada und Mutter hoben schweigend ein Grab neben den Bougainvilleabüschen aus. Die kleine Sue bekam eine schöne Beerdigung mit vielen Gebeten und Gesang. Es kamen nicht viele Menschen. Zu oft kam es vor, dass ein Kind starb. Für mich war es die erste Begegnung mit dem Tod. Und wie alle Kinder konnte ich es nicht verstehen.

»Der Herr gibt und nimmt«, lautete die Inschrift, die Mama Ada für ihr Kind ausgesucht hatte. Susan, die unbefleckte Blume, wurde nur zweieinhalb Jahre alt. Gott hatte mir ein Schwesterchen geschenkt, das ich liebte wie sonst kaum einen Menschen. Und er hatte es mir wieder genommen.

Sue sei nun im Paradies, dachte ich, wenn ich an ihr Grab unter den Sträuchern ging, in denen die Bienen nach Nahrung suchten. Ich fühlte mich unendlich einsam ohne mein Schwesterchen, auf das ich doch so gut aufpassen wollte. Aber ich war wohl zu jung, um die kleine Sue beschützen zu können. Und meine beiden Lieblingsschwestern Efe und Jem auch – obwohl wir es uns so fest vorgenommen hatten. Damals suchte ich vor allem bei meinem Lebensretter Corn Zuflucht.

Sicher, Papa David liebte mich und gewiss auch seine Tochter Sue, die er insgesamt nur zweimal gesehen hatte. Aber bei ihm im Harem lebten damals über 30 andere Töchter. Während ich unter Bisis Sträuchern sinnierte, fragte ich mich, ob das Herz eines Vaters wirklich groß genug sei, um so vielen Nachkommen gerecht zu werden. Wir sollten alle gleich behandelt werden. Das war sicher ein guter Vorsatz, den Papa David auch beherzigte. Aber mit meinen zehn Jahren wagte ich erstmals den Gedanken, ob man damit jedem einzelnen Menschen gerecht werden könne. Für mich selbst hätte ich diese stillschweigende Anklage nicht erhoben. Aber Sue hätte wirklich Vaters Hilfe gebraucht.

Bruder Jo

Sues überraschender Tod, drei Wochen nach unserer Rückkehr auf die Farm, hatte mich verändert. Ich sprach kaum noch und hatte auch keine Lust, Okerekes Unterricht zu besuchen. Corn und ich, wir suchten uns stille Winkel, wo uns niemand finden konnte. Mutter hatte in dieser Zeit sehr viel zu tun und meine beiden Lieblingsmamas sowie meine Schwestern halfen ihr; für Mama Ada schien die harte Arbeit ein Mittel, um Sues Tod zu verkraften. Sie wurde noch wortkarger als zuvor. Damit ich nicht als faul beschimpft wurde, hatte ich begonnen, Körbe zu flechten. Meine Finger wurden von dem harten Raphiabast zwar wund und blutig, aber wenigstens konnte ich etwas vorweisen, das ich getan hatte.

Bei der Arbeit, die auf der Farm anstand, konnte ich nicht helfen. Mutter hatte in Deutschland Wasserpumpen bestellt, die bald geliefert werden sollten. Zuvor mussten unzählige Bewässerungsleitungen verlegt werden. Alle packten mit an, selbst Okereke. Denn Mutter wollte schon den nächsten Regen nutzen, um die Felder so zu bewässern, dass alles auch nach dem Ende der Regenzeit weiterwuchs. Sie dachte sehr europäisch; in meinem Land ist man sonst eigentlich nur froh über das, was der Regen bringt. Mutter aber ging die Sache langfristig an. Durch das Geld aus Deutschland hatte sie dazu die Möglichkeit.

Eines Abends erfuhr ich beim Nachtessen, dass Mutter Papa David gebeten hatte, jemanden zu schicken, um beim Verlegen der Wasserleitungen zu helfen. Dabei war sie natürlich von einer jungen kräftigen Frau ausgegangen, vielleicht auch einem jungen Ehepaar, das in dem abseits stehenden Flachbau wohnen könnte. Auf dem Land verliert man leicht das Gefühl für die Zeit und so kann ich nicht genau sagen, wann ich das Knattern eines Motors näher kommen hörte. Es war ein altes Motorrad, das sich den mit Schlaglöchern übersäten Weg zu uns bahnte. Darauf saß ein junger Mann, den Corn lauthals zu verbellen suchte.

Die anderen waren draußen bei der Arbeit und ich saß allein bei meinen Körben. Zaghaft ging ich dem Mann entgegen, nicht ohne mich zuvor mit einem weißen Schleier zu verhüllen. Aus gebührender Entfernung fragte ich, was er wolle.

»Ich soll nach Mama Lisa fragen«, antwortete er scheu und blickte auf den Boden. Ich sagte, sie sei nicht da. Daraufhin erkundigte er sich nach Mama Bisi. Als ich das Gleiche antwortete wie zuvor, sah er mich ratlos an. Er war ein schmächtiger Bursche mit abstehenden Ohren und großen Augen. Das Fahren über den schlechten Weg hatte ihn ins Schwitzen gebracht. Corn hatte sich dem Mann, der eher noch ein Junge zu sein schien, bereits zu Füßen gelegt. Ich vertraute Corns Menschenkenntnis und bot dem Fremden Wasser an, das er begierig trank.

»Papa David schickt mich zu euch«, erklärte er, »ich soll helfen.« Er hieß Jo und war einer der älteren Söhne von Mama Bisi. Sie wohnten alle schon nicht mehr im Harem, als ich geboren wurde. Daher kannte ich auch ihn nicht.

»Du sollst hier bleiben, um zu helfen?«, fragte ich neugierig. Der Mann nickte. Dass er mitarbeiten sollte, war in zweierlei Hinsicht ungewöhnlich: Zum einen war Feldarbeit Frauensache, zum anderen war der alte Okereke bislang der einzige Mann auf der Farm. Jo berichtete, dass er fünf Tage gebraucht hatte, um von Ibadan aus zu uns zu kommen. Auf der letzten Rückreise waren wir über Ibadan gefahren und ich wusste, dass es ein weiter Weg war. Noch dazu mit einem laut knatternden alten Motorrad. Ich holte ihm etwas zu essen, Gari und Okrasuppe vom Frühstück; er machte sich mit riesigem Appetit darüber her.

»Kennst du dich denn mit Feldarbeit aus?«, fragte ich. Jo erzählte, dass er die letzten sechs Jahre auf einer Farm in der Nähe von Ibadan gearbeitet hatte.

»Sie wird von Papa Felix geleitet«, berichtete Jo. Dieser Name sagte mir nichts und Jo erzählte, dass Papa Felix einer der Stellvertreter von Papa David in der *Family Of The Black Jesus* sei. Seine Gemeinde in Ibadan sei eine der größten des ganzen Landes. »Aber ich bin froh, dass ich von dort wegdurfte«, berichtete Jo. Papa Felix sei ein Mann, der schnell wütend werde und dann auch mal eine seiner Frauen und die Kinder schlage.

Ich hatte nie gesehen, dass mein Vater so etwas getan hatte. Also schaute ich den Fremden ungläubig an: »Papa Felix ist doch bestimmt ein gerechter Mann? Sonst würde Papa David ihm doch nicht vertrauen.« Der Junge schwieg. Und ich fragte nicht weiter. Aber wenn von Papa Felix künftig die Rede war, hörte ich etwas genauer hin.

Jo zog zu Okereke in den Flachbau. Mama Ada und Mama Bisi halfen ihm, sich ein Zimmer herzurichten. Genau genommen kannte Mama Bisi ihren Sohn kaum. Als er auf der Farm eintraf, war Jo 21. Von seiner Mutter war er im Alter von sechs Jahren getrennt worden – ein üblicher Brauch im Harem von Lagos. Seine beiden jüngsten Schwestern Efe und Jem lernte er ebenfalls erst richtig auf unserer Farm kennen. Zuvor waren sie sich zwar bei Familienfesten begegnet, da aber auch bei diesen Gelegenheiten selbst für Geschwister kaum die Möglichkeit bestand, ausführlich miteinander zu sprechen, begegneten sich die drei wie Fremde.

Efe, die etwas aufgeschlossener war, suchte auf der Farm durchaus die Nähe zu Jo. Jem hingegen sagte mir ziemlich offen, dass sie ihren Bruder zwar für einen guten Arbeiter hielt, ansonsten aber für einen Einfaltspinsel. Jem war bereits 14 und interessierte sich für Jungs. Ich glaube, sie wusste einfach nicht, wie sie mit diesem fremden, muskulösen Mann umgehen sollte. Mir, mit meinen zehneinhalb Jahren, machte Jos

Anwesenheit kein Kopfzerbrechen. Im Gegenteil: Sein Auftauchen sorgte für willkommene Abwechslung.

Durch Jos Hilfe kamen die Frauen mit dem Bewässerungssystem gut voran und die nächste Ernte fiel so üppig aus wie nie zuvor. Mutter musste diesmal auch Frauen aus den weiter entfernten Dörfern bitten, uns auf den Feldern zu helfen. Das Jahr, in dem erst Sue starb und dann Jo zu uns kam, war für die Farm das beste seit ihrem Bestehen. Als Papa David uns mal wieder besuchte, versprach er als Belohnung für die Anstrengungen aller den Bau einer größeren Kirche.

Mutter hatte zwar geplant gehabt, den eingenommenen Gewinn in weitere Bewässerungssysteme, Saatgut und einen neuen, stärkeren Traktor zu investieren, aber sie wagte nicht, Vaters Ankündigung zu widersprechen. Mit dem Abstand vieler Jahre kann ich heute sagen, dass sie dazu durchaus das Recht gehabt hätte, denn schließlich war der Erfolg vor allem jenen Geräten zu verdanken, die sie von ihrem geerbten Geld angeschafft hatte.

»Unsere Kirche ist wirklich zu klein und zu baufällig gewesen«, meinte Mutter stattdessen einlenkend.

Eigentlich hätte Jo nach der erfolgreichen Ernte zu Papa Felix nach Ibadan zurückkehren sollen. Aber eines Tages ging sein Motorrad kaputt und er fand kein Ersatzteil. So verschob er seine Abreise, worüber ich sehr glücklich war. Jo vertrieb nämlich meine trübsinnigen Gedanken. Er machte auch nie Anspielungen wegen meines Beins, sondern behandelte mich wie einen Freund. Wir beide und Corn gingen oft die Rohrleitungen ab, zogen gelockerte Verschraubungen fest, schlossen Brunnen an, in denen sich Wasser gesammelt hatte, und setzten ausgetrocknete außer Betrieb. Schon bald kannte ich mich auf den Feldern besser aus als Mutter, der ich eifrig von unseren Erkundungsgängen berichtete.

Eines Abends hörte ich eine Unterhaltung meiner Mamas mit an. Mama Bisi wollte, dass Jo auf der Farm blieb! »Sieh dir Choga an, Mitfrau Lisa«, sagte meine Lieblingsmama, »es tut ihr richtig gut, mit ihrem großen Bruder zusammen zu sein. Er ist ein guter Junge und hilft unserer Kleinen über den Verlust ihres Schwesterchens hinweg.«

»Papa David sieht es nicht gern, dass Jo so lange bleibt«, entgegnete Mutter. »Außerdem braucht Papa Felix ihn. So war es abgemacht.«

»Papa Felix hat eine große Familie. Wir aber sind nur sehr wenige«, gab Mama Bisi zu bedenken. Sie hatte Recht. Wir bewirtschafteten 20 Hektar mit fünf Erwachsenen und drei Mädchen. Hätten wir keine Erntehilfen gehabt, wären die meisten Früchte unserer harten Arbeit verdorben.

»Trotzdem«, beharrte Mutter, »wir haben nicht das Recht, Papa Davids Entscheidungen in Frage zu stellen.«

»Mein Sohn hat mir gesagt, dass er auf der Farm bei Ibadan sehr zu leiden hatte. Felix Egbeme ist ein aufbrausender und ungerechter Mann. Ich habe noch nie verstanden, warum Papa David so viel von ihm hält«, entgegnete Mama Bisi. In meinem Versteck spitzte ich die Ohren!

»Versteh mich bitte nicht falsch, Mitfrau Bisi«, hörte ich Mutter sagen, »ich denke über Papa Felix genau wie du. Aber die Sache ist komplizierter, als du glaubst. Eigentlich sollte Papa Felix an unserer Stelle hier sitzen. So lautete ursprünglich Papa Davids Entscheidung. Du weißt, dass es mich Jahre gekostet hat, ihn davon zu überzeugen, dass wir beide und Mama Ada die Arbeit hier selbst erledigen können.«

»Papa Felix hätte sich nie die Mühe gemacht, die Farm hier wieder aufzubauen!« Mama Bisi lachte verächtlich. »Arbeit ist nicht das, was ihn interessiert.«

»Ich habe seine Farm gesehen. Der Mann ist ein miserabler Farmer, der sich nicht um sein Land und seine Gerätschaft kümmert.«

»Sein Land!«, entgegnete meine Lieblingsmama leidenschaftlich. »Du bist zu bescheiden, Lisa. Eigentlich ist dies alles dein Land.«

»Unseres«, verbesserte Mutter mit einer ungewohnten

Weichheit in der Stimme. »Ich bin so froh, dass wir hier gemeinsam leben dürfen.«

»Und wir sind glücklich, ohne Mann. Papa Felix macht seine Familie nicht glücklich. Er denkt nur an sich selbst«, sagte Mama Bisi enttäuscht.

»Ja, das ist wahr. Außerdem ist Jo dein Sohn. Und ich mag ihn sehr. Er wird bleiben! Wir müssen nur einen Weg finden, damit Papa David das auch so sieht. Aber da wird uns gewiss etwas einfallen.« Die beiden stimmten ein verschwörerisches Lachen an. Als ich mich vorsichtig aufrichtete, sah ich, dass sie sich gegenseitig die Arme um die Schultern gelegt hatten. Ich fühlte, dass die beiden füreinander durch dick und dünn gehen würden.

Am nächsten Tag erzählte ich Jo von dem Gespräch. Er grinste mich verschmitzt an: »Ich habe da eine Idee, die auch Papa David gut finden wird.« Jo zeigte mir zwei ziemlich dicke und lange Stücke Holz. »Daraus schnitze ich das Kreuz für unseren Altar und einen Jesus Christus.«

Unter meinen Augen begann Jo mit der Arbeit. Das Zusehen reichte mir schon bald nicht mehr und ich versuchte mich an dem zweiten Stück Holz, das den Querbalken bilden sollte. Wir hatten nur einen Hobel, eine Säge und ein Messer, das zum Schnitzen taugte, aber nach wenigen Tagen konnte man bereits erkennen, was wir herstellten.

»Siehst du, der Junge wird hier gebraucht«, erlauschte ich ein paar Tage später ein Gespräch zwischen Mama Bisi und meiner Mutter.

»Das war die Idee, nach der wir gesucht haben, um Papa David überzeugen zu können«, pflichtete Mutter bei. Ich empfand eine klammheimliche Freude, daran nicht ganz unschuldig zu sein ...

Jo überließ bald mir die Fertigstellung des Kreuzes, während er sich daran machte, den schwarzen Jesus Christus zu schnitzen. Anfangs konnte ich kaum glauben, dass es ihm gelingen würde, aus einem Stück Holz das Abbild eines Menschen zu formen. Doch das Ergebnis gelang so gut, dass Papa David, der im folgenden Jahr die neue Kirche einweihte, ganz begeistert war. Da es nicht weit von unserer Farm noch genügend weiteres geeignetes Holz gab, durfte sich Jo eine kleine Werkstatt neben dem Flachbau einrichten, in der er neben den kunsthandwerklichen Gegenständen auch Tische und Stühle herstellen konnte. Nun sprach niemand mehr davon, dass mein Bruder uns verlassen müsse. Mit der Zeit brachte Jo mir die Schnitzkunst bei. Zwar gelang es mir nie, einen Christus herzustellen, aber mein Talent reichte immerhin für ein paar schlichte Tierfiguren.

In den Monaten, in denen die Felder ruhten, fanden sich nach und nach auch Frauen, die während der Saison als Erntehelferinnen arbeiteten, sowie meine Schwestern Jem und Efe in der Werkstatt ein. Mit großer Freude zeigte ich ihnen, was Jo mir beigebracht hatte. So entstand eine richtige kleine Produktion von geschnitzten Figuren, Holzgefäßen und Madonnen, die mein Bruder mit großer Schnelligkeit herstellte. Mutter beschloss, dass wir versuchen sollten, sie auf dem Markt zu verkaufen, um so zum Unterhalt der Farm beizutragen.

Nachdem die Gefahr gebannt war, dass Jo mit seinem Motorrad wieder nach Ibadan zurückkehren musste, wollte er mit dem reparierten Gefährt selbst zum Markt nach Jeba fahren. Er sagte, er habe in seinem alten Zuhause oft am Marktstand der *Familie* mit verkauft. Mama Bisi entschloss sich, ihn zu begleiten.

Als sie sich am nächsten Morgen zu ihrem Sohn aufs Motorrad setzte, war das Gelächter groß. Ihr schwerer Leib passte nämlich nicht darauf.

»Nimm Choga mit«, schlug sie stattdessen vor, »die ist so zart, da könnt ihr eine Menge Sachen transportieren!« Ich küsste meine Patentante auf beide Wangen. Eine größere Freude hätte sie mir nicht machen können.

»Aber du legst deinen Schleier an!«, rief Mutter, als ich mich für die Reise zurecht gemacht hatte und auf den Hof trat.

Ich trug ein großes Tuch auf dem Rücken, das voll gepackt

war mit Schnitzereien und einigen Tongefäßen voller Gemüse, einer deutschen Spezialität meiner Mutter, die sich großer Beliebtheit erfreute.

Ich hatte mir das Motorradfahren allerdings etwas einfacher vorgestellt. Und Jo wohl auch, denn wir kamen nicht weit. Zu zweit mit den vielen Sachen war das Motorrad überfordert und schon bald platzte ein Reifen. Glücklicherweise konnten wir auf der schlechten Strecke nicht schnell fahren, so dass der Sturz glimpflich abging. Wir freuten uns beide so sehr auf den Markt, dass wir überhaupt nicht daran dachten, umzukehren. Stattdessen schoben wir das Motorrad bis nach Jeba. Wir hatten für die Fahrt höchstens eine halbe Stunde einkalkuliert. Nun kamen wir drei Stunden später an und fanden nur einen schlechten Platz, an dem wir unsere Raphiamatten auf dem Boden ausbreiten konnten.

Mutters nach deutschen Rezepten eingemachtes Gemüse konnten wir mühelos absetzen. Meine Tierfiguren, die in ähnlicher oder sogar besserer Ausführung von anderen Frauen ebenfalls angeboten wurden, verkauften sich hingegen schlecht. Aber die Madonnen, von denen wir an diesem ersten Tag nur vier mitgenommen hatten, wurden uns förmlich aus den Händen gerissen. Vom Erlös konnten wir den Reifen des Motorrads reparieren lassen. Und trotzdem blieb noch etwas mehr übrig, als wir erwartet hatten.

Von diesem Tag an fieberte ich dem Samstag regelrecht entgegen. Der Erfolg mit den Madonnen hatte Mutter überzeugt: Ab sofort verlegten wir uns auf Heiligenbilder der Mutter Jesu. Jo brachte seinen Schwestern Efe und Jem und mir bei, wie man Gesichter und Figuren schnitzt. Pro Woche schafften wir mindestens drei, in unseren besten Zeiten sogar sechs Madonnen!

Im Gegensatz zu uns Mädchen hatte Jo eine ganze Menge von der Welt gesehen. Während wir unsere Schnitzereien machten, fragten wir ihn daher über alles Mögliche aus. Anfangs war er schüchtern, berichtete aber schon bald mehr. Vor allem von

Papa Felix und der Farm in der Nähe von Ibadan. Das Leben dort schien keinesfalls so unbekümmert zu verlaufen wie in Papa Davids Harem. Papa Felix hatte zwar wesentlich weniger Frauen als mein eigener Vater, trotzdem beobachteten sich die *queens* voller Eifersucht. Und Geld, so erzählte Jo, sei das Hauptthema. Es gab immer viel zu wenig, weshalb ständig und an allem gespart wurde.

Mein Bruder berichtete von einer Welt, die mir vollkommen fremd war. In Lagos schien es uns an nichts zu fehlen; in Jeba musste Mutter zwar ziemlich haushalten, aber dafür hatten wir auch wesentlich geringere Ansprüche. Keine von uns, selbst die eitle Jem nicht, kam auf die Idee, mehr als drei Kleider zu besitzen – im ganzen Jahr. Eines für die Sonntagsmesse und zwei für den Alltag, von denen eines jeden Tag ausgewaschen wurde; unser traditionelles Weiß ist eine unpraktische Farbe für die Arbeit auf den Feldern. Diese Zeit, in der wir so völlig ohne Eitelkeit lebten, genoss ich sehr.

Das Leben in Ibadan, von dem Jo berichtete, war anders. Papa Felix selbst schien den ständigen Geldmangel zu verursachen. Anstatt sich um seine Angetrauten zu kümmern, schenkte er seine Gunst immer neuen Frauen, die er mit Geschenken verwöhnte. Wir mussten uns aus Jos Erzählungen mehr oder weniger selbst ein Bild dieses Mannes zusammenbasteln, denn mein Bruder machte meistens nur vage Andeutungen. Zum Beispiel über Papa Felix' Kinder, die nicht alle nur von seinen Ehefrauen stammten.

So hatte ich vom Stellvertreter meines Vaters eine ziemlich schlechte Meinung. Aber was ging mich dieser Mann überhaupt an? Ibadan war weit weg, dachte ich. Ich lauschte diesen Geschichten vor allem deshalb, um mich noch stärker an meinem Leben auf der Farm zu erfreuen. Wie klein, überschaubar und friedlich hier doch alles war. Oft verweilte ich in unserer schönen Kirche, kniete vor dem Schwarzen Jesus nieder und dankte Gott, dass er es mit uns allen so gut meinte.

Eine Sünde

Jos Motorrad war schon sehr alt und verlangte viel Pflege. Aber auch das konnte nicht verhindern, dass eines Tages auf dem Weg zum Markt – glücklicherweise nicht weit von Jeba – der Motor endgültig kaputt ging. Während ich unsere Waren feilbot, brachte mein Bruder das Motorrad zu einer Werkstatt. Es war das erste Mal, dass ich allein am Stand verkaufte, was mir jedoch nicht viel ausmachte. Jo hatte auf dem Markt Freunde gefunden und schwatzte meistens ohnehin in der Nähe mit ihnen. Ich hingegen versuchte, mich stets recht unauffällig zu verhalten, und mied eher den Kontakt mit anderen. Doch zumindest äußerlich war ich alles andere als unauffällig. Durch meine weiße Kleidung stach ich aus der Menge der bunt gekleideten Händlerinnen heraus. Meistens lockerte ich den Schleier, so dass nur noch meine Haare bedeckt waren. So ließ sich die Hitze unter freiem Himmel besser ertragen.

Dieser Markt wird sehr selten von Europäern besucht, da die touristisch attraktiven Ziele des Jos-Plateaus (die sehenswerten Felsformationen, der Yankaripark oder das berühmte Freilichtmuseum in Jos) rund 60 Kilometer entfernt liegen. Aber ausgerechnet an diesem Tag kam ein Weißer vorbei, der an meinem Stand stehen blieb. Ich starrte den Mann unverblümt an, obwohl meine Erziehung mir das untersagte. Der Weiße bückte sich herab zu meinen ausgebreiteten Waren und nahm sie nacheinander in die Hand.

»Das sieht aber nicht aus, als käme es aus dieser Gegend«, sagte der Mann auf Englisch.

»Das machen wir alles selbst«, antwortete ich.

Der Fremde nahm eines der tönernen Einmachgefäße in die Hand: »Hat das deine Mutter gemacht?« Ich nickte. »Wo kommt sie denn her?«

»Aus Deutschland. Es ist nach einem deutschen Rezept hergestellt und schmeckt sehr lecker.« Ich nannte den Preis.

»Wie heißt du denn?«, fragte er mich nun auf Deutsch. Ohne zu überlegen, gab ich Antwort. »Dann sprichst du meine Sprache?«, fuhr der Mann fort. Nun wollte er alles ganz genau wissen und hockte sich zu mir auf den Boden. Obwohl ich sonst immer sehr gute Geschäfte machte, traute sich nun keine meiner Stammkundinnen mehr zu mir hin. Mir wurde unbehaglich. Was sollte ich zu Hause erzählen, wenn ich ohne Einnahmen zurückkam? Und dann auch noch das kaputte Motorrad, für das gewiss eine Menge Geld gebraucht würde!

Schließlich kam der weiße Mann auf die Madonnen zu sprechen, von denen noch vier übrig waren. Warum ich ausgerechnet »so etwas« verkaufte und keine traditionellen afrikanischen Sachen?

»Weil die Madonna so schön ist«, antwortete ich ehrlich.

»Aber sie ist schwarz«, meinte der Fremde.

Ich sah den Weißen verwirrt an. »Ja«, sagte ich schließlich. Darüber hatte ich nie nachgedacht. Für mich war auch Jesus Christus schwarz. Etwas anderes kam gar nicht infrage.

»Weißt du, was?«, meinte der Mann, »ich kaufe dir alle deine Madonnen ab. Und das ganze eingemachte Gemüse.«

»Die Tontöpfe brauche ich aber wieder. Mutter muss darin neues Gemüse einmachen.« Alle meine Kundinnen brachten die kostbaren Gefäße nämlich nach Gebrauch zurück.

Der Weiße dachte kurz nach. »Okay. Bist du nächsten Samstag wieder hier?« Ich nickte. Der Mann legte ohne zu fragen einige Scheine vor mich hin. »Ist das genug?« Reflexartig griff ich nach dem Geld, zählte, nickte. »Also, bis nächsten Samstag«, sagte der Fremde. »Und wenn du kannst, bring mehr mit.« Dann sammelte er seine Einkäufe ein und ging. Ich saß sprachlos vor meinem abgeräumten Tuch, auf dem nur zwei leere Tontöpfe übrig geblieben waren, die eine Frau bereits am Morgen zurückgegeben hatte.

Als Jo irgendwann zurückkam, zählte ich zum ich-weiß-nicht-wie-vielten-Mal das Geld des weißen Mannes. Die Summe, die er mir gegeben hatte, war so hoch wie der Erlös aus sieben Samstagen. Ich berichtete meinem fassungslosen Bruder von dem Erlebnis. Dann gingen wir zu Fuß zurück zur Farm. Es war glühend heiß und die Luft staubtrocken, meine Beine schmerzten von dem langen Marsch.

»Was ist eigentlich mit dem Motorrad?«, fragte ich Jo. Ich hatte schon gar nicht mehr daran gedacht.

»Der Mann aus der Werkstatt sagt, es braucht einen neuen Motor. Aber der ist sehr teuer.«

»Wie viel kostet der denn?« Als Jo die Summe nannte, rechnete ich schnell nach. Wenn der Weiße drei Mal käme, würde das Geld reichen. Und ich müsste nicht laufen. Erschöpft setzte ich mich auf die staubige Erde. »Mama Lisa erwartet nicht so viel Geld«, sagte ich schließlich. »Wir könnten einen Teil behalten. Und die nächsten Male auch«, überlegte ich laut, blickte meinen Bruder aber nicht an. »Dann könntest du das Motorrad reparieren lassen.«

»Das ist eine Sünde, Choga. So etwas darf man nicht einmal denken. Das Geld gehört der *Familie,* wir können es nicht behalten.«

»Ja, ich weiß«, sagte ich. Ich stand auf und schleppte mich weiter, musste jedoch nach einer Weile wieder Halt machen.

»Ich werde dich tragen«, meinte Jo. Er nahm mich auf den Rücken und schleppte mich das ganze Stück bis zur Farm. Es dämmerte fast, als wir endlich heimkamen.

Ich wollte nicht sündigen. Aber ich wollte auch nicht den weiten Weg zum Markt und zurück zu Fuß gehen müssen. Denn die einzige Alternative bestand aus einem vierrädrigen Handkarren, einer Art stabilem, aber schwerem Anhänger, den beladen nur ein kräftiger Mann wie Jo befördern konnte. Mich zu den Waren zu setzen und von ihm ziehen zu lassen, wäre mir nicht in den Sinn gekommen. Ich war doch keine Prinzessin!

Also sann ich nach einem Ausweg. Ich erzählte Mutter zwar von dem Weißen und lieferte viel Geld bei ihr ab – aber nicht alles. Der Schwindel fiel niemandem auf, da Jo nicht dabei war. Ich behielt ein Viertel des Geldes und stopfte es – sorgsam verpackt in eine Plastiktüte – in eine alte Blechdose, die ich hinter dem Bougainvilleabusch vergrub. Ich schämte mich, dass ich nicht mal ein schlechtes Gewissen hatte, und war sogar noch ein bisschen stolz auf mein geschicktes Vorgehen. An meine beiden Schwestern, die viel härter schufteten als ich, dachte ich in dem Moment nicht.

Mutter machte sich um Jos kaputtes Motorrad wenig Sorgen. »Wir kommen auch ohne zurecht«, meinte sie nur. »Wir haben ja noch den alten Traktor. Okereke kann dich damit zum Markt bringen. Wenn der deutsche Mann mehr kaufen will, ist es ohnehin besser, ihr nehmt den Traktor und einen Anhänger.« Überdies war gerade die Zeit, in der die Süßkartoffeln reif waren, und für die Ernte wurde Jo dringend gebraucht. Auf dem Markt angekommen, erwies sich meine Befürchtung, der alte Lehrer würde die ganze Zeit über bei mir bleiben, als überflüssig. Im Gegenteil: Okereke setzte mich mit der Ware ab und fuhr weiter.

Diesmal tauchte der Deutsche mit seiner weißen Frau und einem schwarzen Bediensteten auf. Die Frau deutete auf das Einmachgemüse, von dem sie mir praktisch sämtliche Töpfe aufkaufte, und dafür einen Berg von leeren, sauber gespülten ablieferte. Sie lobte die köstlichen Speisen und fragte mich über meine Mutter aus. Die hatte mir zu Hause eingeschärft, auf keinen Fall zu verraten, wo sich unsere Farm befand.

»Warum denn nicht?«, hatte ich gefragt.

»Wir wollen hier in Ruhe leben«, hatte sie gesagt. Das hatte ich eingesehen.

»Seid ihr denn die einzigen Deutschen, die auf der Farm leben?«, wollte die weiße Frau auf dem Markt von mir wissen.

»Ich bin Nigerianerin«, antwortete ich. Dann fragten sie, ob ich schon mal in Deutschland gewesen sei und wer mein Vater sei. Das ärgerte mich. Ich dachte an die Blechdose im Versteck und an das Geld, das ich haben wollte, damit Jo wieder ein Motorrad bekam. »Kann ich bitte das Geld haben?«, fragte ich daher leise. Der Mann griff in die Tasche und legte einen kleinen Berg Scheine vor mich hin. Hastig ließ ich die Nairas verschwinden; es waren, das erkannte ich, ohne nachzuzählen, noch mehr als beim ersten Mal.

Dann fingen die Fremden wieder von den schwarzen Madonnen an und wollten wissen, warum wir die machten. Sie fragten, ob ich auch glaubte, dass Jesus schwarz sei. »Ja«, antwortete ich.

»Und deine Mutter glaubt das auch?«, fragte die Frau aus Deutschland. Ich nickte. »Aber deine Mutter kann das doch nicht immer geglaubt haben«, sagte die Fremde.

Ich weiß noch, dass ich auf die Schuhe der beiden Deutschen sah. Sie waren aus Leder, aus neuem Leder. Ob es wohl angenehm ist, in solchen Schuhen zu laufen?, dachte ich. Dann fiel mir Magdalena ein, meine deutsche Schwester. Ob sie auch solche Schuhe trug, wenn sie über die grünen Wiesen mit den Margeriten lief?

»Lass das Mädchen«, sagte der Mann. Er gab mir noch mehr Geld und nahm die fünf Madonnen mit, die wir in der vorangegangenen Woche geschnitzt hatten. Zu mehr hatte die Zeit wegen der Kartoffelernte nicht gereicht, obwohl ich allein drei fertig gestellt hatte.

»Bist du glücklich, mein Kind?«, fragte mich die Frau. Ich sah noch immer auf ihre Schuhe; sie hatte weiße, schmale Füße.

»Ich möchte mal Ihre Schuhe anziehen«, stieß ich unvermittelt hervor. Die Frau streifte die Sandalen ab und reichte sie mir. Ich zog sie an und stand auf. Sie waren viel zu groß. Trotzdem machte ich einige Schritte.

»Mein Gott, sie ist ein Krüppel«, hörte ich die Frau hinter meinem Rücken sagen.

»Sie versteht dich doch!«, zischte ihr Mann.

Die Schuhe waren ganz weich, nicht so hart wie jene, die ich in Lagos erhalten hatte und die sich wie Krücken anfühlten. Es war ein angenehmes Gefühl, sie an den Füßen zu spüren. Ich reichte der Frau die Schuhe zurück. Sie zog sie wortlos an und ging mit ihrem Mann fort. Ich habe die Fremde nie wieder gesehen. Ihr Mann kam noch drei Mal mit seinem Bediensteten, kaufte immer fast alle unsere Waren und bezahlte sehr gut.

Ich hatte stets den vierten Teil der Einnahmen vom Markt in den Bund meiner Unterhose geklemmt. Nachdem ich Mutter den Rest gegeben hatte, verdrückte ich mich unauffällig zu meinem Versteck und legte alles in die Blechdose. Leider kamen weder der Deutsche noch seine Frau wieder zum Einkaufen und ich konnte nur noch die übliche Summe bei Mutter abliefern.

»Schade, das Geld hat uns gut getan«, sagte sie.

Wann immer sich die Gelegenheit bot, holte ich meine Schatzdose aus dem Versteck und zählte die vielen bunten Scheine. Monatelang hätte ich zum Markt fahren müssen, um so viel einzunehmen. Aber mir bereitete ein ganz anderes Problem Kopfzerbrechen: Wie konnte ich Jo das Geld zukommen lassen? Er würde mich ohne Zweifel fragen, woher ich es hatte! Da lag nun dieses viele Geld in meinen Händen und war doch wertlos. Eines Sonntag saß ich in der Kirche und blickte zu dem schwarzen Jesus empor, den Jo geschnitzt hatte.

»Es ist eine Sünde«, schien er zu sagen.

Von da an lief ich vor jeder Fahrt zum Markt zum Bougainvilleabusch, holte ein paar Scheine aus der Dose und steckte sie in meinen Hosenbund. Lieferte ich abends den Marktverdienst bei Mutter ab, mogelte ich stets das einbehaltene Geld unter.

Ich wusste, dass wir das Geld gut gebrauchen konnten, dennoch ermahnte Mutter mich, als sie die ungewohnt hohen Einnahmen bemerkte, die Marktpreise nicht weiter heraufzusetzen. »Die Menschen sind arm, Choga Regina. Denke daran und handle christlich. Verlange stets nur das, was du wirklich für die Ware berechnen musst, und übervorteile niemanden.« Folglich traute ich mich nicht mehr, das Geld aus meinem Versteck zurückzugeben. Ich blieb regelrecht darauf sitzen.

Dann erregte eines Tages eine Händlerin auf dem Markt meine Aufmerksamkeit: Sie verkaufte Schuhe, die jenen der Weißen recht ähnlich waren. Als ich neugierig um ihren Stand herumschlich, forderte sie mich auf, die Sandalen anzuprobieren. Und sie passten. Dennoch kaufte ich sie nicht, obwohl mein Geld sogar für drei Paar gereicht hätte. Schließlich wusste ich nicht, wann ich sie hätte anziehen sollen. Niemand in meiner Umgebung trug Schuhe, außer Mutter, wenn sie die Pedale des schweren Traktors bedienen musste, mit dem sie auf die Felder fuhr.

Für mich war das Erlebnis mit den Weißen somit zu einer Lehre im Umgang mit Geld geworden: Es nutzt nichts, welches zu besitzen. Es kommt darauf an, wie man es verwendet. Diese Erfahrung prägt mich heute noch; deshalb ist es mir völlig unverständlich, wenn ich zum Beispiel Menschen mit teuren Autos herumfahren sehe und andere müssen zu Fuß gehen, weil sie zu arm sind. Immer werden sie mit einem gewissen Neid auf die Autofahrer blicken. Dabei sollte Neid in unserer Welt keinen Platz haben.

Ein unerfüllter Wunsch

In jener Zeit hatte ich einen ziemlichen Wachstumsschub gehabt. Mit meinen fast 13 Jahren war ich annähernd so groß wie Mutter geworden. Mein Beinproblem hatte sich dadurch allerdings verschlimmert. Dennoch blühte ich durch das Farmleben auf. »Du wirst mal eine hübsche junge Frau«, sagte Mama Bisi. Mutter stimmte ihr zu.

Da meinte Mama Ada: »Papa David wird dir bestimmt bald einen jungen Mann aussuchen.«

Entsetzt sah ich sie an. »Mich wird niemand heiraten. Ich bin ein Krüppel.«

Darauf wusste keine meiner Mamas etwas zu erwidern. Dann stand Mutter auf, strich mir sanft übers Haar und sagte mit ungewohnt weicher Stimme: »Was redest du da, Choga Regina? Wer hat dir denn den Floh ins Ohr gesetzt?«

Ich zuckte mit den Schultern: »Irgendwer.« Mutter versuchte, mich auszufragen, aber ich gab nichts preis.

Inzwischen hatte Jo mit einer neuen Madonnenfigur angefangen. Sie war größer als jene, die wir auf dem Markt verkauften. Mein Bruder ließ sich mit der Arbeit viel Zeit und oft kam es mir so vor, als wollte er nicht, dass ich ihm dabei zusah. Erst zu Weihnachten sah ich die Madonna wieder. Mama Ada und Mama Bisi hatten ihr einen kleinen Altar an der Längsseite der neuen Kirche gebaut. Die Madonna trug ein langes weißes Kleid und meine Lieblingsmamas sagten, dass alle junge Frauen, die ein Kind erwarteten, die »weiße Madonna« um Beistand bitten sollten. So knieten in der Zeit danach oft schwangere Frauen aus der Umgebung davor und beteten.

Jo hatte eine wunderschöne Madonna geschaffen. Er hatte ziemlich helles Holz verwendet. Mama Bisi meinte, dass die Figur Ähnlichkeit mit mir habe, aber das konnte ich ganz und gar nicht finden. Während ich die helle Mutter Gottes ansah, fiel mir der Satz der deutschen Frau vom Markt ein: dass Mutter nicht immer an einen dunklen Jesus Christus geglaubt haben könne.

Kurz darauf stellte ich Mutter die Frage, die mir schon so lange im Kopf herumspukte: »Sind Jesus und Maria eigentlich Schwarze gewesen? Oder Weiße? Oder waren sie so wie ich?«

Anstatt zu antworten, stellte mir Mutter die Gegenfrage: Wieso ich das wissen wolle? Ich berichtete nun endlich die Geschichte mit den Deutschen.

»In Deutschland glauben die Menschen an einen weißen Jesus«, gab Mutter zu.

»Aber er war doch schwarz«, sagte ich.

Daraufhin erzählte sie mir die Geschichte von Vaters Rauswurf aus der Schule, der ihm den grundlegenden Anstoß für die Gründung der *Family Of The Black Jesus* gegeben hatte. »Eigentlich«, meinte Mutter, »sollte es aber keine Rolle spielen, welche Hautfarbe jemand hat. Wichtig ist nur, dass er ein guter Mensch ist.«

»Und wenn ich einmal Kinder bekomme, welche Farbe wird ihre Haut haben?«, fragte ich.

»Gott sieht nicht die Farbe der Haut, sondern die Reinheit des Herzens«, entgegnete Mutter.

Dieses Gespräch beschäftigte mich noch lange. Gerne hätte ich auch eine meiner Schwestern oder Jo zu diesem Thema befragt, doch dann traute ich mich nicht. Ich befürchtete, sie würden mich auslachen. Als ich eines frühen Morgens wieder einmal vor der weißen Madonna kniete, wusste ich nicht, ob ich sie um ein helles oder dunkles Kind bitten sollte. Dann hatte ich eine Idee. »Wenn du dich nicht entscheiden kannst«, sagte ich, »schenke mir ein Baby, das so aussieht wie meine kleine Schwester Sue.« Aber auch das war nicht richtig. Etwas anderes war viel wichtiger: Mein Kind müsste gesund sein. Also betete ich, dass mein Baby nicht sterben müsse, bevor es selbst einmal Mutter würde.

Als ich die Kirche verließ, wusste ich plötzlich, was ich mit dem Ersparten vom Markt anfangen könnte. Ich ging zum Bougainvilleabusch, grub meine Blechdose aus und zählte das verbliebene Geld. Dann buddelte ich das Loch ein wenig tiefer und legte die Dose wieder hinein.

Als ich anschließend der Madonna meinen Entschluss mitteilte, fand ich endlich die richtigen Worte für meine Bitte an sie: »Hilf mir bitte einen Arzt zu finden, der mein Kind gesund macht, wenn es einmal krank wird.« Den Rest würde ich dann schon allein schaffen. Denn ich war überzeugt, dass mir das Geld in Wirklichkeit aus diesem Grund zugefallen war; ich sollte damit einen anderen unterstützen können, der selbst hilflos war. Ich war beruhigt: Dann konnte es auch keine Sünde mehr sein, das Geld aufzuheben, anstatt es bei Mutter abzuliefern.

So dachte ich mit knapp 13. Meine Welt war klein. Ich wusste nicht, dass das Leben als Erwachsene viel komplizierter war.

Unsere Farm in Jeba hatte sich zu Papa Davids erfolgreichster entwickelt. Und er kam uns nun alle paar Monate besuchen. Wenn er sich auf der Farm aufhielt, fanden große Feste statt, zu denen auch die einflussreichsten Männer aus Jeba eingeladen wurden. Denn Vater wollte zeigen, dass er, der Mann aus dem fernen Lagos, hier auf dem Land das Sagen hatte. Der *compound* war dann voller fremder Menschen, die wir freigiebig bewirteten. Es wurde viel gesungen und getanzt. Die Sonntagsspeisung der armen Kinder hatte Mutter zwar all die Jahre durchgeführt, aber längst nicht in dem Umfang, wie Vater das nun tat. In seinen Ansprachen betonte er stets, dass es unserer Farm so gut gehe, weil wir gottesfürchtige Menschen seien. Mir kam nie in den Sinn zu sagen, dass alle viel arbeiteten, um eine gute Ernte einbringen zu können.

Einmal belauschte ich ein Gespräch zwischen meiner Mutter und Papa David. Es ging um den alten Traktor, mit dem wir auf den Markt fuhren.

»Er ist ständig kaputt«, klagte Mutter, »die Reparaturen verschlingen mehr Geld, als der Traktor wert ist. Der Händler in Jeba kann mir einen fast neuen verkaufen, zu einem wirklich guten Preis. Das nötige Geld habe ich bereits gespart.«

»Ihr besitzt doch noch einen anderen Traktor, der noch fährt. Andere haben nur alte Maschinen, Lisa. Glaubst du nicht, es wäre richtig, zunächst an jene zu denken, denen es schlechter geht?«

»Du hast Recht, David. Wenn diese Farm wirtschaftlich arbeitet, kommt das allen anderen zugute.«

»Aber du bist trotzdem der Meinung, dass ihr zwei Traktoren braucht.«

»Die Farm braucht sie. Wir leben sehr genügsam und sind sehr glücklich mit unserem Dasein. Du weißt, dass ich nichts verlange, was nicht im Sinne aller ist.«

»Du kannst nur für jene sprechen, deren Schicksal du im Auge hast. Ich habe jedoch die Aufgabe, für das Wohl aller zu sorgen«, sagte mein Vater entschlossen.

Meine Mutter stand auf und ging in ihr Zimmer, das neben meinem lag. Wenige Augenblicke später kam sie zurück und überreichte meinem Vater einen Stapel Geldscheine, die er sofort unter seinem Gewand verschwinden ließ. Das Gespräch hätte ich natürlich nicht belauschen dürfen; Fragen verboten sich somit von selbst. Aber auch so verstand ich Vaters Verhalten. Es entsprach christlichen Grundsätzen.

Wenige Tage nachdem Papa David wieder abgereist war, erkannte ich, dass auch Mutter Recht gehabt hatte: Der alte Traktor konnte nicht mehr benutzt werden und verschwand in der Scheune. Wir mussten wieder auf den Handkarren zurückgreifen. Allein konnte ich das schwere Ding unmöglich zum Markt ziehen, also begleitete mich Okereke. Wir brachen noch vor Tagesanbruch auf, hatten den Wagen viel zu schwer beladen und keuchten langsam wie Schnecken durch die Hitze. Sowohl für den Lehrer als auch für mich war die Anstrengung zu groß.

Der alte Mann musste widerstrebend meine Hilfe in Anspruch nehmen: Er zog, während ich schob. Es war fast Mittag, als wir auf dem Markt ankamen, und viele Kunden waren schon wieder fort. Wir mussten mehr als die Hälfte unserer Waren wieder zurücktransportieren. Mutlosigkeit ist ein schlechter Weggefährte! Es war bereits dunkel, als wir heimkehrten. Die beiden folgenden Tage konnte ich kaum mehr laufen, so sehr schmerzten meine Beine. Zudem hatte ich das beklemmende Gefühl, meiner *Familie* keine große Hilfe zu sein.

Trotzdem stand für mich außer Frage, mich am folgenden Samstag erneut für den Marsch in die Stadt bereitzumachen. Doch meine beiden Schwestern trauten sich den Marktjob nicht zu: Jem konnte einfach nicht ausreichend rechnen und Efe war zu schüchtern, um von einer Kundin Geld zu verlangen. Sie hätte wahrscheinlich alles verschenkt. So durfte Jo, der die »Frauenarbeit« auf den Feldern zwar gern erledigte, aber noch lieber die Geschäfte in der Stadt wahrnahm, mich wieder begleiten. Allerdings kamen wir nicht weit. Die Überanstrengung der Vorwoche ließ mich aufgeben.

»Geh allein weiter«, sagte ich, »du wirst die Waren auch ohne mich verkaufen. Ich warte hier, bis du wieder zurückkommst.«

»Du willst den ganzen Tag hier faul herumsitzen und ich soll mich mit den Marktweibern herumärgern.« Jo grinste mich schräg an. »Und am Ende komme ich mit ein paar Kobo zurück und du schimpfst mich, weil ich mich übers Ohr habe hauen lassen. Nein, nein, dann schon lieber so!« Kurzerhand hob Jo mich hoch und zog den schweren Karren mit der Ware und mir in die Stadt.

Natürlich meinte er es gut, ich weiß. Doch tatenlos auf der Ladefläche zu sitzen, während mein Bruder schwitzte, war für mich noch demütigender, als den ganzen Tag lang am Wegesrand auf seine Rückkehr zu warten. Ich wollte nicht, dass er mich wie einen Krüppel behandelte.

»Was kannst du denn dafür, dass du nicht so gut laufen kannst!«, widersprach Jo. »Dafür hast du einen klugen Kopf. Das passt doch gut zusammen: eine schlaue Schwester und ein starker Bruder.«

Nicht nur in solchen Momenten bedauerte ich es ein wenig, dass er mein Bruder war. »Die Frau, die du einmal heiratest, wird es gut haben«, meinte ich.

»Ich weiß genau, wen ich heiraten würde«, antwortete Jo.

»Kenn' ich sie? Etwa eines von den Mädchen, das uns hilft?«

»Du kennst sie, aber du wirst nicht erleben, dass ich sie heirate.« Ich hatte ja keine Ahnung, dass Jo unglücklich verliebt war!

»Los, sag schon«, drängte ich.

»Das geht nicht«, antwortete mein Bruder. Während er das sagte, sah ich nur seine muskulösen Schultern, die sich im Rhythmus seiner Schritte bewegten.

Zwei Wochen später beobachtete Mutter uns, wie wir vom Markt heimkehrten: Ich saß, Jo zog. In ihren Augen las ich deutlich ihre Missbilligung. Als mein Bruder zu seinem Haus gegangen war, sagte Mutter: »Jo ist nicht dein Diener, Choga Regina. Ich kann verstehen, dass dir das Laufen Schmerzen bereitet, dennoch: So geht es nicht. Wir müssen einen anderen Weg finden, um die Waren in die Stadt zu schaffen.«

»Aber es macht Jo nichts aus. Er tut das gern«, wagte ich leise zu widersprechen.

»Du weißt, dass es darum nicht geht«, stellte sie fest.

Damit fiel mein wöchentlicher Ausflug zum Markt ganz weg. Stattdessen tauchten eines Tages Lastwagen auf, die unsere Erträge abholten. Der Samstag, der Höhepunkt meiner Woche, war mit einem Mal zu einem gewöhnlichen Wochentag geworden. Plötzlich war es in meinen Augen sinnlos, darauf hinzuarbeiten und Madonnen zu schnitzen. Schließlich durfte sie nicht mehr verkaufen. Um all das hatte ich mich selbst gebracht, weil ich nicht so laufen konnte wie andere.

Während der sonntäglichen Gottesdienste fand ich mich betend vor der weißen Madonna und flehte sie an, aus mir ein Mädchen zu machen wie alle anderen. Ein Mädchen, das arbeiten konnte und nützlich sein durfte. Doch die Madonna erfüllte meinen Wunsch nicht. Er war zu groß.

Die Braut im Brunnen

Als wieder einmal ein Lastwagen die staubige Straße zu uns herauffuhr, glaubte ich, die Ernte würde wie immer in die Stadt gebracht werden. Doch dieser Besuch galt Jem. Der Mann, der gekommen war, wollte Mama Bisis Tochter abholen, um sie zu heiraten. Meine Schwester war damals mit 17 bereits in dem Alter, in dem Afrikanerinnen für gewöhnlich Kinder bekommen. Allerdings hatte niemand ihr oder ihrer Mutter Bisi gesagt, dass Papa David für sie einen Mann ausgesucht hatte! Papa Sunday fuhr zwar mit einem Mercedes-Laster vor, der ihn als wichtiges Familienoberhaupt auswies, aber er war gewiss schon 50 Jahre alt, dick und einen halben Kopf kleiner als Jem.

»Ich will nicht so einen alten Mann heiraten!«, schrie Jem, kaum dass sie ihren Bräutigam gesehen hatte. Dann drehte sie sich auf dem Absatz herum, rannte davon und versteckte sich. Alle wurden dazu aufgefordert, sie zu suchen. Doch ohne Erfolg. Jem war schon zwei Tage lang verschwunden, als ich sie zufällig in einem stillgelegten Brunnenschacht entdeckte. Wie sie da unten hockte, musste ich an unsere Rapunzel-Spiele auf der Außentreppe zwischen den Stockwerken in unserem Haremhaus denken. Sie wollte immer gerettet werden, allerdings nicht von mir ... Unser Verhältnis war seit ihrer Hänselei wegen meines Beins nicht das beste gewesen. Auf der Farm hielt sie sich im Gegensatz zu Efe meistens von mir fern und verbrachte die Zeit mit den Erntehelferinnen, die in ihrem Alter waren.

Aber jetzt war sie verzweifelt und ich bedauerte sie aufrichtig. Ich fand es nicht fair, dass sie mit einem Mann verheiratet werden sollte, der dreimal so alt war wie sie selbst. Also kehrte ich zurück zum Haus und brachte ihr heimlich mein Essen, ohne selbst ihre Schwester Efe einzuweihen.

Aus der Tiefe ihres Verlieses blickte sie mit glühenden Augen zu mir hoch: »Tut mir Leid, Choga, dass ich dich so schlecht behandelt habe.«

Ratlos hob ich die Schultern. »Du kannst doch nicht für immer da drinnen bleiben«, sagte ich.

»Lieber hocke ich hier im Brunnen, als diesen Kerl zu heiraten. Irgendwann wird der Mann schon wieder wegfahren. Solange du mich nicht verhungern lässt, werde ich es schon aushalten.«

Aber die Sache ging anders weiter, als Jem und ich dachten: Der Bräutigam fuhr zurück in die Stadt, rief Papa David an und berichtete ihm von seinem Pech. Mit einem zufriedenen Gesicht stieg er bei seiner Rückkehr auf die Farm aus dem großen Auto. Ich beeilte mich, in die Nähe von Mutter, Mama Bisi und Papa Sunday zu kommen, um das Gespräch belauschen zu können.

»Papa David ist ein weiser Mann«, tönte Papa Sunday. »Er sagt, Efe ist ebenfalls in dem Alter, in dem sie heiraten sollte.«

»Das hat Papa David gesagt?«, fragte meine Mutter so leise, dass ich sie kaum verstehen konnte.

»Sie ist erst vor wenigen Monaten 15 Jahre alt geworden«, stellte ihre Mutter fest. In Mama Bisis Stimme lag ein fast flehender Ton, mit dem sie den Bräutigam um Einsicht zu bitten schien.

»Efe, komm einmal her!«, rief Papa Sunday im Befehlston quer über den Hof. Meine Halbschwester beschäftigte sich nahe der Scheune gerade mit ihrem Lieblingsspiel: Sie warf Steine in einen Blechtopf, dessen Boden durchgerostet war. So viele Steine beim Anheben des Topfes hindurchfielen, so viele Kinder würde sie einmal bekommen. An diesem Nachmittag musste Efe ihr Spiel unterbrechen, denn ihr Leben als Frau sollte beginnen.

Papa Sunday begutachtete seine künftige Frau wohlwollend. »Du bist ein hübsches Kind«, stellte er anerkennend fest. Efe blickte beschämt auf den Boden. »Ich stimme Papa Davids Vorschlag zu!«, verkündete er dann. »Dein Vater sagt, ich soll dich auf der Stelle mitnehmen.«

»Wohin?«, fragte das Mädchen überrascht.

»Du wirst Papa Sundays Frau«, sagte Mama Bisi so leise, dass es einem Flüstern glich.

»Aber Jem ...«, begann Efe, brach ab und sah in die versteinerten Gesichter von Mutter und Mama Bisi. Sie hatte verstanden. Dann rannte sie an meinem Versteck vorbei in unser gemeinsames Zimmer. Ich gab meine Deckung auf und eilte ihr nach. Efe lag auf der Schlafmatte und heulte. Ich versuchte, sie zu streicheln und zu trösten, redete aber nur irgendeinen Unsinn. Indem ich Jem beschützt hatte, trieb ich meine Schwester, an der ich wirklich hing, in die Arme dieses alten Mannes und sorgte so unwillentlich dafür, dass sie in die Fußstapfen von Jem treten musste.

Ich stieß das Fenster auf: »Lauf davon, Efe, schnell. Dann nimmt er dich nicht mit!«

Sie drehte sich um und sah mich mit verweintem Gesicht an: »Das geht nicht, Choga. Sie finden mich ja doch.« Schweigend begann sie ihre wenigen Habseligkeiten und ihre beiden Kleider in eine Pappschachtel zu legen. Wir umarmten uns, dann ging sie aus dem Zimmer.

Damit sich das Unglück nicht wiederholen konnte, wurde Efe unverzüglich ins Auto geladen. Sie und ihr Bräutigam bekamen noch Yamswurzeln, Mais und Saatgut mit und fuhren davon. Nach Kaduna, zu jener *Familie,* der Papa Sunday vorstand.

Mama Bisi war furchtbar verärgert über ihre Tochter Jem, die sie derart blamiert hatte. Ausgerechnet meine Lieblingsmama, aus deren Mund ich noch nie ein böses Wort gehört hatte, schäumte vor Wut. Mein alter Lehrer Okereke erklärte uns, dass es normal sei, Mädchen auf diese Weise zu verheiraten.

Ich ging zu meiner Mutter und fragte, ob ich auch eines Tages einfach abgeholt würde.

»Dein Vater wird dir einen Mann aussuchen, wenn es so weit ist«, antwortete Mutter.

»Kann ich ihn denn nicht wenigstens vorher kennen lernen?«, wollte ich wissen.

»Die Liebe zwischen Mann und Frau kommt mit der Zeit«, beruhigte mich Mutter. Schließlich hatten wir alle gelernt, dass eine Ehe geschlossen wird, um Kinder zu haben. Jems Verhalten galt demnach als selbstsüchtig und eitel. Nicht das Mädchen hatte sich einen Bräutigam auszusuchen, sondern der Vater hatte darauf zu achten, dass seine Tochter einen Mann bekam, der sie gut versorgte und schätzte, damit die gemeinsamen Kinder im Schutz der Familie aufwachsen konnten. Das war der Sinn einer Ehe. Indem ich zu Jem hielt, widersetzte ich mich ebenfalls dem Willen meines Vaters, der im Interesse meiner Schwester handelte.

Mutter ahnte wohl von meiner Mitwisserschaft und sah mich scharf an: »Du weißt doch, wo Jem ist?«

Ich durfte nicht lügen und gestand. »Was wird mit ihr geschehen?«, fragte ich dann.

Mutter nahm meine Hände in ihre. »Ich werde sehen, was ich für Jem tun kann, Choga Regina. Aber es kann sein, dass Papa David sehr böse wird.«

»Wird er sie fortschicken?«

»Eine Tochter muss ihrem Vater gehorchen. Das Wort eines Mannes gilt nichts mehr, wenn sich ihm die eigenen Töchter widersetzen.« Sie musste mir nicht sagen, dass ich mich so niemals verhalten durfte.

Mama Bisi ahnte, dass Jems Benehmen schlimme Folgen haben würde. Vielleicht wusste sie es auch aus ihrem verbotenen Orakel. Sie nahm mich beiseite: »Lauf zu Jem und sag ihr, dass sie sofort zurückkommen und Buße tun muss.«

»Ist er weg?«, fragte meine Schwester, als ich gegen Abend an ihrem Versteck erschien.

»Er hat Efe mitgenommen. Sie wird jetzt seine Frau.« Ich erzählte ihr die Geschichte.

»Das ist ja noch mal gut gegangen!«, platzte Jem hervor. »Und jetzt hilf mir raus.«

Ich starrte zu ihr herunter und fühlte eine mir bisher unbekannte Regung: Hass. »Tut Efe dir denn gar kein bisschen Leid?«, fragte ich schließlich entsetzt über ihre Gleichgültigkeit.

»Papa David hat doch so entschieden. Also war es Gottes Wille, dass Efe Papa Sunday heiratet«, meinte sie.

Ich war sprachlos. Wozu man Gott nicht alles einspannen konnte! Es kam nur auf die Sichtweise an. Jem blieb auf Mutters und Mama Bisis Geheiß tagelang in der Kirche und betete um Vergebung für ihr Verhalten, das sie meiner Überzeugung nach nie wirklich bereute. Als ich abends mit meinem geliebten Corn eine kleine Runde drehte, redete ich mir all meine Enttäuschung von der Seele.

Leider verhinderten Jems Gebete nicht, dass Vater bereits eine Woche später bei uns auftauchte. Noch bevor er aus seinem von einem Leibwächter gelenkten Pritschenwagen ausstieg, wusste ich, dass es großen Ärger geben würde. Ich eilte in Mutters Zimmer, schob das Fenster ein winziges Stück hoch und kauerte mich draußen darunter, in der Hoffnung, dass die Aussprache dort stattfinden würde und ich die beiden belauschen könnte. Ich hatte Glück.

»Du hast mich in eine unhaltbare Situation gebracht, Lisa. Jems Benehmen wird sich in allen *Familien* herumsprechen«, hörte ich Vater sagen.

»Ich bedaure das wirklich und das Mädchen ist gebührend dafür bestraft. Aber meinst du nicht, du hättest mir und Bisi deine Entscheidung vorher mitteilen können? Dann hätten wir ausreichend Zeit gehabt, unsere Tochter darauf vorzubereiten«, entgegnete Mutter gefasst.

»Papa Sunday ist ein bedeutender Mann in Kaduna. Ich konnte ihm seinen Wunsch nicht abschlagen.« Er ging auf

Mutters Worte überhaupt nicht ein! Stattdessen fuhr er fort: »Ich muss ein deutliches Zeichen meiner Autorität setzen, sonst verliere ich mein Gesicht.«

»Wie lautet deine Entscheidung?«, fragte Mutter knapp.

»Dies ist unsere wichtigste Farm. Sie gehört in die Hände einer richtigen *Familie*, die ihrem Oberhaupt zu folgen weiß.«

»Ich habe einen Fehler gemacht, David, aber deshalb brauchst du mir nicht die Farm wegzunehmen.«

»Ich werde sie dir nicht wegnehmen. Diese Farm gehört der *Familie*. Und in ihrem Sinne wird sie bewirtschaftet.«

»Von wem?«, fragte Mutter einsilbig.

»Papa Felix wird in einigen Tagen hier eintreffen. Ich möchte, dass du ihn einarbeitest. Sobald er sich hier orientiert hat, werde ich dich und die anderen abholen.« Vaters Worte versetzten meinem Herzen einen Stich. Warum tat er uns das an? Dies war unser Zuhause! Ich hörte ihn fortfahren: »Ich weiß, dass du meine Entscheidung respektieren wirst, Lisa. Es ist das Beste so. In Lagos wirst du gebraucht.«

»Von dir, David?« Mutter lachte trocken auf.

»Ja, Lisa, von mir. Ich bin ...«

»Meine Kleine, was machst du denn da?« Mama Bisi! Sie hatte mich beim Lauschen ertappt. Verschwörerisch hob ich den Finger vor die Lippen, aber sie zog mich barsch von meinem Horchposten fort.

»Papa David schickt uns zurück nach Lagos!«, platzte ich hervor, sobald wir ein Stück vom Haus entfernt waren.

»Ich habe es geahnt!«, stöhnte Mama Bisi. »Was haben sie gesagt?« Meiner Lieblingsmama schien schlagartig klar zu werden, dass Lauschen nicht immer verkehrt ist ... Als ich mit meinem Bericht fertig war, nahm sie mich in die Arme. »Wir dürfen nicht verzweifeln, meine Kleine. Irgendwie geht das Leben immer weiter.«

»Mama Bisi, ich fühle mich schuldig. Ich hätte Jem nicht schützen dürfen.«

»Unsinn!«, widersprach meine Lieblingsmama, »was geschehen soll, geschieht. Das ist nicht deine Schuld. Ich frage mich nur, ob Männer immer die richtigen Entscheidungen treffen, wenn sie ihre Frauen nicht befragen. Ein Baum allein ist kein Wald, ein Mann allein keine Familie.« Mehr als diese leise Kritik gestattete sich Mama Bisi nicht. Obwohl ihr ganzes Leben umgekrempelt werden sollte.

Selbst angesichts ihrer Niederlage fand Mutter noch Worte, mit denen sie Vaters Verhalten vor uns rechtfertigte: »Wir Frauen sind zu wenige, um die Farm auf Dauer erfolgreich zu bewirtschaften. Papa David hat einen Mann ausgesucht, der eine Farm zu führen gewohnt ist«, sagte sie zu Mama Bisi, Mama Ada, Mama Funke, Mama Ngozi, Jem, mir und den Farmarbeiterinnen sowie unserem Lehrer Okereke und Jo. Während sie berichtete, dass Papa Felix und seine *Familie* unsere Nachfolger würden, blickte ich zu Jo und Mama Bisi hinüber, die neben Jem standen. Ich glaubte, ihre Gedanken lesen zu können.

Mama Bisi zumindest kannte die wahre Meinung meiner Mutter über Papa Felix. Sie hielt ihn für einen lausigen Farmer. Und Jo? Der sagte mir später: »Warum werde ich Papa Felix nur nicht los? Dieses Land ist so groß! Kann er nicht irgendwohin gehen, wo ich nicht bin?«

Papa Felix traf mit drei seiner Frauen und fünf Kindern wenige Tage später ein. Seine ältesten Töchter waren in meinem Alter. Mein Vater blieb nur noch einen weiteren Tag, den er ausschließlich mit dem neuen Oberhaupt der Farm verbrachte.

Dann kam die Stunde des Abschieds. Vater nahm Mama Bisi und Jem mit nach Lagos. Die beiden stiegen auf die Ladefläche von Papa Davids offenem Pritschenwagen und winkten uns zu. Ich stand noch lange reglos da, starrte in die dichte Staubwolke, die sich immer weiter entfernte. Ich fühlte mich schrecklich traurig. Bis zu diesem Tag war Mama Bisi immer an meiner Seite gewesen; sie zu verlieren, war der schlimmste Preis, den wir für Jems Ungehorsam zahlen mussten.

Ich wusste, dass es sehr egoistisch war, das so zu sehen, und kämpfte gegen meine Tränen an. Obwohl ich dachte, dass es nicht richtig sei, uns alle für das Fehlverhalten eines einzelnen Menschen zu bestrafen, schluckte ich meine Worte hinunter. Denn insgeheim konnte ich auch Jem verstehen, die sich der Ehe mit einem ihr Fremden widersetzte.

Kamel und Elefant

Auf den ersten Blick wirkte Papa Felix recht freundlich. Obwohl er mir als 14-Jähriger uralt vorkam (später erst erfuhr ich, dass er damals 46 war), sah er trotzdem jünger aus. Er war sehr schlank und lachte viel. Aber sein Lachen gefiel mir nicht. Es wirkte gespielt. Er hatte große weiße Zähne, die er gerne entblößte. Das verlieh ihm das Aussehen eines gefährlichen Tieres. Nach allem, was Jo mir erzählt hatte, war ich felsenfest davon überzeugt, dass Papa Felix nur so tat, als wäre er ein netter Kerl. Am unangenehmsten fand ich seine Hände und seine Augen. Die waren ständig in Bewegung, schienen nach einem greifen zu wollen. Ich fragte mich, wieso mein Vater, der so viele Leute kannte, nicht merkte, was für eine Art von Mensch sein Stellvertreter wirklich war. Aber ich schimpfte mich selbst wegen meiner Voreingenommenheit. Denn bislang kannte ich den Mann nur vom Hörensagen. Allerdings war mir nicht entgangen, dass Corn die Ankunft des neuen Farmleiters mit einem bedrohlichen Knurren kommentierte. Schließlich hatte mein Lebensretter eine ausgeprägte Menschenkenntnis.

Wenn man Papa Felix sah, konnte man unschwer erahnen, wer sein Vorbild war: Er kleidete sich wie mein Vater in eine weite Baba Riga, deren weißer Stoff golddurchwirkt war, und schmückte sich mit der gleichen hohen Mütze. Im Gegensatz zu Papa David war er jedoch schmaler, schlanker und kleiner.

»Der Papa, der gern ein großer Mann wäre«, sagte Mama Ada. Sie hatte gut reden. Ada war einen halben Kopf größer als Felix! Während mein Vater sich langsam und gemessen bewegte, was wohl das Geheimnis seines beeindruckenden Auftretens war, schien Felix von einer inneren Unruhe getrieben. Ständig tauchte er irgendwo auf der Farm auf, wenn man nicht mit ihm rechnete. Für den Leiter einer Farm mag das eine gute Taktik sein, denn dann wirkt er allgegenwärtig und niemand vernachlässigt seine Aufgaben. Felix jedoch gab keine Ratschläge, wie etwas zu verbessern sei, sondern verwickelte einen in Gespräche über Nebensächliches. Genau genommen hielt er die Leute vom Arbeiten ab.

Vielleicht empfand ich das aber nur so, weil ich bereits voreingenommen war. Die Farmarbeiterinnen jedenfalls schätzten es sehr, da er sie sehr freundlich behandelte. Von meiner Mutter waren sie diese Aufmerksamkeit nicht gewohnt. Sie teilte die Arbeiterinnen und uns andere zu Tagesbeginn ein und erklärte, wo sie selbst tagsüber zu finden sei, falls es Fragen gebe. Das war eine ganz klare Struktur.

Sobald Papa David mit Bisi und Jem abgereist war, wollte Felix das ganze Haus auf den Kopf stellen. Mutter und Mama Bisi hatten sich das Zimmer neben jenem geteilt, in dem ich bis zu Efes Abreise gemeinsam mit ihr gewohnt hatte. Mutters Zimmer war früher wohl die Bibliothek des englischen Besitzers gewesen. Der Raum war sehr groß und lag direkt neben dem Eingang, so dass Mutter immer wusste, was im Haus vor sich ging.

Um uns zu informieren, wie er die Zimmer neu aufteilen wollte, rief Felix alle Frauen in der Eingangshalle zusammen. Jo und Okereke waren beschäftigt und konnten daher nicht an der Versammlung teilnehmen. Allerdings waren sie von der Neuordnung nicht betroffen und verpassten somit nicht viel. Überhaupt gingen die beiden Papa Felix aus dem Weg. Der neue Farmleiter begann mit Mutter. »Lisa wird mit Ada, Ngozi und Funke ein Zimmer bewohnen.« Die drei Mamas hatten sich bislang das frühere Schlafzimmer des englischen Hausherrn geteilt, das im ersten Stock lag.

»Sobald mein Mann mich abgeholt hat, wird dir mein Zimmer zur Verfügung stehen«, entgegnete Mutter freundlich, aber bestimmt.

»Du widersprichst mir?«, zischte Felix leise.

»Ich schlage vor, dass du dich zunächst in Ruhe umsiehst, welches der beste Platz für dich ist. In ein paar Monaten wirst du die Farm und dies Haus führen, wie du es für angemessen hältst«, sagte sie nun ruhig.

Felix sprang aus dem Stuhl auf, in dem er gesessen hatte. »Du bist keine Afrikanerin. Aus dir spricht das Gehabe der Weißen, die Schwarze für ihre Diener halten!«, wetterte er.

»Ist es eine Frage der Hautfarbe, dass man jene Frau respektiert, die diese Farm zu dem gemacht hat, was sie ist?«, fragte Mama Ada. »Noch bist du Gast in diesem Haus. Keine von uns kann es hinnehmen, dass du unsere Mitfrau Lisa beleidigst.«

Felix schickte einen wütenden Blick in die Runde. Von seinen Frauen wagte keine, ihm auch nur in die Augen zu sehen. »Da drüben im Flachbau werden die Farmhelferinnen wohnen.«

»Ist es eine gute Idee, sie im gleichen Haus wohnen zu lassen wie Okereke und Jo?«, fragte Mutter.

»Du scheinst ja keine meiner Ideen gut zu finden!«, blaffte Felix.

»Ich hatte nicht die Absicht, deine Autorität zu untergraben. Angelegenheiten, die die Leitung der Farm betreffen, habe ich nie besprochen, wenn alle versammelt waren. Du aber wolltest es so«, meinte Mutter.

»Nun gut, dann werden wir warten, bis du mit deinen Frauen abgereist bist. Du bist ja offensichtlich nicht in der Lage, mit mir zusammenzuarbeiten«, zischte Felix.

»Kennst du die Geschichte von dem Kamel, das den Elefanten trifft?«, fragte Ada.

»Ja, die kenne ich«, knurrte der künftige Hausherr, drehte sich um und stampfte wütend aus dem Haus.

»Er kennt sie nicht«, sagte Ada. »Denn er benimmt sich wie der Elefant.« Alle Frauen lachten. Auch die von Felix.

»Wie geht die Geschichte vom Kamel und Elefant?«, fragte ich Ada, als wir abends auf der Terrasse saßen, Corn wie immer an meiner Seite.

»Ein Kamel und ein Elefant betraten einen dichten Wald«, erzählte Mama Ada, »das Kamel kostete von den harten Blättern, denn es lebte in der Wüste und freute sich an dem vielen Grün. Der Elefant aber riss die jungen Bäume aus, die ihm im Weg standen, und bahnte sich eine breite Schneise. ›Warum tust du das?‹, fragte das Kamel. ›Ein Elefant braucht Platz‹, antwortete der Dickhäuter nur und stampfte weiter. Sie durchquerten den Wald und kamen in eine weite Wüste. Irgendwann klagte der Elefant über Hunger, während das Kamel genügsam sein Essen wiederkäute. Schließlich brach der Dickhäuter entkräftet zusammen. Da sagte das Kamel: ›Wozu ist all deine Kraft nutze, wenn du sie doch nur brauchst, um deine Umwelt zu zerstören und am Ende in der Wüste zu verhungern?‹ Der Elefant konnte dem Kamel nicht mehr antworten. Er war gestorben.«

Meine Mutter war hinter uns beide getreten. »Nun, Choga Regina, glaubst du, dass Papa Felix diese Geschichte verstehen würde?«

Ich schüttelte den Kopf, denn mir machte die Fabel schwer zu schaffen. »Ich glaube, nicht«, meinte Mama Ada, »Elefanten walzen nun mal alles nieder, was ihnen in die Quere kommt, während das Kamel für schlechte Zeiten vorsorgt.«

»Und du hältst uns beide für Kamele?« Mutter amüsierte sich.

»Es sind gute Arbeitstiere«, sagte Mama Ada und streckte die Arme unter ihr Tuch, so dass sie am Rücken einen Höcker bildeten.

Daraufhin schlang Mutter die Arme ineinander, um einen Rüssel nachzumachen. »Ich kann's nicht«, prustete sie kichernd. »Wisst ihr, dass es in Deutschland ein Sprichwort gibt, demzufolge Elefanten alles Porzellan zertrampeln?«

»In Deutschland gibt es auch Elefanten?«, fragte Mama Ada interessiert.

»Aber nur welche mit zwei Beinen!«, lachte Mutter.

»Solche wie Papa Felix!«, rief ich fröhlich.

Mutter machte weiter wie bisher und fuhr jeden Morgen gemeinsam mit Mama Ada und Jo auf dem Traktor hinaus auf die Felder, wo viel Arbeit auf sie wartete. Papa Felix wollte die drei nicht begleiten. »Frauenarbeit!«, lautete sein Kommentar.

»Solltest du nicht besser wissen, wie die teuren Bewässerungsanlagen funktionieren, die wir installiert haben?«, fragte Mutter, die auf ihre deutschen Methoden zur Ertragssteigerung sehr stolz war. Doch er interessierte sich weder dafür noch für die verschiedenen Gemüsesorten, die wir kultivierten.

Ich kümmerte mich wie immer ums Haus, versorgte die Hühner und Ziegen und nutzte die Zeit, um meiner neuen Aufgabe nachzugehen. Wir hatten aus einfachen Mitteln ein recht großes Treibhaus gebaut, in dem ich begonnen hatte, Tomaten zu züchten. Die Idee dazu stammte von Mutter, die mir gezeigt hatte, wie leicht das ging. Vorausgesetzt, ich achtete auf die richtige Bewässerung. Endlich hatte ich eine für mich ideale Arbeit gefunden, die eine gute Ernte versprach und mich gleichzeitig nicht körperlich überforderte.

Die Frauen von Papa Felix kochten den ganzen Tag lang. Dabei steckten sie immerzu die Köpfe zusammen und kicherten. Sie benutzten einfach unsere ganzen Vorräte, die zusehends weniger wurden. Erst jetzt wurde mir bewusst, mit wie wenig wir zufrieden gewesen waren! Bereits am ersten Wochenende hatte Papa Felix die Hälfte der Hühner und eine Ziege geschlachtet.

»Das wird kein gutes Ende nehmen«, kommentierte Mama Ada, die die wenigen Worte, die sie sagte, wie immer sehr genau wählte. »Wenn die in diesem Stil weitermachen, werden sie bald ihre eigene Zukunft aufessen.«

Doch wir waren machtlos, unsere Tage auf der Farm gezählt. Papa Felix hatte beschlossen, unsere Ernte selbst zum Markt zu schaffen. Als er von seinem ersten Ausflug nach Jeba zurückkam, hatte er groß eingekauft. Von den Einnahmen hatte er ein Dutzend Hühner und eine neue Ziege erstanden. Die wurde an einen Pflock gebunden, damit sie nicht frei herumlaufen konnte. Sie wurde regelrecht gemästet, um ebenfalls schnellstens gegessen werden zu können. So waren wir mit unseren Ziegen nie verfahren. Unsere Tiere durften ihr Leben genießen und überall herumlaufen.

Für Papa Felix schien es zwei Formen von Schöpfung zu geben: wertvolle und nutzlose. Zur letzten Sorte zählte für ihn natürlich Corn, mein dreibeiniger Liebling, der nach wie vor stets an meiner Seite war.

»Der Hund frisst uns noch die Haare vom Kopf und macht nichts als Dreck«, pflegte Felix zu sagen. Corn hatte sich so an das Zusammenleben mit Menschen gewöhnt, dass er arglos zu jedem hinlief und ihn beschnüffelte. »Der ist ja voller Ungeziefer«, knurrte Felix angewidert und trat nach dem Tier. Von dem Tag an versuchte ich darauf zu achten, dass Corn nicht mehr in seine Nähe kam. Aber was sollte geschehen, wenn wir in den Harem zurückkehrten? Vater duldete dort keine Tiere. Mein geliebter Hund würde auf der Farm bleiben müssen. So oder so.

Papa Felix schien sich bei uns schon sehr bald zu langweilen. Ständig fuhr er mit seinem großen weißen Auto in der Gegend herum. Voller Naivität nahm ich an, dass er sich überall in der Nachbarschaft als neuer Familienvorstand vorstellen würde.

Jo belehrte mich jedoch eines Besseren: »Felix wird es hier genauso machen wie in Ibadan; er ist auf der Suche nach Frauen.«

»Will er die denn alle hier wohnen lassen und sie heiraten?«, fragte ich.

Mein Bruder sah mich nachsichtig an. »Felix heiratet nur, wenn er muss«, murmelte er verschwörerisch. Ich verstand die Bemerkung nicht. Ehebruch war schließlich verboten.

Doch Felix machte sich seine eigenen Gesetze. Das sollte ich bald am eigenen Leib erfahren. Ziemlich schnell entdeckte er mich in meinem Versteck bei den Bougainvilleabüschen. Ich verkroch mich dort nach wie vor oft mit Corn, streichelte ihn und sprach liebevoll mit ihm. Wenn sein letztes Stündlein schon demnächst schlagen würde, so sollte er wenigstens die letzten Tage noch genießen dürfen. Zunächst wunderte ich mich, dass Papa Felix so nett zu mir sprach, meine Haare und meine helle Haut bewunderte und meinen Fleiß lobte. Aber dann rückte er immer näher an mich heran und schließlich bekam ich Angst vor ihm und lief mit Corn davon.

In meiner Furcht vertraute ich mich Mutter an, doch die warf mir nur einen verwunderten Blick zu. Ich sei doch noch ein Kind, sagte sie, kaum älter als die Töchter des Familienvorstands. Um Felix nicht mehr schutzlos ausgeliefert zu sein, solle ich mich nach Möglichkeit in der Nähe der anderen aufhalten, riet Mutter mir noch. »Dann kann er dir nicht mehr nachstellen«, sagte sie. Das bedeutete, ich musste mein Versteck in nächster Zeit meiden.

Ich sei noch ein Kind, hatte Mutter gesagt. Genau in jener Nacht, nachdem sie das ausgesprochen hatte, ging meine Kindheit zu Ende. Ich bekam meine erste Regelblutung, genau zwei Monate nach meinem 14. Geburtstag. Ich glaube, ich war weniger über den Fleck im Bett entsetzt als darüber, dass nach den Gesetzen meines Vaters nun die Zeit gekommen war, für mich einen Ehemann zu suchen. Angsterfüllt schlich ich zu Mutter und gestand ihr mein »Unglück«.

»Papa Felix darf davon auf keinen Fall etwas erfahren«, entschied sie sofort. »Er wird sonst Papa David um deine Hand bitten.« Sie machte eine Pause, faltete die Hände im Schoß und blickte darauf. »Vielleicht wird er auch nicht so lange warten.« Mein Herz setzte einen Schlag aus. »Hier kann ich dich nicht beschützen, Choga Regina. Im Harem bist du wenigstens sicher.«

Mutter ließ mich sofort alles auswaschen. Anschließend lief ich zur weißen Madonna und dankte ihr, dass sie ihre Hand schützend über mich hielt. Durch Jems Ungehorsam war unsere Gemeinschaft zwar zerschlagen worden, doch mit einem Mal sehnte auch ich mich wieder stark nach den sicheren Mauern des Harems. Da es Felix nicht gelang, sich gegen meine Mutter und die ihr in Freundschaft ergebenen Frauen durchzusetzen, drang er gegenüber Papa David darauf, dass wir alle möglichst schnell von der Farm verschwanden.

Mama Ngozi und Mama Funke erhielten von Felix die Erlaubnis, bei ihren Töchtern in der Nähe von Jeba zu leben. Mutter, Mama Ada und ich mussten diesmal nicht mit einem Lieferwagen nach Lagos zurückfahren. Papa David kam nämlich mit einem seiner großen Autos vorbei. Felix wollte ihm wohl zeigen, dass er die Farm in den vergangenen drei Monaten übernommen hatte, und richtete ein großes Fest zu Vaters Ehren aus. Zahllose Menschen aus den anderen Dörfern hatte er dazu eingeladen. Bis in den Morgen hinein wurde gefeiert.

An jener Nacht ist vor allem erwähnenswert, dass Papa Felix mitbekam, wie viele Besucher die Nähe Corns suchten. Sie streichelten den kleinen gelben Hund, der immer noch im Ruf stand, ein Glücksbringer zu sein. Vater selbst hielt nichts von solchem Aberglauben, auch wenn er das Tier nach wie vor auf der Farm duldete. Felix hörte sich die Geschichte von Corns Lebensrettungsaktion aufmerksam an. Immer wieder kamen junge Mädchen und Frauen, um den Hund anzufassen. Felix ließ das Tier kaum aus den Augen. Als eine hübsche Frau sich vorsichtig Corn näherte, sich aber nicht traute, ihn zu berühren, kam Felix heran. Er, der Tage zuvor nach dem »nutzlosen« Hund getreten hatte, führte nun die Hand der Frau an das Fell Corns und redete dabei die ganze Zeit auf sie ein.

Die junge Frau streichelte Corn mit einem glücklichen Lächeln, während Felix scheinbar fürsorglich den Arm um sie legte. Ich stand die ganze Zeit daneben und kochte vor innerer Wut. Wie konnte er den Glauben an Gott niederträchtig missbrauchen, um sich eine andere Person gewogen zu machen!

Und diesem Umstand verdankte Corn letzten Endes auch noch sein Leben: Der verkrüppelte Hund lockte Frauen an. Felix, diese Schlange in Menschengestalt, brauchte nur geduldig abzuwarten und konnte dann zuschnappen.

Mir war natürlich klar, dass der Abschied von der Farm auch die Trennung von meinem geliebten Bruder bedeutete.

»Was wird aus Jo werden?«, fragte ich Mutter an unserem letzten Abend. »Wird er zu einer anderen Familie geschickt?«

»Was meinst du, was Jo möchte? Hast du ihn mal gefragt?«

»Er sagt, er würde lieber hier bleiben. Wenn Papa Felix nicht da wäre«, antwortete ich.

Mutter lächelte: »Wir können den Elefanten nun mal nicht in die Wüste schicken. Also werden wir wohl ein Kamel brauchen, das den Elefanten und seine Herde ernährt.«

»Und wenn Papa Felix nicht will?«

»Felix hat sich nichts erklären lassen. Das war nicht sehr klug von ihm. Pass morgen gut auf, was ich tun werde.«

Am Morgen unserer Abfahrt hatten wir unsere Sachen schon in Vaters Wagen verladen und trugen unsere Ausgehkleider, als eine der Farmhelferinnen aufgeregt angelaufen kam. »Mama Lisa!«, rief sie von weitem. »Die Pumpe am Stauteich ist kaputt. Das Wasser wird die Felder überschwemmen. Komm schnell!«

Mutter deutete auf ihr blütenweißes Kleid. »Das kann Papa Felix doch machen. Er ist jetzt für die Farm zuständig.«

Felix stand in seinem golddurchwirkten Kaftan daneben und tat keinen Schritt: »Ich bin kein Mechaniker.«

Papa David blickte von Mutter zu Felix. »Hast du ihm denn nicht gezeigt, wie alles funktioniert?«, fragte er.

»Ich habe ihm alles gezeigt, was er wissen wollte«, antwortete Mutter klug.

Mein Vater sah sich um: »Wo ist denn Jo?«

»Der wird nach Ibadan zurückkehren, wie du es verlangt hast«, antwortete Mutter. »Er ist drüben und packt seine Sachen zusammen.«

Papa David hatte verstanden. Und ich auch: Tatsachen überzeugen mehr als 1000 Worte. Mit schweren Schritten ging mein Vater zum Flachbau. Wir sahen ihn mit Jo sprechen, dann winkte er Felix zur Seite. Schließlich durfte mein Bruder bleiben und Vater verlieh ihm sogar den Titel technischer Farmleiter. Meine Mutter nahm den Strohhut, den sie bei der Feldarbeit getragen hatte, aus dem Auto und setzte ihn Jo auf.

Mehr konnte sie nicht tun, um das Land zu retten, das sie vom Erbe ihrer Mutter gekauft und in eine blühenden Farm verwandelt hatte, die viele Menschen ernährte. So allerdings hätte Mutter das nie ausgedrückt. Dafür war sie zu bescheiden. Und dennoch ist es die Wahrheit.

»Ich werde dich vermissen«, sagte Jo, als wir uns zum Abschied etwas scheu und förmlich die Hand gaben. Ich brachte keinen Ton hervor und nickte stumm. Mein Blick fiel auf Corn, der mich aus großen Augen fragend ansah und überhaupt nicht wusste, wie ihm geschah.

»Nimm ihn auf den Arm, wenn wir fahren«, bat ich. »Er versucht sonst, dem Auto nachzurennen.«

»Ich werde gut auf ihn aufpassen«, versprach Jo, »bis du wiederkommst.«

»Und wenn ich nicht wiederkomme?«

»Du kommst wieder. Kennst du nicht den Spruch: Dein eigener Schatten wird niemals schneller sein als du selbst?«

»Wo ist denn mein Schatten?«

Mein Bruder antwortete nichts, er nahm Corn hoch und drehte sich ab. Ich hatte das Gefühl, Corn sei mein Herz, das Jo in Händen hielt, damit es in Jeba zurückbliebe. Ich heulte wie ein kleines Kind. Meine Eltern sagten beide kein Wort. Irgendwann legte Mutter ihre Hand auf mein Haar und streichelte mich.

»Mit Tränen kann man sein Schicksal nicht abwenden«, sagte Mama Ada, die wusste, wovon sie sprach. Von der nutzlosen Heulerei entkräftet, schlief ich in ihrem Schoß ein.

Irgendwann während der langen Fahrt erwachte ich. Mama Ada war eingeschlafen. Ich hörte, wie sich Mutter und Papa David unterhielten. Sie schienen sich schon eine Weile zu unterhalten, der Ton war sehr vertraut.

»Du hast Felix vor allen Frauen blamiert, Lisa. War das wirklich nötig?«, fragte Vater.

»Kennst du die Geschichte vom Kamel und dem Elefanten?«, fragte Mutter zurück.

Ich hörte Vater leise lachen: »Ich halte eine Menge von Elefanten, obwohl sie nicht die besten Strategen sind. Da magst du Recht haben. Aber es ist bekannt, dass Elefanten ihre Familie ausgesprochen fürsorglich führen.«

»Sie machen zu viel kaputt, David. Kamele haben einen lausigen Ruf, aber eines musst du ihnen lassen: sie sind genügsam.«

»Hast du schon mal ein Kamel getroffen, Lisa?«, fragte Papa David belustigt.

»Nein«, gab Mutter zu.

»Und einen Elefanten auch nicht, oder? Felix ist einer, da hast du Recht. Aber du solltest vorsichtig sein, wenn du dich mit einem anlegst.«

»Ich musste so handeln, David. Papa Felix hätte sonst nie eingesehen, dass er die Farm nicht führen kann. Das war doch im Sinne von uns allen.«

»Ich hoffe, es war auch in deinem Sinn, Lisa«, sagte Vater und meine Mutter schwieg.

In Lagos fiel mir ein, dass ich meine Blechdose unter den Bougainvilleabüschen zurückgelassen hatte. Ich weihte Mama Bisi, die ich im Harem wiedertraf, in mein Geheimnis ein. »Das ist doch schön«, freute sie sich, »das bedeutet, du wirst eines Tages wieder an den Ort zurückkehren, an dem du so lange glücklich gewesen bist.«

Dieser Gedanke war mir in der Tat ein Trost. Wenn ich allerdings geahnt hätte, unter welchen Umständen meine Rückkehr stattfinden sollte!

König Clown

Unsere Rückkehr in den Harem verlief auch diesmal erstaunlich unspektakulär. Mutters Mitfrauen waren so sehr mit sich und ihrem Alltag beschäftigt, dass sie uns kaum wahrnahmen. Die ein oder andere stellte zwar schon ein paar neugierige Fragen, doch allgemein interessierte sich der Harem nur wenig dafür, was außerhalb der hohen Mauern vor sich ging.

Einzig Mama Bisi stürzte freudestrahlend auf mich und Mutter zu und schloss uns in ihre kräftigen Arme. Verstohlen wischte sie sich eine Träne aus dem Augenwinkel, während sie immer wieder murmelte: »Wie schön, dass ich euch endlich wieder habe.«

Auch ich freute mich zunächst, wieder bei ihr zu sein, doch ich befand mich in einer echten Zwickmühle. Im Harem hatte ich wie früher im Kinderhaus zu wohnen, obwohl ich seit meiner ersten Regelblutung kein Kind mehr war. Doch das wollten Mutter und ich so lange wie möglich geheim halten. Leider kam meine Blutung unregelmäßig, so dass ich manchmal morgens in einem unreinen Bett erwachte. Dann war jedes Mal Vorsicht geboten, damit niemand das Malheur entdeckte. Meist schützte ich Kopfschmerzen oder Übelkeit vor, bis ich dann unbemerkt von anderen aus dem Bett huschen und meine Sachen zum Waschen zu Mutter schmuggeln konnte. Dieses Versteckspiel verstärkte die Rolle, die ich schon bei meinem Aufenthalt während Mutters Deutschlandreise eingenommen hatte: Ich war eine Außenseiterin, hatte kaum Spielgefährten und war oft ziemlich trübsinnig. In Wirklichkeit litt ich unter entsetzlichem Heimweh nach

Jeba, fragte mich, ob es Corn gut gehe, und hoffte, dass Jo sich mit Felix verstehen möge.

Von den wenigen Freundinnen meiner Kindheit war praktisch niemand mehr im Harem. Vater hatte sie alle bei anderen *Familien* untergebracht, sie verheiratet. Dadurch stärkte er die Bande zwischen den über das ganze Land verstreuten *Familien*. Wenn eine meiner Schwestern von ihm in unserem Gemeinschaftshaus getraut wurde, betonte er stets den Zusammenhalt aller, den großen gemeinsamen Gedanken, nach dem wir alle lebten. Und dem wir uns zu fügen hatten. Verstohlen musterte ich bei diesen Feiern die angereisten Gäste, warf den jungen Männern vorsichtig unter meinem Schleier neugierige Blicke zu. Ob einer von ihnen derjenige sein würde, mit dem ich in wohl nicht mehr allzu ferner Zukunft vor Vater stehen würde, um aus seinem Mund den Segensspruch für mein Leben an der Seite des Fremden zu hören? Immer wieder ertappte ich mich dabei, dass ich die jungen Männer mit Jo verglich, der mich mit so viel Respekt und Verständnis behandelt hatte.

Jem, die Ungehorsame, wurde nicht in Lagos verheiratet. Als ich im Harem eintraf, hatte Vater sie bereits nach Warri gebracht, einer Industriestadt im Süden Nigerias. Nur Mama Bisi hatte bei der Hochzeit dabei sein dürfen.

»Jem ist ein Dickkopf«, sagte Mama Bisi, »aber ich hätte ihr wirklich mehr Glück gegönnt, als ausgerechnet einem solchen Mann zur Frau gegeben zu werden. Und wie nutzlos ihre Flucht damals gewesen ist! Ihr jetziger Mann ist nicht jünger als Papa Sunday. Ich glaube, euer Vater wollte sie für ihren Hochmut bestrafen, damit es allen anderen eine Lehre ist. Und wo sie wohnt! Nicht so schön, wie sie es bei Papa Sunday gehabt hätte. Warri ist eine hässliche Industriestadt und Jems Haus ist sehr ärmlich.« Als dritte Frau ihres Mannes gebar sie ihm 19-jährig ein Kind.

Eines Tages traf ich Mama Bisi im Garten des Harems. Sie schnitt gerade die wilden Triebe eines jungen Limonenbaums zurück. Ich erwartete, dass sie wie immer mit der Pflanze sprach, ihr erzählte, dass es jetzt zwar etwas weh tue, der Baum danach aber umso kräftiger wachse. Manchmal sang sie auch ein Lied. Doch diesmal verrichtete sie ihre Arbeit stumm. Eine Weile sah ich ihr zu, doch sie beachtete mich nicht.

»Geht es dir nicht gut, Mama Bisi? Bist du krank?«, fragte ich schließlich. Sie machte weiter, als hätte sie meine Frage nicht gehört.

Als sie sich zu mir umdrehte, musterte sie mich, als sähe sie mich an diesem Tag zum ersten Mal. »Ich weiß, meine Kleine, dass du nicht glücklich bist. Aber sieh diesen jungen Baum an. Er steckt voller Kraft. Trotzdem muss ich ihm die jungen Zweige abschneiden. Er versteht nicht, dass ich es gut mit ihm meine. Ich weiß das und tue es trotzdem. Auch wenn wir Beine, Hände und Kopf haben, so sind wir doch wie der kleine Limonenbaum. Immerzu wird uns etwas abgeschnitten. Wir werden größer, die Wunden heilen und an anderer Stelle wachsen wir weiter. Es schmerzt, manchmal sogar das ganze Leben lang. Der arme Baum kann sich nicht wehren. Er nimmt sein Schicksal an, ohne dass wir ihn vor Schmerz schreien hören.«

Meine Lieblingsmama drehte sich zu ihrem Zögling um, fuhr mit den Fingerspitzen über seine zarte Rinde und begann ein Lied zu singen. Ein Kinderlied, das ich öfter aus ihrem Mund gehört hatte; ich mochte es, war mit ihm aufgewachsen.

»Ein König hatte einen Clown, auf den er sehr stolz war. Doch war er mal wütend, so nahm er seine Krone und warf damit nach dem Clown. Der fing die Krone auf und sprach: ›Ja, ich bin ein Clown, aber ich habe eine Krone, drum nenn' ich mich König Clown.‹ Er tanzte und lachte; der König ohne Krone sich nichts dabei dachte. Ein König hatte einen Clown; er war stolz auf seinen Clown.«

Als ich ein kleines Kind gewesen war, hatte Mama Bisi das Liedchen mit ein paar witzigen Bewegungen ihrer runden Hüften begleitet. Das hatte früher komisch ausgesehen und mich zum Lachen gebracht; doch diesmal klang das Lied traurig.

Jetzt drehte sie sich zu mir um. In ihren Augen standen Tränen. Meine Lieblingsmama, zu der ich als Kind immer aufgeblickt hatte, wirkte plötzlich ganz klein. Ich überragte sie schon um einen Kopf.

»Möge Gott dich schützen, meine Kleine«, sagte sie eindringlich und nahm mich in ihre weichen Arme, »was auch immer dein Vater von dir verlangt, widersetze dich ihm nicht. Er weiß, was für dich richtig ist. Versprich mir das, denn ich könnte es nicht ertragen, noch eine Tochter zu verlieren.«

Das war Mama Bisis Art, mir zu sagen, dass ihre Tochter Jem gestorben war. Weit entfernt von uns, in ihrem Zuhause.

In meinem Land werden die Verstorbenen meist am Tag ihres Todes oder kurz darauf bestattet, weil es heiß und feucht gleichzeitig ist. Aber fast immer wird der Toten anschließend in einem großen Fest gedacht. Das war bei Jem nicht so. Mama Bisi konnte sich von ihrer ältesten Tochter nicht verabschieden; Jems Tod war ihr von Papa David mitgeteilt worden. Denn Vater hatte meiner Schwester ihren Ungehorsam nicht verziehen; er verweigerte ihr eine schöne Totenfeier.

Ich sah Jem vor mir, wie sie da unten in dem Brunnenschacht saß, in den sie selbst hineingeklettert war. Sie hatte den Kopf in den Nacken gelegt und blickte mich aus großen Augen traurig an. Damals hatte ich noch nicht gewusst, dass sie an diesem Tag in ihr eigenes Grab hinabgestiegen war.

Die Ehe mit dem Mann aus der Nähe von Warri hatte ihr den Tod gebracht. Im Delta des Niger wird viel Öl gefördert. Dieses Öl fließt in überirdischen Leitungen aus dem Regenwald zu den Tankern vor der Küste, die es zu den Raffinerien fortbringen. Die Pipelines führen oft durch die Siedlungen der Menschen, die trotz der Bodenschätze in großer Armut leben. Nicht selten bohren sie daher Löcher in die Rohre, um das Rohöl zu verkaufen. Das ist so alltäglich, dass oftmals der gleichzeitige Umgang mit offenem Feuer nicht vermieden wird. Es kam zu einer Explosion. Meine Schwester, ihr Baby auf dem Rücken, befand sich direkt in der Nähe der Explosionsstelle. Jem hatte so gern Rapunzel gespielt und sich befreien lassen. Im wirklichen Leben gab es für sie keine Rettung.

Die Familienfeste am Sonntag, die mir früher wichtig gewesen waren, weil ich das schöne Gefühl genoss, mich unter so vielen Menschen geborgen zu fühlen, nahm ich nur noch unkonzentriert wahr. Leider durfte ich auch nicht mehr im Chor mitsingen, da ich schon seit Ewigkeiten bei den Probestunden gefehlt hatte. Meine Gedanken waren woanders – bei meiner ungewissen Zukunft, an die mich die fremden Männer im Gemeinschaftshaus stets erinnerten.

Vielleicht hatte Mutter ja Recht, dass die Liebe erst später kommt. Was aber, wenn nicht? Wäre es nicht besser, wenn sich zwei Menschen kannten, bevor sie sich ewige Treue versprachen? Worin lag der Sinn, dass so hart gestraft und die Selbstbestimmung einer Tochter vollkommen unterdrückt wurde, damit ein Vater nicht sein Ansehen verlor? War Papa David nicht ein wenig wie der König, der seine Krone nach dem Clown warf?

Es war noch nicht die Zeit und ich hatte nicht das Recht, diese Fragen laut auszusprechen. Ich litt darunter, dass ich sie überhaupt nur dachte, warf mir selbst vor, eitel an mein eigenes Glück zu denken anstatt an das der *Familie.* Heute aber weiß ich, dass die *Familie* nur glücklich sein kann, wenn es jeder Einzelne sein darf. Jene, die die *Family Of The Black Jesus* heute führen, sehen das anders. Es sind Männer wie Vater, die sich inmitten ihrer Frauen fühlen wie Könige, die stolz auf ihren Clown sind.

Als Papa David einige Monate später das Gemeinschaftshaus betrat, fiel mir auf, dass sein Gesicht nicht wie sonst strahlte. Es wirkte starr und glänzte feucht, als ob er stark schwitzte. Als er kurz darauf zur *Familie* sprach, verlor er immer wieder den Faden und musste von vorn beginnen. Mutter, die direkt vor mir saß, wechselte mit Mama Bisi mehrere besorgte Blicke. Ich sah, wie Mutter ihren Körper anspannte; sie schien aufstehen zu wollen. Schließlich setzte Papa David erneut an und brach wieder ab, griff Halt suchend ans Stehpult. Dann fiel er einfach um. Dabei riss er das hölzerne Gestell mit sich.

In der ersten Schrecksekunde bewegte sich niemand, dann sprang meine Mutter als Erste auf, Mama Bisi, die nicht so flink war, tat es ihr nach. Schließlich erhoben sich alle seine Frauen, umringten ihn, beugten sich zu ihm herunter und halfen ihm wieder auf die Beine. Geschwächt stand er inmitten seiner Ehefrauen. Ich werde diesen Anblick nie vergessen. Es tat weh, ihn so zu sehen. Er, der immer so viel Kraft ausstrahlte, musste gestützt werden.

Papa David sah verwirrt aus, als wüsste er nicht, wo er sich befand. Dann flüsterte er Mutter etwas ins Ohr, woraufhin sie sich aus der Mitte der Frauen löste. Inzwischen war es im Saal unruhig geworden, die fremden Gottesdienstbesucher unterhielten sich über den Vorfall, kleinere Kinder riefen dazwischen. Meine Mutter stellte das Stehpult wieder auf. Dann hob sie beide Hände und begann mit unnatürlich lauter Stimme das Vaterunser zu beten. Schon nach ihren ersten Worten kehrte Ruhe ein, dann murmelte die ganze Gemeinde die Worte des Gebets. Es war ein unglaublicher Augenblick. Alle Menschen beteten, während Vater von schätzungsweise einem Dutzend anwesender Frauen aus dem Gemeinschaftshaus geleitet wurde.

Plötzlich schoss mir ein Gedanke durch den Kopf: Von all seinen Frauen hatte Papa David meine Mutter ausgewählt, die Versammlung zu Ende zu bringen. Gleichzeitig war ich jedoch auch verwirrt, denn er hatte Mutter die Leitung der Farm weggenommen, weil sie sich nicht durchsetzen konnte, als es um Jems Bräutigam ging. Doch in diesem Moment traute er ihr eine beinahe noch größere Autorität zu.

Vater blieb fast ein Jahr lang verschwunden. Wir wussten zwar alle, dass er sich anfangs in seinen Räumen aufhielt, aber zu Gesicht bekam ihn niemand von uns. Außer drei Frauen: Mama Patty, Mama Felicitas und meine Mutter. Sie wechselte sich mit den beiden anderen Ältesten in der Pflege des Kranken ab, schlief sogar in seinem Haus. Wenn ich sie sah, machte sie ein ernstes, verschlossenes Gesicht. Fragte ich, was mit meinem Vater geschehen sei, erwiderte sie, dass er bald wieder gesund werde.

Da sie allen anderen das Gleiche sagte, gab es nur ein Thema im Harem: Woran leidet Papa David? Immerzu erschienen fremde Männer mit großen Taschen, zumeist Weiße. Da Weiße sonst nie den Harem betraten (höchstens durch einen Seiteneingang von der Straße aus), konnte es sich nur um Ärzte handeln. Dass es so viele waren, ließ bei den aufgeregten *queens* nur einen Schluss zu: Die Lage ist ernst!

Ich hatte begonnen, meinen Vater mit den kritischen Augen eines heranwachsenden Mädchens zu sehen. Seine plötzliche Verwundbarkeit ließ meine aufkommende Distanz zu ihm schwinden. Mir war klar, er war unser »König«. Ging es ihm schlecht, hatten wir allen Grund, uns Sorgen zu machen.

Das Hühnerhaus

Viel hatte ich im Harem nicht zu tun, jedenfalls verglichen mit dem Leben auf der Farm, wo ich für alles Mögliche zuständig gewesen war. Hier durfte ich gelegentlich beim Kochen helfen, den Hof fegen, auf die Kleinen aufpassen, leider nur selten in der Schule mithelfen und das Gemeinschaftshaus in Ordnung halten. Ich versuchte mich überall nützlich zu machen. Aber irgendwie hatte ich das Gefühl, an der falschen Stelle zu stehen. Ich gehörte nicht mehr in den Harem. Also zog ich von einem kleinen Hof in den nächsten und besah mir alles ganz genau.

Bei einem dieser Spaziergänge fiel mir eine Frau auf, die mir irgendwie bekannt vorkam. Ich starrte sie wohl ziemlich ungeniert an, doch dann fiel es mir ein. Es war Idu, die Vater etwa zehn Jahre zuvor aus dem Harem geworfen hatte, weil sie nicht auf ihren Fernsehapparat verzichten wollte! Ich verstand die Welt nicht mehr. Wie kam sie hierher, wieso hatte Vater sie wieder aufgenommen? Auf Mama Idu zuzugehen und sie zu fragen, traute ich mich nicht. Also wandte ich mich an Mama Ada, die mir als Erste über den Weg lief.

»Das Herz von Papa David hat viele Zimmer«, antwortete meine Patentante. Damit konnte ich jedoch überhaupt nichts anfangen. Mama Bisi war da schon gesprächiger, sie berichtete, dass Idu etwa zwei Jahre zuvor Vater um Gnade angefleht und für ihr Verhalten um Vergebung gebeten hatte. Das war etwa zu jener Zeit gewesen, als ich gerade von Lagos aus nach Jeba zurückgekehrt war. Deshalb war sie mir damals nicht begegnet.

Jems trauriges Schicksal hatte mir Vaters Strenge und Unnachgiebigkeit deutlich vor Augen geführt. Umso mehr verwirrte mich seine Milde Idu gegenüber. Die Sache mit dem Fernsehapparat hatte ich schon als kleines Kind als ungerecht empfunden. Sein Einlenken und Mama Adas Satz mit den vielen Zimmern in Vaters Herz schienen nun aber zu beweisen, dass er Unrecht wieder gutmachen konnte.

Mama Idu hatte im Harem ebenso wie ich wenige Freundinnen. Während ich eines Tages irgendein trübsinniges, einsames Spiel spielte, setzte sie sich zu mir und brachte mich zum Reden: »Du bist doch die Tochter meiner wichtigen Mitfrau aus Deutschland«, begann sie. »Wie ist es dir und deiner Mutter ergangen?« Unbefangen erzählte ich ihr von unserer Farm und dem Leben in der Natur. Mit keinem Wort allerdings erwähnte ich, warum es zu Ende gegangen war.

Nachdem ich ihr von Jo und unseren Madonnen berichtet hatte, kam Mama Idu eine Idee: »Warum schnitzt du nicht wieder?«, schlug sie vor. Ich sagte ihr, dass es im Harem praktisch unmöglich sei, an geeignetes Holz zu kommen. Gab es welches, so wurde es zum Feuermachen benutzt. Wenige Tage später überraschte sie mich mit ein paar wirklich brauchbaren Stücken. Endlich hatte ich wieder etwas zu tun! Ich war Mama Idu aus ganzem Herzen dankbar. Gemeinsam saßen wir in ihrem Hof, ich bearbeitete das Holz, während sie erzählte, wie es ihr in den Jahren außerhalb des Harems ergangen war.

Idu war von einer *Familie* zur nächsten gereist. Doch wo immer sie hinkam, war ihr der Ruf als ungehorsame Frau schon vorausgeeilt. »Ich galt nach wie vor als Frau deines Vaters, die kein anderer Mann ansehen durfte. Ich hatte niedrige Arbeiten zu verrichten und wurde zwar geduldet, war aber nirgends wirklich willkommen. Wenn ein Lastwagen mit Waren die Stadt verließ, die meine Gastgeber hergestellt hatten, um sie zu einer anderen *Familie* zu bringen, so fuhr ich mit. Ich führte praktisch das Leben einer Art Nomadin«, vertraute sie mir an.

Diese Rundreisen durch die *Familien,* so berichtete Idu, waren nichts Ungewöhnliches. Nur dass eine Frau im gebärfähigen Alter, die sich eigentlich um ihre Kinder kümmern sollte, es tat, war daran so bemerkenswert.

Idu konnte sehr lebendig erzählen und ich hörte gern zu, so wie damals Jo, nachdem er aus Ibadan gekommen war. Auch Idu hatte dort gelebt. Mir fiel sofort die Begegnung mit Papa Felix ein, der sich wie eine Schlange auch an mich herangeschlichen hatte. Plötzlich sah mich Mama Idu neugierig an: »Du kennst doch Papa Felix, nicht wahr? Du wirst ihn sicher in Jeba getroffen haben.«

Ich wusste nicht, was ich antworten sollte. Ich fühlte mich durchschaut. Mama Idu hatte die ganze Zeit über gewusst, warum wir aus Jeba fortgehen mussten! Ich schwieg.

»Papa Felix ist ein wichtiger Mann«, fuhr sie fort. »Wenn es deinem Vater nicht besser geht, wird Papa Felix das Oberhaupt der *Familie* werden.«

Erschrocken blickte ich sie an. Das wäre ja schrecklich! Er interessierte sich ja schon nicht für das Wohlergehen unserer Farm. Wie würde er erst den Harem leiten?

Mama Idu lächelte. »Du magst ihn wohl nicht?«, mutmaßte sie. Es klang so, als ob sie Papa Felix wirklich schätzte.

Ich schüttelte den Kopf und nahm meinen ganzen Mut zusammen, um zu fragen: »Warum bist du nicht bei ihm geblieben?«

»Ich bin immer noch offiziell die Frau deines Vaters. Er würde es niemals zulassen, dass ich einen anderen Mann heirate«, erklärte sie.

Über diesen Satz dachte ich die ganze folgende Nacht nach. Hieß das nicht, dass Mama Idu am liebsten Papa Felix heiraten würde?

Mein Versteckspiel mit den Monatsblutungen beherrschte ich inzwischen recht gut. Mutter hatte mir Baumwollbinden angefertigt, die verhinderten, dass ich in einem unreinen Bett erwachte. Um sie zu wechseln, ging ich in ihre Räume. Vor Vaters Erkrankung hatte ich sie Mutter zum Auswaschen gegeben, doch dazu fehlte ihr nun die Zeit. Also tat ich es selbst, holte Wasser aus einem der eigenen Brunnen und schleppte es hinauf in Mutters Wohnung. Bei einem dieser Gänge traf ich Mama Idu, die mich fragte, was ich denn vorhabe.

»Ich muss waschen«, sagte ich. Sie sah mich eigenartig an. Die anderen reinigten ihre Sachen an der Wasserstelle neben dem Kochhaus. »In Mutters Wohnung ist etwas verschmutzt«, schob ich nach und machte, dass ich mit meinem Eimer fortkam.

Am nächsten Morgen rief mich Mama Idu zu sich ins Kinderhaus. Sie hatte die Aufgabe, die Sauberkeit zu kontrollieren. Mama Idu deutete auf mein Bett. Darauf befand sich ein Fleck; es war unzweifelhaft Blut. Ich bekam einen Riesenschreck. Ohne nachzudenken, überprüfte ich den Sitz meiner Binde.

Mama Idus Augen blitzten mich verschmitzt an. »Weiß dein Vater es schon?«, fragte sie.

»Was?«, stotterte ich.

»Du bist eine junge Frau geworden«, meinte Idu.

»Bitte«, flehte ich, »das kann doch unser Geheimnis bleiben!« Hastig griff ich nach dem Betttuch und riss es herunter, um es zum Waschen zu bringen.

»Ich will keinen Ärger mit Mama Felicitas«, antwortete sie kalt. »Mädchen, die ihre erste Regelblutung haben, dürfen nicht mehr im Kinderhaus wohnen.«

Mit eingezogenem Kopf schlich ich davon, das verräterische Betttuch unterm Arm zusammengerollt. Ich hätte mich ohrfeigen können für meine Unachtsamkeit.

In Mutters Räumen faltete ich den Beweis meines Frauseins über der Waschschüssel auseinander. Der Fleck war noch feucht. Ich stutzte. Wie konnte das möglich sein? Seit drei Stunden war ich auf den Beinen. Dann erinnerte ich mich, dass mein Nachthemd und meine Unterhose sauber gewesen waren.

Das war gar nicht mein Blut! Mama Idu hatte mir eine Falle

gestellt! Ich war geradewegs hineingetappt, hatte mich selbst verraten. Wie konnte sie nur so niederträchtig sein und erst mein Vertrauen gewinnen, um mich anschließend zu verraten! Ich war verzweifelt, wollte Mutter um Rat fragen. Doch sie war zu beschäftigt mit Papa David. Mama Felicitas und Mama Patty ging es nicht anders, deshalb geschah eine Weile lang gar nichts. Nach einigen Tagen hatte ich den Vorfall fast vergessen, mied jedoch fortan Mama Idus Gesellschaft. Zu meiner Überraschung durfte ich weiterhin im Kinderhaus bleiben.

Mein Vater war nun schon seit einem halben Jahr krank und auch die vielen Ärzte konnten ihm offensichtlich nicht helfen. Zeitweise ging sogar das Gerücht, er sei gar nicht mehr auf dem Gelände des *compound,* sondern im Ausland zur Kur. Die Stimmung unter den *queens* war sehr gespannt. Wo vorher Harmonie geherrscht hatte, begann sich Zwietracht auszubreiten. Die Frauen stritten um die Reihenfolge beim Kochen, Waschen und Reinhalten der großen Anlage. Solange Papa David gesund gewesen war, hatte im gesamten *compound* ein fester Rhythmus bestanden, der durch das Zusammensein mit ihm bestimmt wurde. Vaters wichtigste Stützen, Patty, Felicitas und meine Mutter, hatten selbst gemeinsam nicht die nötige Autorität, um den Tagesablauf bestimmen zu können. Außerdem fehlte ihnen die Zeit; Vater verlangte ihre ganze Aufmerksamkeit. Insgeheim hoffte ich, dass meine Monatsblutung verglichen mit diesem Durcheinander zu unwichtig sei, um Konsequenzen zu haben.

Doch dann wurde ich eines Morgens unsanft geweckt, als mir jemand die Bettdecke wegriss.

»Ich habe es doch gesagt! Sie gehört nicht mehr ins Kinderhaus!« Mama Idu hatte eine Gruppe von Frauen um sich geschart. Alle gafften mich an. Es war wieder einmal so weit gewesen und meine Vorsichtsmaßnahmen hatten nicht ausgereicht: Das Bett war beschmutzt.

Die jüngeren Mädchen kicherten, als ich meine Sachen zusammensuchte und mit fast 15 Jahren aus dem Kinderhaus auszog. Für immer. So schändlich hatte ich mir den Abschied von meiner Kindheit nicht vorgestellt! Ich wurde in einem Haus untergebracht, das den wenig schmeichelhaften Namen »Hühnerhaus« trug. Dort wohnten die geschlechtsreifen jungen Mädchen, zu deren Kreis ich nun auch offiziell gehörte. Sie standen unter besonderer Bewachung der *queens,* die darauf zu achten hatten, dass sich keine Männer an die Jungfrauen heranmachten.

Wie sehr sehnte ich mich damals nach Beistand durch meine Mutter, damit sie ein gutes Wort für mich einlegte. Damit sie verhinderte, was mir als nächtlicher Albtraum immer wieder erschien – die aufgezwungene Heirat mit einem fremden Mann, den ich nicht kannte, der mich genauso wenig liebte wie ich ihn. Wochen später fand meine Mutter etwas Zeit, um sich meine Sorgen anzuhören, doch sie war nicht besonders beunruhigt.

»Dein Vater wird in nächster Zeit keine Hochzeit ausrichten lassen; er ist nicht in der Verfassung dazu«, sagte sie nur.

»Was hat er denn?«, wollte ich wissen.

»Er hat sich eine schwere Lungenentzündung geholt. Wahrscheinlich hat er sich auf der Fahrt von Jeba hierher erkältet und es nicht ernst genommen«, behauptete Mutter.

»Und wenn er wieder gesund ist? Wen muss ich dann heiraten? Bitte, Mama, sag ihm, ich möchte nicht gegen meinen Willen verheiratet werden!«

»Das werde ich ihm so gewiss nicht sagen, mein Kind. Vertrau mir. Ich werde schon einen geeigneten Weg finden.«

Im »Hühnerhaus« stellte die zuständige Mama Uloma, die selbst sechs bereits verheiratete Töchter hatte, uns vier Jungfrauen jene Aufgabe, die alle bewältigen müssen, deren Vermählung unmittelbar bevorsteht: Wir hatten unser Hochzeitskleid zu nähen.

Ich konnte zwar mit Pflanzen umgehen und schnitzen, ums Nähen hatte ich jedoch stets einen Bogen gemacht. Meine Nähte waren schief, ständig stach ich mir in die Finger und

Lust zu dieser Arbeit hatte ich ohnehin nicht. Ich redete mir ein, wenn es mir nicht gelänge, ein Hochzeitskleid zustande zu bekommen, würde ich nicht heiraten müssen ...

Mama Uloma durchschaute mich. »Willst du, dass dich die ganze Gemeinde auslacht, wenn du in einem solchen Kleid in die Kirche trittst?« Seufzend trennte ich die Nähte wieder auf und begann von vorn. Wenigstens die Schande, mich selbst zum Gespött die Leute zu machen, wollte ich mir ersparen.

Wenn ich nicht gerade mit einer Besessenheit nähte, als ginge es darum, meinen angeschlagenen Ruf wieder zu reparieren, so hatten meine drei Leidensgenossinnen und ich Mama Ulomas ganz besonderem Unterricht zu lauschen. Mit ernstem Gesicht erklärte sie uns dann, wie wir unserem zukünftigen Mann zu dienen hatten.

Oberste Regel: Widersprich niemals. Zweitens: Halte dich in den Tagen deiner Empfängnisbereitschaft zur Verfügung deines Mannes. Drittens: Teile alles mit deinen Mitfrauen. Viertens: Wenn du einen Sohn bekommst, lehre ihn, seinen Vater zu ehren, und erziehe ihn so, dass er dich im Alter versorgt. Fünftens: Wird es ein Mädchen, so darfst du es nur ein Jahr stillen und musst dich auf eine weitere Schwangerschaft nach dieser Zeit vorbereiten.

Im Harem mochten all diese Regeln sinnvoll erscheinen; Frausein bedeutete Unterordnung, möglichst viele Kinder und dadurch den Verzicht auf weitergehende eigene Interessen (außer sie dienten dem Wohl aller). Doch ich hatte das Glück gehabt, ein anderes Leben kennen lernen zu dürfen. Ich hatte gesehen, wie meine Mutter ohne männlichen Ratschlag die Farm geführt hatte. Als junges Mädchen war ich auf den Markt gegangen und hatte dort mit den Frauen über den Preis der Ware verhandelt. Ich wusste: Eine Frau kann mehr als gehorchen. Schlimmer noch. Ich hatte Papa Felix getroffen. Er, der eine *Familie* führen, ihr bescheiden und verantwortungsbewusst als Vorbild dienen sollte, nahm nicht die geringste Rücksicht auf seine Frauen und Kinder.

Und ich wusste von Jems Schicksal. Je länger ich Uloma zuhörte, desto mehr kam ich zu der Überzeugung, dass ihr tragisches Los vermeidbar gewesen wäre.

Wenn ich all das in Jeba nicht erlebt hätte, wäre ich vielleicht genauso schweigsam wie die anderen vor Mama Uloma am Boden gesessen und hätte ihren Regeln gelauscht. So aber wuchs in mir von Tag zu Tag das Gefühl, laut aufschreien zu müssen. Ein einziger Gedanke beherrschte mich damals: Ich will nicht! Doch wohin hätte ich gehen sollen? Auf diese Frage wusste ich keine Antwort. So lauschte ich, manchmal innerlich völlig entrückt, Ulomas Einweisungen in Haushaltsführung und sexuelle Pflichten einer guten Ehefrau – und schwieg. Die ganze Zeit spürte ich, dass der Tag näher kam, vor dem ich zunehmend Angst hatte. Ich wusste, dann würde ich all das tun müssen, was ich in der Tiefe meines Herzens einfach nur ablehnte.

Mein Körper reagierte, wie er in solchen Fällen immer reagiert: Ich wurde krank. Das Übliche – hohes Fieber, Albträume, Schüttelfrost. Zunächst versuchte es Mama Uloma mit kalten Wadenwickeln, dann wurde das Gerücht in die Welt gesetzt, ich könnte Meningitis haben, weil ich über Kopfschmerzen klagte. Hirnhautentzündung ist ansteckend, das wusste ich. Die Folge war wie erwartet. Uloma ließ mich in ein Zimmer in einem anderen Gebäude sperren, in dem mich niemand besuchen durfte. Ich hatte meine Ruhe, brauchte kein Kleid mehr zu nähen und mir nicht mehr die Ratschläge für mein künftiges Eheleben anzuhören. In dem kleinen Raum war es nur schrecklich langweilig.

Endlich kam mich Mutter besuchen. Gegen die Ansteckungsgefahr trug sie einen Mundschutz! Sie war wirklich besorgt. Ich sehnte mich danach, ihr alles zu erzählen. Mein Herz war so voll! Also redete und redete ich ohne Pause. Mutter saß nur schweigend da und hörte zu.

Dann nahm sie den Mundschutz ab. Ein leichtes Lächeln huschte über ihr Gesicht. »Meine kleine Choga«, sagte sie und streichelte mir über den Kopf. Wie gut das tat! Ich warf mich in ihre Arme und heulte, als könnten die Tränen all meine Sorgen von mir waschen.

»Du bist nicht krank«, meinte Mutter, »jedenfalls hast du keine Meningitis.«

»Was ist denn dann mit mir los?«, fragte ich.

»Du willst nicht erwachsen werden«, antwortete sie. Dann fasste sie unter mein Kinn und hob mein Gesicht zu sich: »Aber du bist nun mal fast 16 Jahre alt. In diesem Land ist das die Zeit, in der ein junges Mädchen heiratet. Wir beide können davor nicht länger die Augen verschließen.«

»Ich will nicht heiraten, Mama.«

In Mutters Augen schien eine Traurigkeit zu liegen, als ob sie verstehen würde, was in mir vorging. »Ich muss nachdenken, Choga Regina, wie es weitergehen soll. Bis ich es weiß, wirst du tapfer gegen die Hirnhautentzündung ankämpfen. Hast du mich verstanden?« Sie gab mir einen Kuss auf die Stirn. »Ich habe dir nicht sehr oft gesagt, dass ich dich lieb habe, nicht wahr? Aber es ist so. Jetzt beruhige dich. Ich komme bald wieder zu dir.«

Sie legte den Mundschutz wieder an und verließ den Raum. Ich starrte an die Decke und stellte mir die sanften Hügel vor, in denen unsere Farm eingebettet lag. Wenn ich doch nur dorthin zurückgekonnt hätte!

Mutter besorgte mir keinen Arzt, wozu auch? Stattdessen kam ihre alte Freundin Amara vorbei, um mit ihrer Diagnose die *queens* und meine Schwestern zu beruhigen, damit ich wieder in den Alltag aufgenommen werden konnte.

Zuletzt hatte ich die Heilerin als Kind gesehen, als sie mir wegen meines Beinproblems ihren Rat erteilte. Sie war inzwischen noch schwergewichtiger geworden, ihr Leib wollte fast das ganze Zimmer ausfüllen. Sie zog einen Stuhl an mein Bett und sah mir tief in die Augen. Schweigend. Ich war verunsichert, wusste nicht, wie ich reagieren sollte, schlug beschämt die Augen nieder und spürte Amaras Blick auf meiner Haut.

Endlich traute ich mich wieder, die Heilerin anzusehen. Sie hatte ihren Blick noch immer nicht abgewendet.

»Du bist ein gutes Mädchen«, sagte sie endlich und nahm meine eiskalten Hände. Ich wusste nichts zu sagen. »Was möchtest du gern tun?«, fragte Amara.

»Ich möchte nach Hause«, antwortete ich spontan.

»Wo ist dein Zuhause?«

Papa Felix hatte es uns weggenommen. Der Harem war es auch nicht mehr. Hilflos hob ich die Schultern.

»Gott ist dein Zuhause«, sagte Amara, »du wohnst in seinem Haus und er wohnt in dir, mein Kind. Vertrau darauf, dass Gott dich beschützt. Er lässt dich niemals im Stich.« Sie drückte meine Hände. »Manchmal erscheint es uns nur so. Das sind die Prüfungen, die er uns stellt. Auf dich wartet eine große Prüfung, doch du wirst an ihr wachsen. Vor einer Prüfung darf man nicht davonlaufen.« Amara sah mich fest an. »Sonst läuft sie dir nach.« Sie lächelte mir aufmunternd zu, griff in ihren Beutel aus Tierfell und reichte mir ein Säckchen, dessen Inhalt raschelte. »Ich bin nicht nur gekommen, um dir schlaue Sachen zu erzählen, mein Kind. Aus diesen Kräutern bereitest du dir jeden Abend vor dem Schlafengehen einen Tee. In ein paar Wochen werde ich wieder nach dir sehen, ob er geholfen hat.«

Ich befolgte Amaras Rat, wenngleich der Tee aus den graugrünen Blättern etwas bitter schmeckte. Nach vielleicht einer Woche legte sich meine Zukunftsangst, ich kehrte ins »Hühnerhaus« zurück und nähte mein Kleid zu Ende. Ich sah ein, dass niemand vor seinem Schicksal davonlaufen kann; es gab einen viel besseren Weg: Aushalten und Kräfte sammeln, stark werden, bis die Tage der Prüfung wirklich kommen.

Über ein Jahr lang trank ich Amaras Tee, ohne mich zu fragen, was er enthielt. Den anderen sagte ich, es sei wegen meiner überstandenen Meningitis. Sie sollten nicht wissen, was ich für mich selbst erkannt hatte: Der Glaube an Gott gab Kraft, aber Amaras Tee gab mir die Kraft, an Gott auch dann zu glauben, wenn ich nicht mehr wusste, wie es weitergehen sollte.

Vielleicht war das meine erste wirkliche Lektion des Erwachsenenlebens. In einer Welt, in der Männer die Gesetze aufstellen, brauchen Frauen mehr als nur ihren Glauben. Allerdings behielt ich diese Einsicht vorsichtshalber für mich ...

Idus Vision

Mein Vater musste nie eine wirkliche Krone tragen, damit von seinem Kopf dieses unvergleichliche Strahlen ausging. Stets umgab ihn eine Aura aus Stärke und Wissen, die ihn unantastbar erscheinen ließ. Alle blickten zu ihm als unserem machtvollen Beschützer auf.

Umso erschreckender war das Wiedersehen mit ihm nach seiner Genesung. Ich musste zweimal hingucken, um ihn überhaupt als Papa David wieder zu erkennen, den Herrn über eine unüberblickbar große Gemeinde. Er stand nicht wie gewöhnlich in seinen weiten weißen Gewändern vor uns, die an der Brust mit goldener Stickerei leuchtend verziert waren, sondern saß vor seiner versammelten Familie in einem Stuhl mit hoher Lehne. Bereits dadurch wirkte er fremd, eher wie ein Besucher.

Aber dass er so schmal geworden war, plötzlich geradezu zerbrechlich wirkte, erschreckte mich zutiefst. Trotz oder gerade wegen seines geschmückten Umhangs war deutlich, dass er stark abgemagert war. Seine Haut wirkte grau, den Augen fehlte der Glanz. Seine Hände lagen entspannt auf den Armlehnen des Stuhls, doch das schwere Gliederarmband der Uhr schien wie ein Gewicht am Handgelenk zu ziehen. Ich hatte den Eindruck, dass Papa David zu klein geworden wäre für die bedeutsame Rolle, die ihm zufiel. Trotzdem schien er ruhig und gefasst.

Das Gemeinschaftshaus füllte sich. Frauen, Kinder und männliche Besucher nahmen leise Platz, jedes laute Rücken eines Stuhls wirkte in diesem erhabenen Moment des Wiedersehens aufdringlich. Papa David bewegte sich nicht, auch blickte er keines seiner vielen Kinder, keine seiner Frauen an. Auf seinem Platz neben dem Predigtpult nahm er sich aus wie eine aus Holz geschnitzte, mannhohe Figur, in der aber kein Leben zu erkennen war.

Nachdem alle saßen, hob er die geöffneten Hände zum Himmel, das Zeichen, dass wir uns zu erheben hatten, um gemeinsam zu beten. Seine Stimme war kräftig wie eh und je, als er das Vaterunser zu sprechen begann. Er beendete es mit einem lauten Hallelujah, woraufhin Mama Patty ein Lied anstimmte, in das alle einfielen. Wie immer begleitete Mama Patty den Gesang mit rhythmischem Klatschen, der Chor schlug Rasseln und Schellen. Die ernste Atmosphäre verflog rasch, der gemeinsame Gesang aus gewiss 300 Kehlen klang ermutigend und fröhlich.

Ich war gespannt, ob Papa David sich erheben würde, ob er die Kraft hätte, wie üblich eine halbe Stunde lang zu sprechen, ob er uns ermutigte und seine lange Abwesenheit erklärte. Doch Vater blieb die ganze Zeit auf seinem Stuhl sitzen, die Lehnen umklammert. Während er sprach, schien der ganze Stuhl zu erzittern unter der großen Energie seiner Worte. Gleich zu Beginn gab er die Richtung seiner Ansprache vor, die von Tod und Auferstehung handelte. Allerdings sprach er die vergangenen zehn Monate seiner Krankheit nicht direkt an, sondern umschrieb sie mit Bibelworten. Sie gaben mir in erschreckender Deutlichkeit zu verstehen, wie nahe er sich dem Tod gefühlt hatte.

Doch nun feierten wir Vaters Rückkehr in unsere Mitte mit immer neuen Liedern. Die Stimmung wurde geradezu euphorisch, niemanden außer Vater hielt es mehr auf seinem harten Sitzplatz. Alle tanzten, viele hatten die Arme zum Himmel erhoben, jubelten ihre Freude heraus. Die *Familie* war überzeugt, ihren Mittelpunkt wieder gefunden zu haben, ihr kräftig schlagendes Herz.

Gerieten Zusammenkünfte wie diese zu einem kaum noch kontrollierten Freudenfest, was selten vorkam, so geschah es gelegentlich, dass sich eine der Frauen mit schriller Stimme Gehör verschaffte. Wir anderen verstummten bei solch raren Gelegenheiten nach und nach. Schließlich war nur noch die Stimme jener zu hören, der gerade die Gnade einer Vision widerfuhr. Bis zu jenem denkwürdigen Sonntag hatte ich das nur zwei- oder dreimal erlebt. Eine Vision zu haben, war etwas Besonderes; hieß es doch, dass in diesen Momenten die Stimme Gottes aus der Betreffenden sprach. Frauen, die während eines Fests Visionen gehabt hatten, durften sich mit einem lila Band schmücken, welches sie sich anlässlich großer Feiern um die Hüfte schlangen. Ein Leben lang galten sie als dem Herrn besonders nahe stehend.

Ich bekam an jenem Tag erst recht spät mit, was vor sich ging, zu sehr beschäftigte mich Vaters offenkundige Schwäche. Immer wieder wanderte mein Blick zu ihm, der in seinem Stuhl verharrte, wo er doch früher mit lautem, rhythmischen Klatschen und seiner kräftigen Stimme die Euphorie auf den Gipfel getrieben hatte.

In der Mitte des Raums hatten sich die weiß gewandeten Frauen um eine andere geschart, die mit verzerrter Stimme Unverständliches von sich gab. Es schienen immer die gleichen Worte zu sein, die sie ständig wiederholte.

Ich bemerkte offensichtlich als Einzige, dass Vater sich mühsam aus dem Stuhl zu erheben begann. Es fiel ihm offensichtlich schwer. Zunächst zögerte ich einen Moment, dann trafen sich unsere Blicke. Ich eilte zu ihm ihn und kniete mich neben ihn, damit er sich auf mich stützen konnte. Er nahm meine Hilfe tatsächlich an! Schließlich stand er neben mir und wartete, bis ich selbst mich aufgerichtet hatte. Papa David legte seine Hand auf meine Schulter und gewährte mir die Gunst, ihn durch die vielköpfige Menge geleiten zu dürfen, die uns respektvoll Platz machte. Gemeinsam näherten wir uns der Visionärin.

Es war Mama Idu, ihr Körper zuckte schwach, ihre Augen waren geschlossen, die Lippen bebten. Ich verstand nicht, was sie sagte. Sie redete in ihrer Muttersprache aus dem Norden.

Nach unserer Überzeugung tat sich in ihr in diesem Moment Gottes Wille kund.

Eine der Frauen, die aus der gleichen Gegend wie Mama Idu stammte, begann unaufgefordert ins Englische zu übersetzen: Die Zeit sei gekommen, dolmetschte die *queen,* während Vater und ich dicht nebeneinander vor Idu standen, dass Gott ein Zeichen der Demut verlangte, ein Zeichen, mit dem Vater Dankbarkeit für seine Gesundung ausdrückte. Er solle die liebste seiner Töchter, über die er schützend seine Hände halte, weil sie die schwächste von allen sei, dem Mann zur Frau geben, der ihm am nächsten stehe, um das Band der Liebe zwischen ihnen zu festigen.

Ein halbes Dutzend Frauen begleitete Mama Idu aus dem Gemeinschaftshaus. Eine Frau, die in den tranceartigen Zustand einer Vision gefallen war, durfte nicht weiter befragt werden, sondern musste unter heilkundiger Aufsicht tagelang gesund gepflegt werden. Diese Aufgabe fiel übrigens Mama Bisi zu.

Ehrlich gesagt, ich konnte mit Idus Vision nichts anfangen! Ich hatte keine Ahnung, welche Tochter sie wohl gemeint haben könnte. Und erst recht nicht, welchen Mann. So begann die einschneidendste Veränderung meines Lebens direkt vor meinen Augen – und ich merkte es nicht einmal. Bis Mutter mich zwei Abende später aus dem »Hühnerhaus« abholte und in ihre Räume brachte. Sorgsam verschloss sie die Tür. Sie setzte sich neben mich auf das Sofa und nahm meine Hände in ihre.

»Choga Regina«, sagte sie und sah mich aufmerksam an. »Ich muss dir heute etwas Wichtiges mitteilen. Du weißt, dass ich dich lieb habe und für dich alles tun werde, was in meiner Macht steht. Aber auch mein Einfluss hat Grenzen.«

Ich fühlte, dass dies die Stunde war, vor der mir graute, seitdem ich auf der Farm das erste Mal mein Nachtlager beschmutzt hatte. »Wer wird es sein?«, fragte ich kläglich.

»Du hast gehört, was Idu vorgestern im Gemeinschaftshaus

gesagt hat? Dein Vater ist überzeugt, dass die Vision dich und Papa Felix betrifft.«

Ich glaubte, den Boden unter den Füßen zu verlieren, starrte nur wie benebelt Mutter an und hoffte, jeden Moment aus einem bösen Traum zu erwachen. »Aber ich bin doch gar nicht Vaters liebste Tochter«, widersprach ich unter Tränen.

»Doch, Choga Regina, das bist du. O ja, das bist du«, sagte Mutter heftig. »Jeder konnte es sehen: Wie ihr beiden während Idus Vision nebeneinander im Gemeinschaftshaus standet, Papa David die Hand auf deiner Schulter. Selbst mir war klar, wen Idu gemeint hat, als sie von Papa Davids liebster Tochter sprach, über die er schützend seine Hand hält. Er hat dir ein Leben ermöglicht, das dich glücklich sein ließ. Und er ist überzeugt, dass er dir etwas Gutes tut, wenn er dich nach Jeba zurückgehen lässt.«

»Aber Papa Felix ...« Ich konnte kein weiteres Wort hervorbringen! Die Tränen erstickten meine Stimme. Selbst die Aussicht, wieder auf der Farm leben zu können, konnte nicht vergessen machen, dass ich ausgerechnet diesen verschlagenen Mann heiraten sollte, über den sich keiner meiner liebsten Menschen auch nur entfernt positiv äußerte.

»Ein Mann, auf den dein Vater so viel hält, kann kein so schlechter Mensch sein, Choga Regina. Natürlich hat er seine Eigenarten, aber die hat jeder.« Mutter stand auf und begann unruhig im Zimmer umherzulaufen. Sie schien von ihren eigenen Worten nicht überzeugt zu sein. »Und dann bedenke«, fuhr sie fort, »du weißt, wo du leben wirst und mit wem du dein Leben teilst. Die meisten Mädchen haben es nicht so gut.« Mutter versuchte mir Mut zu machen, aber ich fühlte deutlich, dass sie zwischen zwei Stühlen saß. Sie konnte sich unmöglich gegen meinen Vater stellen, wollte mich aber gleichzeitig beschützen.

»Felix ist mir unheimlich, Mama«, gestand ich.

»Du hast bislang nur mit Frauen gelebt. Männer kennst du nicht. Es ist völlig normal, dass du dich vor dem Eheleben fürchtest«, versuchte sie mich erneut zu beruhigen.

»Ich habe gesehen, wie er Mädchen nachstellt, Mama.«

»Dein Vater hat mich ohnehin gebeten, Papa Felix zu besuchen, um mit ihm alles zu besprechen. Ich werde schon morgen fahren.« Tausend Fragen lagen mir noch auf der Zunge, aber Mutter sagte: »Vertrau mir, Choga Regina. Ich werde die Dinge in deinem Sinne regeln.« Also fragte ich nichts, zog nur die Tränen hoch und saß da wie betäubt.

Die Nachricht von meiner bevorstehenden Hochzeit hatte sich im Harem in Windeseile verbreitet und die anderen erfuhren es fast vor mir. Die meisten gratulierten mir, denn es war eine große Ehre, die Ehefrau von Vaters Stellvertreter zu werden. Ich wusste allerdings nicht, wie ich damit umgehen sollte. Sprach mich jemand darauf an, dass ich als jüngste der Ehefrauen gewiss die besondere Aufmerksamkeit von Papa Felix genießen würde, wollte ich vor Scham im Boden versinken. Mama Uloma erteilte mir obendrein Einzelunterricht, der an Deutlichkeit nichts zu wünschen übrig ließ. Papa Felix sei in den letzten Jahren »nur« Vater von Töchtern geworden, deutete Uloma an. Ich würde ihm gewiss viele Söhne gebären ...

Ich hoffte, dass ich endlich wieder krank würde. Doch die rettende Erkrankung blieb diesmal aus, was unzweifelhaft Amaras Tee zuzuschreiben war.

Vor einer Prüfung dürfe man nicht davonlaufen, hatte die weise Frau mich ermahnt, sonst laufe sie einem nach. Also trank ich einen frisch aufgebrühten Tee und blieb erstaunlich ruhig. Hatte ich während der unbeschwerten Tage meiner Kindheit im Harem Erdnüsse und süßes weiches Brot in Mengen verdrückt, so verhielt es sich jetzt umgekehrt: Mir wurde fast übel, wenn ich Süßes nur sah. Ich aß überhaupt kaum noch.

Dann kam meine Mutter vom Besuch bei ihrem künftigen Schwiegersohn zurück. Mit schweren Schritten ging sie die Treppe zu ihren Räumen hoch. Erneut nahmen wir beide auf dem abgeschabten Sofa Platz. Ich fühlte mich wie eine Ziege, die jeden Augenblick geschlachtet wird, weil die *Familie* ein gutes Essen braucht. »Hast du dich denn mit Papa Felix verstanden?«, fragte ich Mutter vorsichtig. Unser Abschied von der Farm war nicht gerade harmonisch verlaufen.

»Ich soll dich von Jo grüßen«, begann Mutter, »er lässt dir ausrichten, dass er sich freut, wenn du zurückkommst.«

»Ist Felix nett zu ihm?«

»Er lässt ihn gewähren. Mehr kann man nicht verlangen«, sagte Mutter. Sie wirkte müde. Obwohl ich vor Neugier platzte, fand sie ihre Worte nur schwer.

»Und Felix?«

»Seine Frauen sind mit eurer Ehe einverstanden. Er natürlich auch. Ich hatte den Eindruck, als ob er sich sogar geehrt fühlt, dass Papa David ihm eine seiner Töchter anvertraut. Meiner Meinung nach musst du dir keine unnötigen Sorgen machen. Dein zukünftiger Mann wird dich anständig behandeln, mein Kind.«

»Er ... er wird Kinder mit mir haben wollen ...«, brachte ich mühsam hervor. Es war mir peinlich, diese heikle Frage anzusprechen.

Mutter drehte sich zu mir, nahm meine Hände in ihre. »Hör zu, mein Kind, ich habe mit Papa Felix gesprochen. Ich meine ... darüber.« Sie sah mich ernst an. »Was ich dir jetzt sage, das bleibt unser Geheimnis. Versprochen? Er wird dir Zeit lassen. Er weiß, dass du noch sehr jung bist.«

»Das wird er nicht, Mutter! Ich habe es doch erlebt. Er wollte doch schon ...«

»Glaube mir, er wird dich nicht anrühren«, unterbrach sie mich. Sie sprach so leise und bestimmt, wie ich es von ihr nicht gewohnt war. Irgendetwas hatte sie auf der Farm mit Felix ausgehandelt. Aber sie wollte es mir nicht verraten.

»Wann werden wir nach Jeba fahren?«, fragte ich besorgt. Ich ging davon aus, dass sie mich begleiten würde. Schließlich war sie immer dabei, wenn wir zur Farm fuhren. Dieser Gedanke hatte mich all die Tage getröstet. Irgendwie hoffte ich, mein altes Leben zurückzubekommen. Zwar wäre Felix immer anwesend, aber irgendwie würde ich das schon aushalten. Solange er mich nicht anrührte, wie Mutter es versprochen hatte.

»Ihr werdet am Morgen nach der Hochzeit nach Jeba aufbrechen«, antwortete Mutter.

Ich sah sie groß an: »Kommst du denn nicht mit?«

»Du wirst die Frau von Felix sein – Choga Regina Egbeme. Dein Mann will nicht mit seiner Schwiegermutter unter einem Dach leben. Dazu konnte ich ihn nicht überreden. Und es würde auch nicht gut gehen.«

»Aber Mama! Ich dachte ...«

»Papa Felix wird sich an sein Versprechen halten.« Mutter nahm mich in den Arm. »Mama Idu hat sich bereit erklärt, dich an meiner Stelle nach Jeba zu begleiten. Da sie die Vision hatte, konnte dein Vater ihr diesen Wunsch nicht abschlagen. Idu hat versprochen, dir zur Seite zu stehen. Sie hat mir erzählt, dass ihr beiden viel Zeit zusammen verbracht habt, während es deinem Vater so schlecht ging. Ich freue mich, dass ihr Freundinnen geworden seid.«

Ich erinnerte mich an das blutige Betttuch, mit dem Idu mich hereingelegt hatte, an ihre viel zu freundlichen Worte, mit denen sie sich für Papa Felix eingesetzt hatte.

Mutter bemerkte meine ablehnende Miene. »Stimmt es denn nicht, dass ihr Freundinnen seid?«, wollte sie wissen.

Jetzt wäre die Gelegenheit gewesen, zu sagen: Nein, Mama, ich traue ihr kein bisschen! Doch durfte ich so etwas auch nur denken? Immerhin hatte Idu eine Vision gehabt! Durch ihren Mund sprach der Wille Gottes. Und ich war gerade erst 16 geworden, erzogen im bedingungslosen Glauben an Gehorsam ihm und meinem Vater gegenüber.

»Ihr werdet auf der Farm ein Telefon haben«, sagte Mutter. »Wenn du Sorgen hast, kannst du mich anrufen, Choga Regina.«

»Danke, Mama«, sagte ich. Ich hätte heulen können.

Der Tag meiner Hochzeit rückte bedrohlich näher; eine große Feier wurde geplant – der gesellschaftliche Höhepunkt des gesamten Jahres. Mit besonderem Eifer schmückten die *queens* die Höfe, einige Häuser bekamen sogar einen neuen Anstrich. Ich arbeitete mit, wo ich konnte. Nur nicht nachdenken! Mama Felicitas und Mama Patty erwarteten zur Hochzeit der Tochter ihrer Freundin viele Gäste. Kinder, Enkel und Verwandte sollten aus ganz Nigeria anreisen. Die Vorbereitungen spannten jeden ein. Unzählige Frauen würden bei uns im Harem übernachten. Für die mitreisenden Männer wurde das Haus meines Vaters hergerichtet, um so viele Gäste wie möglich beherbergen zu können. Die restlichen wurden in der Umgebung bei Gemeindemitgliedern untergebracht.

Es war keineswegs Brauch, dass für eine Tochter solch ein Aufwand getrieben wurde. Normalerweise reisten meine Schwestern nach einer kleinen Hochzeitsfeier mit ihren künftigen Ehemännern zu deren *Familien* und kehrten allenfalls Jahre später mal wieder auf Besuch zurück. Mama Idu, die inzwischen genesen war und nun während der Familienfeste das lila Band einer Visionärin trug, sagte während der Vorbereitung einen Satz, der mit fortan nicht mehr aus dem Kopf ging: »Papa Felix ist der zweitwichtigste Mann der *Familie*.«

Natürlich, dachte ich, das ist der Grund! All dies Theater galt gar nicht mir, sondern Vaters Stellvertreter. Zwischen ihm und Papa David sollte schließlich »das Band der Liebe« gefestigt werden. Dieses »Band« war ich. So fühlte ich mich auch – wie eine Sache, nicht wie eine Braut.

Meine Hochzeit

Zum Schluss legte Mama Uloma persönlich Hand an mein Brautkleid, das zweimal abgenäht werden musste, weil ich von Tag zu Tag schlanker wurde. Die alte Frau perfektionierte meinen wundervollen langen Schleier. Und dann kam sie mit den Schuhen! Sie waren weiß, spitz und hatten sogar einen Absatz. Diese Dinger sollte ich allen Ernstes anziehen! Keine drei Schritte bewältigte ich ohne umzuknicken. Uloma erkannte bald das Problem, die unterschiedliche Länge meiner Beine, und ließ die Schuhe fortbringen. Am Vorabend der Hochzeit stellte sie das Paar wieder vor mich hin: Ein Schuh war um drei Zentimeter erhöht worden. Ich kam mir vor, als müsste ich auf Stelzen laufen.

Kurzerhand verlängerte Uloma den Saum des Kleides. »Man wird nichts sehen, mein Kind«, tröstete sie mich.

»Aber ich kann in diesen Dingern nicht laufen«, versuchte ich einzuwenden.

»Du wirst die schönste Braut sein, die je in diesem Haus geheiratet hat. Deine Ehe wird sehr glücklich werden, denn sie wurde in einer Vision vorausgesagt. So etwas ist sehr selten«, freute sich meine Ehelehrerin. Dann schob sie mich vor dem Spiegel hin und her, zupfte an meinem Schleier und immer wieder am Kleid.

Unter den Stoffbergen hätte jedes andere Mädchen stecken können. Ich glaube, das hätte niemand bemerkt. Vielleicht hätte ich es riskieren und den Platz mit einer anderen tauschen sollen ...

In meinem Land ist Regen eine Kostbarkeit. Gleichzeitig ist

man oft überhaupt nicht darauf vorbereitet, wenn er fällt. In Jeba hatten wir alle möglichen Vorkehrungen getroffen, um jeden Tropfen auszunutzen. Nicht so im Harem von Lagos. Wohl deshalb ist mir der Regen am Tag meiner Hochzeit so gut in Erinnerung. Er begann in der Nacht mit dicken schweren Tropfen und hatte bis zum Morgen den ganzen *compound* in einen matschigen Brei aus rotbrauner Erde verwandelt. So sehr wir uns nach monatelanger Trockenheit über den Beginn der Regenzeit auch freuten, so unpassend war das Zusammentreffen mit meiner Hochzeit.

Mit den stelzenhaften, unbequemen Schuhen konnte ich kaum einen Schritt tun, der viele Stoff behinderte mich obendrein am Gehen. Und dann dieser Matsch! Bis ich vom »Hühnerhaus« zum Gemeinschaftshaus gelangte, wäre das so mühsam gefertigte Hochzeitskleid eine einzige Schmutzfahne gewesen. Die eilig ausgelegten langen Holzbohlen glänzten bald schmierig. Mit diesen Schuhen konnte ich die Rutschbahnen keinesfalls betreten.

Ratlos betrachtete ich mich in dem körperhohen Spiegel Mama Ulomas: Ich sah eine Kleiderpuppe. Obwohl meine Haare unter dem Schleier verborgen lagen, waren sie zuvor stundenlang kunstvoll geölt, gekämmt, geflochten und mit weißen Bändchen verziert worden. Alle freuten sich, dass ich eine so hübsche Braut sei. Ich dachte an den Matsch draußen, sah mich bereits stolpern und der Länge nach in den Dreck fallen. Wenn Papa Felix – ich weigerte mich, an ihn als »meinen Mann« zu denken – den Schleier anhob, so stellte ich mir vor, würde er in das Gesicht einer Schlammfrau blicken. Dieser Gedanke allerdings erfüllte mich mit echter Heiterkeit. Ich kicherte.

In diesem Augenblick tauchte hinter mir im Spiegel Mama Idu auf. Ich hielt sie zunächst für eine Traumgestalt. Papa Felix könne sich glücklich schätzen, eine so hübsche und gut gelaunte Braut zu bekommen, flötete sie. Mit ihren gewiss 35 Jahren galt Idu selbst nicht mehr als jung; viele Frauen haben in meinem Land mit Mitte 30 bereits Enkel. Trotzdem fühlte ich mich neben ihr wie ein plumper Klotz. Idu hatte sich zurechtgemacht, als würde sie selbst an diesem Tag heiraten: Kleid und Schleier waren aus federleichtem, sanft fallendem Stoff genäht, in dessen Weiß sich ein Hauch von Rosa gemischt hatte, das durch die lila Schärpe um ihre Hüfte betont wurde. Den Schleier trug sie so anmutig, dass er ihren schönen Schwanenhals zur Geltung brachte.

»Du bist wunderschön«, stellte ich neidlos fest.

Mama Idu drehte sich vor dem Spiegel, ihr süßliches Parfüm erfüllte den ganzen Raum. Ich stand wacklig auf meinen Stelzenschuhen daneben und dachte: Mit ihr sollte ich die Rollen tauschen, sie sieht viel eher aus wie eine Braut! Aber Idu war nicht die Braut; sie sollte meine Trauzeugin sein!

Nach und nach fanden sich meine Lieblingsmamas im »Hühnerhaus« ein. Mama Ada kam als Erste. Ihre Augen wanderten von Idu zu mir und zurück. »Hoffentlich weiß Papa Felix, wen von euch beiden er heiraten muss«, kommentierte sie die Situation.

Mama Idu warf der hageren Mama Ada einen eisigen Blick zu.

Die aber legte ihre Hand auf meine Schulter und antwortete mit einem Zitat aus der Bergpredigt: »Selig sind, die reinen Herzens sind; denn sie werden Gott schauen.«

Schließlich fanden sich auch meine Mutter und die gemütliche Mama Bisi ein, die die angespannte Stimmung sofort intuitiv erfasste. Auf ein Zeichen hin nahmen mich meine Mamas in ihre Mitte, hoben mich schwungvoll hoch und trugen mich hinaus, hinweg über den vielen Matsch, vorbei an den geschmückten *queens* und Schwestern. Einige lachten bei unserem Anblick, andere begannen zu klatschen.

Als wir das bereits zum Bersten mit Menschen gefüllte Gemeinschaftshaus erreichten, hatte sich eine kleine Gruppe gebildet, die rhythmisch klatschend und singend meinen Geleitzug stellte. Inmitten der vielen weiß gekleideten *queens* durfte ich mich wie eine Königin fühlen, die im Triumphzug durch die Menge geführt wird. Es war ein wundervoller Augenblick, wahrscheinlich der schönste des ganzen Tages, mit Sicherheit aber der beste meiner gesamten Ehe. Eine warme Dankbarkeit zu Mutter, Mama Ada und Mama Bisi erfüllte mich, überschwemmte mich wie der Regen das ausgetrocknete Land. Ich heulte. Nun würde ich also auch eine *queen* werden.

Vater erwartete mich auf seinem Stuhl sitzend. In der ersten Reihe stand der Mann, der mich heiraten sollte. Papa David und Papa Felix trugen weite, weiße Baba-Riga-Gewänder, bodenlang, durchbrochen und goldbestickt, dazu hohe, an einer Seite heruntergeklappte Mützen. Sie sahen aus wie zwei Könige. Mein Vater schritt langsam und würdevoll durch die Gemeinde direkt auf mich zu.

Ich hatte genügend Hochzeitszeremonien gesehen, um zu wissen, dass er mich an seinem Arm zum Alter geleiten würde. Durch die ganzen Menschen, die alle ihn und mich ansahen, auch wenn sie nichts als weißen Stoff erkannten. Aber sie wussten, darunter steckte ich. Da spürte ich diese spitzen, harten »Stelzen« an meinen Füßen und eine entsetzliche Panik durchfuhr mich. Wenn ich zu sehr schwankte, ein Absatz abbrach, ich umfiel und dabei meinen Vater mitriss ... Dass solche Nebensächlichkeiten eine derartige Bedeutung bekommen können!

Dieser Weg war das Allerschwerste! Keine Ahnung, wie ich ihn bewältigte. Irgendwie schaffte ich es, stand schließlich vorn neben Papa Felix, ließ mir den Ring aufstecken und brachte mein »Amen« hervor, mit dem ich den Trauspruch bestätigte.

Mama Idu, die diese Hochzeit durch ihre Vision gestiftet hatte, umarmte mich und trug ihre Segenswünsche mit glühenden Augen vor. Am Ende ihrer kleinen Ansprache gab sie Papa Felix und mir ein Motto für unsere Ehe mit. »Selig sind, die da Leid tragen; denn sie sollen getröstet werden«, sagte Idu und lächelte. Papa Felix hob meinen Schleier und küsste mich.

»Hallelujah«, sang die riesige Gemeinde in meinem Rücken.

Ich war eine 16-jährige Braut, die nicht richtig laufen konnte und sich den Kopf darüber zerbrach, wie sie den langen Weg vernünftig aus der Kirche überstehen sollte. War Mama Idu wirklich meine Freundin, wie Mutter gemeint hatte? Würde eine richtige »Freundin« einer Braut ausgerechnet diese Stelle des Matthäus-Evangeliums mit auf den Eheweg geben? Ich hatte den Eindruck, als ob Idu mir damit eher das Gegenteil von Glück wünschte ...

Als die Trauung vorbei war, wollte ich gewohnheitsmäßig auf meinen Platz inmitten der anderen Mädchen zusteuern, doch Papa Felix lenkte mich zu seinen anderen Frauen. Diejenigen von der Farm kannte ich bereits, seine beiden älteren Frauen waren aus Ibadan angereist. Ich wurde Frau Nummer sechs. Meine Mitfrauen waren fröhliche Menschen, einige doppelt so alt wie ich, die ältesten Mitte bis Anfang 40. Sie kamen aus dem Norden des Landes und unterhielten sich meistens in ihrer Sprache. Wenn ich nicht riskieren wollte, dass sie mich immerzu verspotteten und auslachten, musste ich schnellstens ihre Sprache erlernen.

Während der eigentlichen Hochzeitsfeier im Gemeinschaftshaus sah ich Papa Felix kaum, und wenn, dann nur von fern. Wenigstens der Hochzeitstanz blieb mir erspart; das hatte Mutter arrangiert. Mama Idu war eine gute Tänzerin, die mit Felix eine gute Figur machte und den Part gerne übernahm. Bald befreite ich mich von meinen Schuhen, raffte das lange Kleid und mischte mich unter die unzähligen Gäste. Ich suchte eine Person, deren Gesicht ich kurz in der Menge entdeckt hatte: Efe. Endlich hatte ich sie ausgemacht. Sie hatte ihren anderthalb Jahre alten Sohn dabei, einen süßen kleinen Kerl mit einem Puppengesicht.

»Wie geht es dir?«, fragte ich sie nach einer langen Umarmung.

Sie strahlte mich an: »Ich bin so froh, dass ich damals nicht davongelaufen bin«, sagte sie. »Papa Sunday trägt mich auf

Handen. Ich habe großes Glück gehabt, Choga. Man soll wirklich nicht immer nach dem ersten Eindruck urteilen. Und du, meine Schwester? Du scheinst keine sehr glückliche Braut zu sein? Oder täusche ich mich?«

»Na ja, geträumt habe ich von Papa Felix nicht gerade«, murrte ich.

»Du musst euch beiden Zeit lassen, Choga. Das Eheleben hat durchaus angenehme Seiten.« Sie zwinkerte mir zu. Da machte sich ihr Ehemann, Papa Sunday, bemerkbar und rief sie zu sich. Bevor sie ging, sagte sie: »Komm nachher zur Wohnung meiner Mutter. Dann reden wir weiter!«

Ich nahm von allen Seiten Glückwünsche entgegen und arbeitete mich allmählich aus dem Gemeinschaftshaus hinaus zu dem Haus, in dem Mutter, Mama Bisi und Mama Ada wohnten. Der Regen hatte aufgehört und ich genoss die gereinigte Luft. An Mama Bisis Wohnung waren die Fenster hochgeschoben, daher hörte ich bereits vom Hof die Stimme meiner Lieblingsmama. Ich lief auf Zehenspitzen zum Fenster, um sie und Efe zu erschrecken.

Da vernahm ich die Stimme meiner Mutter. »... meine liebe Bisi, ich weiß ja, dass du Recht hast, aber mir wollte keine andere Lösung einfallen.«

»Hast du denn nicht gesehen, wie unglücklich unsere Kleine ist? Felix ist kein guter Mann.« Mama Bisi klang besorgt.

»Viele Familienvorstände sehen in ihm nun mal den starken Mann. Und David ist zu angeschlagen. Wenn er sich gegen Idus Vision gestellt hätte, dann hätten das alle als ein Zeichen verstanden, dass David seinem eigenen Stellvertreter nicht mehr traut. Der Machtkampf wäre unausweichlich gewesen. Ich habe das mit David lange besprochen. Es gab keinen Ausweg!« Mutter redete zwar gedämpft, aber ihre Erregung war deutlich herauszuhören.

»Unsere Kleine als Spielball, damit die Männer sich gegenseitig in Ruhe lassen. Lisa, das hat sie nicht verdient!«

»Weißt du, was Felix auf der Farm gesagt hat? Wenn Papa

David sich Idus Vision widersetzt hätte, dann hätte er ihn aus der *Familie* ausschließen lassen, weil er sich damit über die Worte Gottes hinweggesetzt hätte. Bisi, dieser Mann hat damit gerechnet, dass er Choga nicht zur Frau bekommt. Ja, insgeheim hat er es sogar gehofft! Wir können Gott dankbar sein, dass Papa David so weise war, seinen Stellvertreter zu durchschauen. Choga glaubt mir nicht, aber Felix weiß es ebenso wie jene, die in der Familie das Sagen haben: David liebt mein Kind sehr. Dass er sie seinem Stellvertreter zur Frau gibt, stärkt das Ansehen von Felix innerhalb unserer Gemeinschaft enorm. Er wird David nicht gefährlich werden, da die Ehe mit Choga seine Position aufwertet.«

»Der Preis, den das Mädchen dafür zu zahlen hat, ist zu hoch, Lisa. Ihr spielt mit dem Schicksal unserer Kleinen.«

»Ich bin vor bald 17 Jahren hierhergekommen und war lange eine Außenseiterin. Nicht zuletzt dir habe ich es zu verdanken, dass ich im Harem Fuß fassen konnte. Aber sollte ich nach so langer Zeit alles wegwerfen, wofür ich gekämpft habe? Riskieren, dass dieses Zuhause, das so viele Menschen beschützt, kaputt geht? Ich musste abwägen. Chogas und mein Leben gegen so viele. Bitte sage mir: Wie sollte ich eine richtige Entscheidung treffen? Darum habe ich diesen Weg gewählt.«

»Nein, nein, Lisa, was geschieht, ist nicht richtig. Man darf Gottes Wille nicht missbrauchen, um damit Politik zu machen.«

»Du kannst es auch noch anders ausdrücken. Und ich weiß, dass du es tätest, wenn du mich nicht so lieben würdest. Dann würdest du mir nämlich sagen, wie es ist: dass ich meine Tochter geopfert habe.«

»Geliebte Lisa, das würde ich nicht einmal denken!«, protestierte Mama Bisi laut.

»Aber du hättest Recht damit. Gott weiß, dass du Recht hättest. Und er wird mich für meine Feigheit strafen.«

Wie erstarrt stand ich neben dem Fenster, den Rücken gegen die Mauer gepresst. Mein Gefühl hatte mich nicht getäuscht.

Das »Band der Liebe« war nichts anderes als eiskaltes Kalkül. Seltsamerweise empfand ich keine Wut über diese Erkenntnis. Ich blieb ganz ruhig. Als ich aus der Fensteröffnung ein unterdrücktes Schluchzen hörte, lugte ich vorsichtig um die Ecke. Mutter kniete am Boden vor Mama Bisi. Sie hatte den Kopf in den Schoß meiner Lieblingsmama gebettet, die Mutters Kopf und Schultern streichelte. Tiefe Vertrautheit lag in dieser wundervoll zarten Geste.

Ohne nachzudenken, ging ich vorsichtig ums Haus herum, öffnete die Tür zu Mama Bisis Räumen und betrat das Zimmer auf Zehenspitzen. Mutter war zu tief in ihrem Schmerz versunken, um mich zu hören. Aber meine Patentante sah mich an. Zuerst lag ein leichtes Erschrecken in ihren Augen, dann nickte sie mir stumm zu. Ich kniete mich neben meine Mutter und begann sie ebenfalls zu streicheln. Eine wohlige Wärme überflutete mich, ein Gefühl der Liebe, des Verstehens und Verzeihens. Verwundert drehte Mutter mir ihr verweintes Gesicht zu.

»Du hast alles gehört?«

»Gott wird dich nicht strafen, Mama. Ich werde alles tun, wie du es willst.«

»Ich habe ihm sehr viel Geld gegeben, mein Kind, damit er sich an unsere Abmachung hält«, presste meine Mutter hervor. »Das sollst du auch wissen. Wenn er dir das jemals an den Kopf werfen sollte, dann sage ihm, dass er nicht besser ist als ich. Er und ich, wir sind quitt. Wir haben beide gegen die Gebote verstoßen.«

Ein mehr organisatorisches Problem dieses Tages half mir allerdings Bisi zu lösen, und zwar mit einer blutigen Monatsbinde, die es Papa Felix' ältester Frau ratsam erscheinen ließ, die Nacht selbst an der Seite des Bräutigams zu verbringen. Somit flog die Absprache zwischen Mutter und Felix nicht schon im *compound* auf.

In meiner letzten Nacht im Harem, meiner »Hochzeitsnacht«, schlief ich noch einmal im »Hühnerhaus«. Zum letzten Mal. Ich unterhielt mich die ganze Zeit mit den anderen Mädchen. Keine schien mich um mein Los zu beneiden. Sie waren jedoch alle der Meinung, dass ich es schlimmer hätte treffen können, als ausgerechnet einen Mann wie Papa Felix heiraten zu müssen.

Am nächsten Morgen brachen wir nach Jeba auf. Der Abschied von meinen Mamas und Mutter tat weh. Künftig sollte ich ohne ihre Liebe, ihre Ratschläge und ihren Schutz zurechtkommen.

»Du bist stärker, als du glaubst«, sagte Mama Bisi, als sie mich ein letztes Mal umarmte. »Vertrau dir selbst, meine Kleine, dann wird Gott bei dir sein.« Sie drückte mich ganz fest an sich und gab mir Segenswünsche für ihren Sohn Jo mit. Mutter versprach, mich bald zu besuchen, irgendwie würde sie es schon einrichten können, sagte sie. Dann drehte sie sich um und ging eilig davon. Sie wollte nicht, dass ich ihre Abschiedstränen sah, sondern sie als starke Frau in Erinnerung behielt.

Während Papa Felix in seinem weißen Mercedes samt unseren Hochzeitsgeschenken vorausfuhr, kletterte ich gemeinsam mit den drei anderen Frauen auf die Ladefläche seines Lastwagens, der von einem Leibwächter gelenkt wurde. In zwei Pappkisten führte ich meine wenigen Habseligkeiten mit. Die Plane des LKWs schützte uns vor dem wieder einsetzenden Regen. Mama Idu kletterte in die Fahrerkabine auf den Beifahrersitz; schließlich war sie ja keine Ehefrau. Sie wurde von den anderen Frauen voller Ehrfurcht behandelt. Eingeklemmt saß ich dort, wo ich hingehörte – bei den *queens* – und versuchte, einen letzten Blick auf die Mauern des Harems zu erhaschen. Dort gab es für mich keine Zukunft. Was würde mir Jeba jetzt bieten?

Das Kichern der anderen riss mich aus meinen trüben Gedanken. Eine von ihnen hatte etwas erzählt, das die anderen sehr amüsierte. Ich sah in drei Paar lachende Augen und kam mir dabei unendlich einsam vor. Da legte meine Nachbarin mir den Arm um die Schultern und sagte: »Deine Trauzeugin Idu wird dir schon beibringen, wie du eine gute Ehefrau wirst.«

Dann lachten die drei *queens* wieder, als ob sie einen wirklich guten Witz gehört hätten.

Eine gute Ehe

Nach der Regenperiode bricht die schönste Jahreszeit von allen an. Die Saat keimt und man kann förmlich zusehen, wie die Natur einen neuen Anfang nimmt. Ich erinnerte mich, dass ich früher immer wieder zur selben Stelle gelaufen war, um einer bestimmten Pflanze beim Wachsen zuzusehen. Auf vielen Feldern, an denen wir auf unserer Fahrt nach Jeba vorbeifuhren, sah ich das erste Grün aus dem Boden sprießen.

Und dennoch machte sich in meinem Magen ein mulmiges Gefühl breit. Ich hatte mich zwar fast zwei Jahre lang nach der Farm gesehnt, doch je näher wir ihr kamen, desto weniger freute ich mich auf meine Rückkehr. Ich wusste ja nicht, ob meine alten Vertrauten noch dort lebten. Falls nicht, wäre ich ausschließlich von vollkommen fremden Menschen umgeben. Und mit dem unangenehmsten von ihnen war ich verheiratet. Würde Mutters »Abkommen« mit Felix auch wirklich halten? Sicher, da waren auch noch Jo und Corn, die mich erwarteten. Aber wie würde mein geliebter Bruder mich als die Ehefrau von Felix behandeln?

Der Lastwagen rumpelte über den ausgewaschenen Weg, der zur Farm führt. Ich blickte unter der Plane hinweg auf die Felder, die zu unserem Land gehörten. Es kam mir vor, als ob die Zeit rückwärts liefe. Doch schon als der LKW vor dem Haus stoppte und ich im Herabklettern von der Ladefläche den weißen Wagen von Felix entdeckte, wusste ich, dass nichts mehr wie früher sein würde. Suchend sah ich mich nach meinem Corn um, doch ich konnte den Hund nirgends entdecken. Ich würde Papa Felix später nach ihm fragen.

Mit dem ersten Schritt, den Mama Idu in das Haus tat, übernahm sie das Kommando. Ehrlich gesagt wunderte mich das auch nicht sonderlich, da sie schon während der Fahrt eine Sonderrolle beansprucht hatte. Ebenso wie die anderen Frauen akzeptierte ich ihre herausgehobene Stellung. Während wir unser Gepäck nebst einigen Mitbringseln ins Haus geschafft hatten, hatte Idu bereits einen Rundgang gemacht und ausgekundschaftet, welches Zimmer das ihre sein sollte. Sie entschied sich für das Erdgeschoss, und zwar jenen Flügel, der Mutters und meinem ehemaligen Zimmer gegenüberlag. Mit größter Selbstverständlichkeit wies sie anschließend mir mein Zimmer zu.

Zu meiner Überraschung war es mein altes. Felix bewohnte natürlich Mutters Raum, die ehemalige Bibliothek. Somit waren wir Zimmernachbarn. Beruhigt stellte ich fest, dass eine von Felix' Frauen den Raum mit mir teilte. Nicht, weil ich die Freundschaft von Mama Rhoda suchte, sondern weil ich mich dann sicherer fühlte. Sicherer vor dem mir angetrauten Mann. Sie hatte in dem Raum die letzten beiden Jahre gelebt und sich eingerichtet. Widerwillig machte sie mir Platz, so dass ich meine wenigen Habseligkeiten in eine Ecke legen konnte. Rhoda – meine Mitfrau, wie ich sie anzusprechen hatte – war rund 20 Jahre älter als ich. Anfangs verständigten wir uns nur mühsam, da sie keine der Sprachen beherrschte, die ich konnte. Im Laufe der Zeit brachte sie mir ihre bei.

Felix begrüßte uns mit einer kleinen Ansprache, bei der er Idu als Haushälterin einführte. Damit es keinen Streit zwischen uns geben könne, sollte sie die Aufgaben verteilen. »Sie wird euch auch sagen, wann ich für eine jede von euch Zeit habe«, beschied Felix seinen nunmehr vier Frauen, die bei ihm lebten. Auf den ersten Blick unterschied sich das Leben nicht sehr von dem, das ich bereits auf der Farm kannte. Ich durfte meine erste Woche mit Rhoda in der Küche verbringen.

Mich zog es allerdings mit aller Macht aus dem Haus. Ich

wollte nachsehen, wie es der Farm ging. Die dem Haus am nächsten gelegenen Felder waren bearbeitet, dort sprossen die ersten Halme. Ein paar Süßkartoffelfelder waren bestellt, außerdem etwas Mais, Yams war hingegen gar nicht mehr angepflanzt. Das Gewächshaus, das wir drei Jahre zuvor voller Stolz für eine Tomatenzucht aufgebaut hatten, war vom Sturm beschädigt worden, der gute Mutterboden darin vom Sand zugedeckt. Fassungslos humpelte ich im Regen von Feld zu Feld und begutachtete das Erbe meiner Mutter.

Immer wieder musste ich an Mama Adas Satz denken: Papa Felix würde bald seine eigene Zukunft aufessen. Sicher, was heranwuchs, das würde reichen, um die Farmbewohner satt zu machen und die Armenspeisung durchzuführen. Aber an einen Verkauf, so wie früher, war nicht mehr zu denken. Obwohl die Farm einst zu diesem erklärten Zweck gegründet worden war.

Nach langem Suchen traf ich Jo in der alten Scheune; er versuchte, den Traktor zu reparieren. Verlegen begrüßte er mich kaum und gestand mir fast ängstlich, dass das teure, aus Europa stammende Gerät seit Wochen kaputt war. Ein Antriebsteil war gebrochen und die Flickschusterei hatte nicht gehalten; für kostspielige Ersatzteile fehlte natürlich das Geld. Was war nur mit ihm geschehen, er war mir plötzlich so fremd.

»Ich hatte so gehofft«, sagte Jo, »ihn wieder flott zu bekommen, bevor du zurück bist.« Er wirkte unendlich traurig. »Ich habe versagt«, meinte er dann unsicher. »Aber es ist nicht meine Schuld. Felix hat mir bei allem, was ich anregte, widersprochen. Was sollte ich da tun?« Er war nicht nur um zwei Jahre älter geworden. Wir sprachen zwar über die Farm, aber nicht über uns, über unser Leben. Felix stand unsichtbar zwischen uns.

»Wieso bist du so komisch, kann es nicht wieder so sein wie früher?«, fragte ich schließlich.

»Ich will keinen Ärger mit Felix. Ich komme jetzt zurecht. Es ist zwar nicht gut, wie es ist. Aber ich verlange nicht viel.« Er sah mich von der Seite an. »Du hattest eine große Hochzeit, nicht wahr?«

»Es hat geregnet und ich hatte Angst, in den Matsch zu fallen«, sagte ich.

Jo nickte verstehend.

»Wo ist denn Corn?«, fragte ich endlich.

»Im Haus«, antwortete er und ich ging. Er rief mich zurück. »Choga, ich wollte dir noch was sagen.«

»Ja?«

Mein Bruder trat dicht an mich heran. »Wenn er ... also, wenn Felix dich schlecht behandelt ... dann sagst du es mir.« Er senkte den Blick. »Bitte.«

Ich reichte ihm die Hand. »Danke.«

»Er hat dich nicht verdient«, murmelte Jo kaum verständlich und kroch unter den Traktor zurück.

Wieder zurück im Haus, fragte ich endlich nach meinem Hund. Ich war überrascht zu hören, dass Felix das Tier tatsächlich im Haus leben ließ. Aber mir kamen fast die Tränen, als ich meinen dreibeinigen Lebensretter dann vor mir sah. Was hatten sie nur mit meinem Corn gemacht! Der Hund war rund wie eine Kugel geworden! Sein unmäßiges Übergewicht erlaubte es ihm kaum noch, sich zu bewegen. Er schaffte es nicht mal mehr, zu meiner Begrüßung aufzustehen. Er bot ein Bild des Jammers und war das genaue Gegenteil dessen, wofür er verhätschelt wurde – ein Glücksbringer.

»Wollt ihr, dass er stirbt?«, fuhr ich meine Mitfrauen wütend an.

»Er ist alt«, sagten sie ungerührt. Was für eine Gleichgültigkeit! Sie verstanden nichts; sie lebten in einem kleinen Paradies und ließen es verkommen.

Die Arbeit im Haus, die Idu mir zugeteilt hatte, langweilte mich schon nach wenigen Tagen entsetzlich. Dabei gab es draußen so viel Nützlicheres für mich zu tun! Ich besprach mich mit Idu. »Kannst du mich nicht zur Feldarbeit einteilen? Das kann ich viel besser.«

»Wenn du möchtest. Ich dachte, ich tue dir einen Gefallen, wenn ich dich schone«, antwortete sie.

»Ich brauche keine Schonung, sondern richtige Arbeit.«

»Einverstanden. Du weißt ja am besten, was du tun kannst. Also leg los, Kleine!«, meinte Idu gönnerhaft.

Die anstehende Arbeit war ein willkommener Anlass, die Nähe von Jo zu suchen. Gemeinsam schmiedeten wir Pläne, wo zu beginnen sei. Schon bald hatten wir eine Liste mit notwendigen Anschaffungen erstellt. Doch Papa Felix weigerte sich, uns Geld zu geben, um Saatgut und Ersatzteile für den Traktor und die ebenfalls schadhaften Pumpen zu besorgen. Felix' weißen Mercedes durfte Jo natürlich nicht fahren, denn der war ja das Zeichen der ihm von Gott geschenkten Gunst. An das Steuer des Lastwagens traute sich Jo nicht. Ich beschloss, Mutter anzurufen, und suchte das von ihr versprochene Telefon – vergeblich.

»Es steht in meinem Zimmer«, eröffnete mir Papa Felix auf meine schüchterne Nachfrage. »Du bist meine Frau, Choga, es ist ohnehin an der Zeit, dass du mich in meinem Zimmer besuchst. Oder hat Mama Uloma dir nicht beigebracht, welche Pflichten eine christliche Ehefrau gegenüber ihrem Mann hat?«

Ich fühlte mein Herz bis zum Hals schlagen, doch vor lauter Wut brachte ich keinen Ton hervor. Ich machte auf dem Absatz kehrt und eilte davon. Offen durfte ich mich auf keinen Fall gegen den mir angetrauten Mann stellen. Aber ich musste erkennen, dass es sehr schwer werden würde, Mutters »Abkommen« ohne sie durchzusetzen. Denn sie war gut 1 000 Kilometer weit entfernt.

Tagelang überlegte ich, wie ich Mutter um Hilfe bitten konnte, ohne Felix in seinem Zimmer aufsuchen zu müssen. Ich dachte auch kurz daran, Rhoda einzuweihen, ihr von meinen Ängsten zu erzählen und sie um Hilfe zu bitten. Doch dann verwarf ich den Gedanken wieder. Zwar war sie die einzige meiner Mitfrauen, mit der ich überhaupt in engerem Kontakt stand – sie hatte mir inzwischen auch ein paar Sätze in ihrer Sprache beigebracht –, doch so richtig traute ich ihr nicht über den Weg.

Überall war etwas zu tun, aber außer Jo arbeitete niemand wirklich. Der alte Lehrer Okereke war kurz nach unserer Abreise zwei Jahre zuvor fortgegangen; er hatte sich nicht mit Felix verstanden. Allein oder in Begleitung meines Bruders arbeitete ich auf den Feldern. Wir schufteten von Sonnenaufgang bis Sonnenuntergang.

Vor allem lag mir das Gewächshaus, mit dessen Erträgen gutes Geld zu verdienen war, am Herzen. Wir benötigten dafür dringend eine stabile Abdeckplane, doch fehlte es am nötigen Geld. Eines Abends, als alle anderen schon schliefen, überzeugte ich mich davon, dass meine Ersparnisse noch den unter den Bougainvilleabüschen ruhten. Die Scheine rochen zwar etwas muffig, doch offensichtlich hatte niemand das Geld entdeckt. Aber dann kamen mir Zweifel. Ich konnte den versteckten Schatz jetzt nicht ausgeben, schließlich hatte ich der weißen Madonna versprochen, ihn für mein Kind aufzuheben.

Selbst die kleine Kirche, die uns Papa David vor Jahren für unsere gute Arbeit spendiert hatte, befand sich in einem beklagenswerten Zustand. Direkt neben der weißen Madonna spritzten die Regentropfen nur so auf den Boden. Ich kniete in der Nässe nieder und fragte die Madonna um Rat, doch ich konnte ihre Antwort nicht hören.

Sollte ich einfach aufgeben? Mich in mein Schicksal fügen und tun, was Papa Felix von mir erwartete? Eine »gute Ehe« führen, seine Kinder zur Welt bringen? Würde ich so wie die anderen Frauen neben Felix dumpf dahinleben und alles verkommen lassen, was mir etwas bedeutete? Oder sollte ich aufbegehren, ungehorsam sein und machen, was ich für richtig hielt? Mit allen Folgen, die unweigerlich eintreten würden?

Draußen goss es in Strömen. Neben der Kirche lag eine Leiter, halb überwuchert von altem, verdorrtem Gras, aus dem einige neue Halme hervorlugten. Ich musste sie nur nehmen, anlegen, hinaufklettern und das Dach wieder richten, wie ich es unzählige Male Mama Ada hatte tun sehen. Aber ich war noch nie auf eine Leiter gestiegen ... Ich wusste, theoretisch war es ganz einfach. Ich brauchte nur ein paar Palmwedel und Bast.

Also besorgte ich mir am nächsten Morgen ein großes Messer, schlug trotz des noch immer niedergehenden Regens die Palmwedel ab, fand den Bast und erklomm barfuß und mit zittrigen Knien die Sprossen der Leiter. Keuchend stand ich drei Stunden später vor »meiner« Madonna. Es regnete nicht mehr rein.

Nach dieser Aktion war ich mir sicher. Wenn ich das zuwege brachte, dann konnte ich mir auch mehr zutrauen. Ich beschloss, in den Ort zu laufen, um all das zu kaufen, was ich brauchte. Und zwar von meinem ersparten Geld. Ich könnte es meinem Kind später wieder in seine »Spardose« zurückgeben, überlegte ich. Wie früher würde ich einen Teil vom Gewinn meiner späteren Einnahmen abzweigen.

Wenn ich schon ging, dann wollte ich auch gleich das Ersatzteil für den Traktor mitbringen. Mit der Maschine kannte ich mich damals allerdings überhaupt nicht aus. Ich beschloss noch am selben Tag, Jo zu überreden, mich zu begleiten, doch das war alles andere als einfach. Er fürchtete sich vor Felix und seinen Wutausbrüchen. Andererseits ließ es seine Gutmütigkeit nicht zu, mich alles allein machen zu lassen. Jo wusste, dass mein Beinproblem diese Tour zu einer echten Qual werden lassen konnte.

Noch vor Sonnenaufgang zog ich mich lautlos an, stets mit einem Seitenblick auf die schlafende Rhoda, die unter keinen Umständen etwas von meinem Vorhaben mitbekommen durfte. Auf Zehenspitzen schlich ich kurz darauf an Corn vorbei, der vor Felix' Tür schlief. Da ging die Tür zu seinem Zimmer auf und im Grau der Morgendämmerung erkannte ich eine große schlanke Frau, die sich im Gehen ihr Wickeltuch um den nackten Körper schlang. Vor Angst wagte ich kaum zu atmen, denn ich wusste sofort, wer sie war: ihr süßes Parfüm verriet Mama Idu. Doch die hatte mich selbstverständlich sofort entdeckt.

»Was schleichst du denn hier herum?«, zischte sie, ging aber weiter, noch bevor ich mir eine Ausrede ausdenken konnte. Wortlos machte ich, dass ich aus dem Haus kam.

Meine Angst wich der Überraschung über das, was ich gerade mit eigenen Augen gesehen hatte. Für einen Moment war ich sprachlos vor Erstaunen, doch dann regte sich in mir ein Gefühl der Erleichterung. Ich war Mama Idu nicht böse. Im Gegenteil! Wenn meine Trauzeugin mir jenen Teil der Ehe abnahm, der mir am unangenehmsten erschien, musste ich ihr eigentlich dankbar sein. Weitere Gedanken machte ich mir über diesen Zwischenfall nicht, denn ich schätzte Felix ohnehin als einen Mann ein, der es mit der ehelichen Treue nicht so genau nahm. Von mir hatte er in diesem Punkt ohnehin nichts zu erwarten ...

Jo stand bereits bei der alten Scheune, als ich dort eintraf. Wir hatten uns einen denkbar schlechten Tag für unseren Ausflug ausgesucht: Es regnete noch immer in Strömen, der Weg war völlig aufgeweicht. Das Laufen im Matsch dauert zwar länger, schmerzt aber nicht so sehr wie der Weg über steinharten, von der Sonne durchglühten Boden.

»Was ist eigentlich mit Papa David?«, fragte Jo nach einer Weile. »Ich habe gehört, dass er sehr krank war. Niemand will darüber reden.«

»Er hat sich sehr verändert«, gab ich zu, »er ist schmal geworden.« Mehr wollte auch ich mir nicht entlocken lassen. Mein Bruder sollte sich nicht allzu viel Sorgen machen um Dinge, die wir ohnehin nicht beeinflussen konnten, vor allem durfte er nichts von jenem Machtspiel wissen, dem ich meine Ehe zu verdanken hatte. Damals war ich noch überzeugt, irgendwie würde sich schon noch alles einrenken. Die Pläne der Männer waren viel zu weit von meiner Welt entfernt, in der sich alles um die Farm drehte, die mir so viel bedeutete.

Plötzlich blieb Jo stehen, der Regen lief ihm in Strömen über das Gesicht. »Choga«, sagte er, »ich habe vor ein paar Wochen einen Brief aus Ibadan bekommen. Sie schreiben darin, dass dort eine seltsame Krankheit herrscht. Zwei Menschen sind schon daran gestorben.«

»Ist es Malaria oder Tuberkulose?«, fragte ich.

Jo hob ratlos die Schultern: »Die Menschen werden immer dünner, aber das ist nicht die Todesursache. Eine Frau starb an einer Lungenentzündung, nachdem sie immer mehr abgemagert war. Ein Kind lag morgens einfach tot in seinem Bett. Niemand weiß, warum. Jetzt haben es alle mit der Angst zu tun bekommen. Du hast gesagt, dass Papa David auch so dünn geworden ist. Das wird doch nicht dieselbe Krankheit sein? Es wäre furchtbar, wenn wir ihn verlieren.«

»Vater ist eigentlich schon wieder ganz in Ordnung«, beruhigte ich ihn leichthin. Wir sind eine sehr große *Familie*, dachte ich. Es kann schon mal passieren, dass einige krank und dadurch dünner werden. Nie wäre ich auf die Idee gekommen, darin einen Zusammenhang zu erkennen.

Nach mehreren Stunden erreichten wir endlich Jeba, wo wir die Ersatzteile und die große Plane erstanden. Ich musste all mein Geschick aufwenden, um dem Händler einen Preis abzuringen, den ich mit meinem Ersparten bezahlen konnte. Nicht ein Kobo blieb übrig. Und dann standen Jo und ich da, mit der großen Plane und den Motorteilen, die kaum zu transportieren waren. Zufällig trafen wir einen alten Mann, der sich an mich erinnerte und daran, dass ich vor Jahren auf dem Markt Mutters Eingemachtes verkauft hatte. Er war so nett und fuhr uns zurück zur Farm. Den ganzen nächsten Tag schufteten Jo und ich, bis wir die Plane über das Gerippe des Gewächshauses gespannt hatten. Mir entging dabei nicht, dass zwei der älteren Frauen von Papa Felix uns argwöhnisch beobachteten und schließlich tuschelnd im Haus verschwanden.

Wir waren fast fertig, als Felix erschien. Meine Mitfrauen hatten wohl nichts Besseres zu tun gehabt, als ihm von meinen Taten zu berichten. »Woher hast du das Geld, um diese Sachen zu kaufen?«, schimpfte er.

»Ich hatte es noch von früher«, sagte ich.

»Du hast dein Geld gefälligst bei deinem Mann abzuliefern!«, wetterte er weiter.

»Du hättest mir ja doch nicht erlaubt, das Gewächshaus zu reparieren.«

»Was auf dieser Farm geschieht, das entscheide ich!«, schrie er aufgebracht.

Nun war es mit meiner Geduld zu Ende. Ohne an die Folgen zu denken, redete ich mich in Rage und die Worte sprudelten nur so aus mir heraus. »Der starke Regen zerstörte doch schon die zarten Pflanzen, außerdem sind ohnehin wenige da. Ich kann doch nicht tatenlos zusehen, wie das alles kaputtgeht. Ich musste einfach etwas tun.«

»Ich habe gewusst, dass du mir nicht gehorchen würdest. Aber ich werde dir beibringen, wie eine gute Ehefrau sich zu benehmen hat!« Jetzt war Papa Felix erst recht wütend auf mich.

»So wie mein guter Ehemann mir das zeigt?«, fragte ich spitz. »Indem er die Ehe mit der Trauzeugin bricht?«, platzte es aus mir hervor.

Der erste Schlag traf mich unerwartet hart auf die Wange, der zweite warf mich um. Mein Gesicht brannte wie Feuer.

Jo stürzte vom anderen Ende des Treibhauses herbei und sah mich zwischen den jungen Tomatenpflanzen liegen. »Wie kannst du es wagen, meine Schwester zu schlagen!«, schrie er und ballte die Fäuste.

»Das geht dich gar nichts an, sie ist meine Frau«, brüllte Felix.

Jo wusste nichts mehr zu sagen. Er, der einen Kopf größer

war als Felix, baute sich schwer atmend vor ihm auf. Ich musste verhindern, was im nächsten Augenblick unweigerlich passieren würde!

»Jo«, rief ich, »geh weg! Ich komme schon zurecht. Bitte.« Mein Bruder löste seinen Blick von Felix. Mit großen, traurigen Augen sah er zu mir herab, dann zog er mich hoch. »Danke. Und jetzt lass uns bitte allein«, sagte ich.

Mein Mann starrte dem davonlaufenden Jo nur wortlos hinterher, doch das Funkeln in seinen Augen war Drohung genug.

»Du lügst!«, herrschte mich Felix an, als Jo fort war. »Wie kannst du behaupten, dass ich die Ehe breche.« Er bebte noch immer vor Zorn.

»Dann bist du also mit Idu verheiratet. Mir ist das vollkommen gleich, aber Papa David wird es nicht egal sein!«, rief ich heftig.

»Dein Vater wird dir nicht glauben. Ich bin schließlich sein Stellvertreter. Du bist nur ein Mädchen, das nicht gelernt hat, seinem Mann zu gehorchen.«

Ich sah, dass Felix mit seinen großen Füßen die kleinen, gerade mal zehn Zentimeter hohen Tomatenpflanzen einfach zertrampelte. Die ganze in den vergangenen Wochen aufgestaute Wut brach aus mir heraus. »Sieh doch nur, was du tust. Alles kaputt machst du. Warum sollte ich dir gehorchen? Dir ist die Farm vollkommen egal!«

»Na gut, dann sorg doch du dafür. Aber ich warne dich: Respektiere mich als deinen Mann«, drohte Felix noch immer mit einem bösen Funkeln in den Augen. Dann stapfte er mit schweren Schritten aus dem Gewächshaus.

Das war alles. Auf dieser Grundlage bestand unsere Ehe die nächsten zwei Jahre. Felix und ich gingen uns aus dem Weg, manchmal sah ich ihn tagelang nicht. Jo hatte er bisher zu meiner Erleichterung in Ruhe gelassen. Allerdings würdigte er meinen Bruder seit dem Vorfall im Treibhaus keines Blickes mehr. Die angespannte Situation erforderte mein Feingefühl. Und ich fand eine Lösung: Über Dinge, die für die Farm zu besorgen waren, sprach ich direkt mit Idu, die meine Wünsche an Felix weiterleitete, und auf dem gleichen Weg bekam ich Antwort. Ich empfand diese Regelung als ganz angenehm, denn sie ersparte mir unnötigen Streit. Lehnte Felix mein Ansinnen ab, so fand ich meist einen Umweg, um meinen Plan doch durchzusetzen. Große Sprünge konnte ich mir so zwar nicht erlauben, aber für einen reibungslosen Alltag reichte es.

Felix und Idu verheimlichten ihre Beziehung so gut es ging vor den Mitfrauen. Ich glaube, es war den anderen ziemlich gleich, ob ihr Mann mit einer Frau mehr oder weniger schlief. Sie brachten dieser Tatsache dieselbe Gleichgültigkeit entgegen wie meiner Person.

Wenn er nicht fortfuhr, in der Nachbarschaft junge Mädchen zu seiner Art von Christentum zu bekehren, so nutzte er seinen Status als Religionslehrer aus. Er hatte Jo neben der Kirche ein kleines Haus bauen lassen, in dem er als der große Papa Felix die Jungen und Mädchen aus der Umgebung unterrichtete. Beschwerden über seine Art von Unterricht sind niemals an mein Ohr gedrungen, aber ich beobachtete, dass einige halbwüchsige Mädchen hin und wieder aufgeregt die »Schule« verließen, in der sie mit Felix allein gewesen waren.

Jos und meine Arbeit auf den Feldern und im Gewächshaus brachte bald reichen Ertrag. Nebenbei entwickelte ich mich zu einer tüchtigen Geschäftsfrau, schaffte die Ware gemeinsam mit Jo auf dem Handkarren zum Markt und verkaufte sie sogar zu einem guten Preis. Den Gewinn investierte ich in eine Vereinfachung der Arbeit, neue Saat und Essen, das allen zugute kam.

Meine Mitfrauen haben während der ganzen Zeit nicht einmal versucht, uns bei der Arbeit zu helfen. Wenn mein Bruder und ich am Abend mit Blasen an den Händen und schmerzendem Rücken auf die Farm zurückkehrten, unterbrachen sie nicht einmal ihr gewohntes Schwätzchen im Schatten der Veranda.

»Sehet die Vögel unter dem Himmel an: Sie sähen nicht, sie

ernten nicht und der himmlische Vater nährt sie doch«, grummelte Jo, als sich Rhoda und eine der ältere Frauen eines Abends nach unserer Rückkehr vom Markt ohne ein Wort des Dankes über die mitgebrachten Speisen hermachten. »Lass sie doch«, beruhigte ich ihn. Im Gegensatz zu ihm störte es mich überhaupt nicht, meine Mitfrauen zu ernähren! Ich arbeitete den ganzen Tag, fühlte mich dabei glücklich, vergaß meine Ehe und bekam einen Lohn, von dem die anderen nichts ahnten: Endlich fühlte ich mich zu etwas nütze. Niemand konnte mir dieses wundervolle Gefühl nehmen, Dinge zuwege zu bringen, die andere nicht erledigten.

Die Bedrohung

»Hast du es schon gesehen?«, fragte Jo, als wir eines Nachmittags gerade unsere erste Ananasernte schnitten. »Das wird Ärger geben.« Meistens sprachen wir bei der Arbeit wenig. Wenn mein Bruder draußen auf den Feldern das Wort ergriff, dann bedrückte ihn etwas, von dem die anderen nichts wissen sollten. »Mama Idu bekommt ein Kind, Choga. Das musst du doch bemerkt haben!«

Hatte ich aber nicht. Jedenfalls nicht bewusst. Sie war dicker geworden, sicher. Doch mich kümmerte das nicht. »Sie ist nicht mehr sehr jung. Es wurde auch Zeit für sie«, sagte ich nach kurzem Nachdenken. »Ihr Sohn ist bereits in meinem Alter. Er wird sie bestimmt bald zur Großmutter machen.«

»Das ist ein Kind der Sünde, Choga!« Jo stand, das Messer in Händen, aufrecht zwischen den pieksenden Stauden. »Idu hat die Ehe gebrochen, ihre eigene mit Papa David und deine. Du musst sie davonjagen. Sonst verstößt du auch gegen das Gebot«, stieß er erregt hervor.

Zugegeben, so weit hatte ich nicht gedacht. Ich konnte meinem Bruder schließlich nicht verraten, dass die ganze Ehe mit Felix gegen das Gebot verstieß! Jo war zwar derjenige, der mir in dieser Zeit am nächsten stand, aber er dachte nicht wie ich. Dass im Leben manches Mal erst krumme Wege zum Ziel führen, dieser Gedanke passte nicht in seine Vorstellung von einem Leben als Christ. Richtig fand ich das auch nicht, aber ich hatte mit meinen 18 Jahren bereits erfahren, dass man nicht jedes Mal die andere Wange hinhalten musste, wenn man auf die erste bereits einen Streich bekommen hatte. Es war auch durchaus angebracht, mal den Kopf einzuziehen.

Schweigend arbeitete ich weiter, doch Jo regte sich über meinen Gleichmut so sehr auf, dass er drohte, beim nächsten Marktbesuch Papa David anzurufen.

Das konnte ich nun wirklich nicht zulassen. Es war mir alles andere als recht, dass er mich zum Handeln zwingen wollte, wo ich doch mit meiner damaligen Situation halbwegs zufrieden war. Immerhin hatte ich mich auf der Farm wieder gut eingelebt. Jems Geschichte hatte mir seinerzeit eindrucksvoll vor Augen geführt, wie Vater reagierte, wenn man seine Autorität untergrub. Würde Jo ihm erzählen, dass sein eigener Stellvertreter mit einer von Vaters Frauen ein Kind gezeugt hatte ... die Folgen mochte ich mir nicht einmal vorstellen. Das Mindeste wäre, dass Papa David die *Familie* wieder einmal zerschlagen würde!

Obendrein erwartete ich nach annähernd zwei Jahren noch immer kein Kind, gleichwohl vorausgesetzt wurde, dass ich Felix den ersten Sohn gebären würde. Käme heraus, dass stattdessen Idu schwanger war, würde möglicherweise der ganze, von meiner Mutter eingefädelte Schwindel auffliegen. Wir alle würden in Ungnade fallen.

Während ich die Früchte auf den Handkarren schichtete, kam mir eine völlig absurde Idee, die vielleicht alles retten könnte – vorausgesetzt, alle auf der Farm würden mitspielen. Sobald Idus Baby geboren sei, würde man Papa David erzählen, es wäre mein Kind. Dann könnten wir alle in Frieden weiterleben. Dann sah ich Jos wütend funkelnde Augen! Er erwartete, dass ich empört war! Mein schöner Gedanke ließ sich unmöglich durchsetzen. Nicht gegen einen aufrechten Mann wie meinen Bruder.

Genau genommen gab es nur eine Möglichkeit: Idu musste von der Farm verschwinden, da hatte Jo durchaus Recht. Sie, die mir vor meiner Hochzeit so ausführlich von ihrem Nomadenleben erzählt hatte, würde wieder durchs Land ziehen.

Aber mit einem Kind? Und diesmal ohne den Beistand der *Familien,* von denen sie unter diesen Umständen keine Aufnahme mehr erwarten konnte? »Ist das denn christlich?«, fragte ich Jo, nachdem ich ihm von meinen Bedenken erzählt hatte.

»Gebote sind dazu da, eingehalten zu werden, Choga.«

»Schon«, sagte ich, »aber nicht auf Kosten einer Frau und ihres Kindes. Das ist nicht gerecht. Felix hat die Ehe ebenso gebrochen. Also muss auch er gehen.« Dieser Gedanke gefiel mir am allerbesten, gebe ich zu.

»Dann wird er seine Frauen mitnehmen. Und du bist seine Frau«, entgegnete Jo bündig.

»Somit sitze ich in der Falle«, sagte ich. Mein Bruder begann, die Ananasfrüchte konzentriert auf den Karren zu schichten. Ich sah, dass er nachdachte. Ich hoffte inständig, er würde von allein einsehen, dass sein Beharren auch mir schaden würde.

»Weißt du schon lange, dass Felix und Idu ...?« Er brach ab. Sexualität ist in meinem Land ein Tabu. Selbst unter Geschwistern. Jo ahnte ja nicht einmal, dass Felix und ich die Ehe niemals »vollzogen« hatten.

»Dass Papa Felix ständig die Ehe bricht, hast du doch auch schon viel früher gewusst. Bevor ich mit Felix verheiratet wurde. Und du hast nie etwas gesagt. Wer weiß, wie viele Kinder er noch hat und mit wem? Und auf einmal ist dir das nicht mehr egal?«

»Du bist meine Schwester.«

»Dann beschütze mich mit deinem Schweigen, Jo. Und dich selbst auch.«

Als wir den Karren vollgeladen hatten, zog er ihn zurück zur Farm. Er sagte kein einziges Wort mehr. Ich machte mir Vorwürfe, dass ich ihn so angefahren hatte. Dennoch hatte ich nicht das Gefühl, mich wirklich an einem anderen Menschen versündigt zu haben.

Am nächsten Morgen schafften wir bereits im Morgengrauen die Ernte zum Markt. Den ganzen Weg über redeten wir nicht ein Wort. Jos Schweigen bedrückte mich. Ich wusste nicht, ob er seine Drohung wahr machen und Papa David tatsächlich in Lagos anrufen würde. Während ich die Früchte verkaufte, saß mein Bruder nur stumm neben mir. Am Abend trotteten wir wie immer einträchtig nebeneinander her zurück.

Auf dem Weg kamen wir am Telegrafenamt vorbei. Ich hielt sein Schweigen nicht länger aus. »Wolltest du nicht in Lagos anrufen?«, fragte ich.

Jo trabte einfach weiter. Plötzlich blieb er stehen. Ich dachte schon, er würde umdrehen und doch noch telefonieren wollen. Stattdessen packte er mich und setzte mich sanft auf die leere Ladefläche des Karrens.

»Du bist eine gute Frau und eine gute Schwester, Choga. Ich werde dich jetzt ziehen.«

Er wusste, dass ich das schon als Kind nicht gemocht hatte, weil ich mich nicht wie eine verwöhnte Prinzessin behandeln lassen wollte. Doch diesmal wehrte ich mich nicht. Jo schritt munter aus, begann unvermittelt sogar ein Lied zu singen. Als wir Rast machten, sagte er: »Wenn Gott es so will, dann darf ich nicht eingreifen.«

Ich atmete tief durch. »Du bist ein kluger Mann, großer Bruder«, sagte ich erleichtert.

Jo schüttelte den Kopf, blieb ganz ernst: »Nein, das bin ich nicht. Du bist eine kluge Frau, Choga. Ich war im Begriff, einen großen Fehler zu machen.«

Ihre Schwangerschaft verwandelte Mama Idu in eine launische Person, die sich in jede Kleinigkeit einzumischen begann und alle unangenehm herumkommandierte. Wahrscheinlich damit niemand sie wegen ihres Ehebruchs angriff, kam sie den anderen zuvor und sorgte dafür, dass sich die Frauen untereinander wegen Nichtigkeiten stritten. Stets war irgendetwas verschwunden und wurde im Zimmer einer anderen Frau gefunden. Ich hatte meist außerhalb des Hauses zu tun und bekam diese lächerlichen Intrigen zum Glück nur am Rande mit.

Aber dann verfiel Idu auf die Idee, auch mich zum Ziel ihrer hinterhältigen Spielchen zu machen. Selbstverständlich nicht direkt. Sie schickte Felix vor. Es ging, natürlich, ums Geld. Das hatte ich während meiner Ehe bisher stillschweigend selbst verwaltet, aber immer einen angemessenen Teil bei Idu abgeliefert, die ihn dann an Papa Felix weiterreichte.

Nun tauchte mein Ehemann also auf, während ich im Gewächshaus meiner liebsten Tätigkeit nachging. Ich säte neue Tomaten, über deren rasches Wachstum ich mich jedes Mal wie ein Kind freuen konnte. Der unaufhörliche Neubeginn, die nie endende Kraft der Natur hatte mir inmitten meines seelischen Chaos stets den Mut gegeben, mich neu aufzuraffen. Felix verlangte, dass ich die gesamte Summe, die ich auf dem Markt eingenommen hatte, bei ihm abzugeben habe.

»Ich habe dieses Geld selbst verdient, jeden einzelnen Kobo«, sagte ich ganz ruhig. »Du hast keinen Grund, dich zu beschweren.«

»Ich bin dein Mann, Choga. Diese *Familie* untersteht mir. Ich lasse nicht zu, dass du hier einfach machst, was du willst.«

»Du machst doch auch, was du willst. Aber im Gegensatz zu dem, was du so tust, kommt meine Arbeit allen zugute.«

Das hätte ich nicht sagen dürfen. Aber da war es auch schon zu spät. In der nächsten Sekunde lag ich am Boden, hatte keine Ahnung, wie ich dahin gekommen war. Mein Kopf schmerzte fürchterlich. Der Angriff war zu überraschend gekommen. Ich hatte mich wohl auch zu sicher gewähnt. Fassungslos lag ich da und rührte mich nicht von der Stelle. In Papa Felix' Gesicht ging eine eigenartige Veränderung vor sich, mit einem Mal sah er ganz seltsam auf mich herab. Der Sturz hatte mein Kleid nach oben geschoben. Hastig versuchte ich, mich hochzurappeln und den Stoff über meine nackten Beine zu ziehen.

Da ging Felix ganz langsam in die Knie. »Der Tag ist gekommen, Choga«, sagte er. »Es wird Zeit, dass du endlich meine Frau wirst.«

Auf dem Gesäß rutschte ich von ihm fort: »Du darfst mich nicht anrühren!«, keuchte ich. »Du hast dein Wort gegeben.«

»Du hast auch dein Wort gegeben, vor Gott und deinem Vater. Welches Wort, glaubst du, wiegt schwerer?«, zischte er gefährlich leise. Er hob seine Baba Riga, unter der er völlig nackt war. Sein Geschlecht reckte sich mir entgegen. Was zählten Mama Ulomas sämtliche weisen Ratschläge aus dem »Hühnerhaus«? Was ich da mit Entsetzen vor mir sah, hatte damit nichts mehr zu tun. Das war eine Bedrohung, die wie ein Messer auf mich zuzukommen schien.

Es war ein Reflex, ich konnte nichts dafür: Ich trat einfach dagegen, rappelte mich auf und rannte hinaus. An der Tür sah ich mich um, ob er mir folgte. Doch Felix lag am Boden, krümmte sich in seinem Schmerz.

Mutter! Das war mein erster Gedanke. Ich musste sie sofort anrufen, ihr sagen, was sich bei uns tatsächlich abspielte. Sie musste mich von diesem Unhold befreien. Ich raste in das Zimmer von Felix und wählte die Nummer des Harems.

Telefonieren ist in meinem Land mit viel Glück verbunden. An unserer Farm führte gerade mal eine Leitung vorbei nach Jeba. Vielleicht telefonierte gerade ein anderer, auf jeden Fall kam ich nicht durch. Geduld zum Warten hatte ich auch nicht, denn Felix konnte jeden Augenblick wieder auftauchen. Meine Mitfrauen waren nirgendwo zu sehen, außerdem hätte ich von ihnen sowieso keine Hilfe erwarten dürfen. Sie hatten noch nie Verständnis für mich und meine Gefühle gehabt und wären am Ende noch schadenfroh gewesen. Also kletterte ich durchs Fenster hinaus, floh in die Kirche. Ich kniete vor der weißen Madonna, dankte ihr, dass sie mich bislang beschützt hatte, und flehte sie an, mir zu sagen, wie ich mich verhalten solle.

Felix hatte mich geheiratet; aber gab ihm das denn das Recht, mich so zu behandeln, dass ich mich nur bedroht statt geliebt fühlen konnte? Niemals hatte er meine Arbeit anerkannt, sondern immer nur genommen. Wir lebten zwar unter einem Dach, aber es verband uns nichts. Außer dem Abkommen, einander in Ruhe zu lassen.

Die Madonna konnte mir nichts sagen, so kniete ich vor dem gekreuzigten, schwarzen Jesus nieder. Wie traurig er aussah. Auf dem Altar lag die abgegriffene Bibel, aus der Papa Felix zu predigen pflegte. Die Stellen, die ich aufschlug, spendeten mir keinen Trost, denn es waren jene, die Felix für gewöhnlich vorlas. Sie handelten von Verzicht und entsagungsvoller Demut. Doch danach lebten weder Felix noch Idu. Ich schlug das Buch zu und machte mich auf die Suche nach Jo, in dessen Nähe ich mich sicher fühlte. Über das Vorgefallene zu reden, war mir leider nicht möglich, da sämtliche sexuellen Themen zwischen Jo und mir tabu waren.

Zu meiner grenzenlosen Erleichterung brachte ich den Abend hinter mich, ohne Felix noch einmal zu begegnen. Er hatte sich nach dem Zwischenfall im Treibhaus wutentbrannt in seinen Wagen gesetzt und war davongebraust. Meine Mitfrauen hatten glücklicherweise von all dem nichts mitbekommen, einzig Idu warf mir beim Abendessen, dem das Familienoberhaupt fernblieb, einige argwöhnische Blicke zu.

Ich richtete es so ein, dass mein Bruder in den folgenden Tagen immer dabei war, wenn ich im Treibhaus arbeitete, um mich keinen Angriffen mehr auszusetzen. Am Markttag überließ ich Jo den Stand und wartete im Telegrafenamt stundenlang auf eine Verbindung zum Harem, aber ich bekam Mutter nicht ans Telefon. Endlich hörte ich Mama Adas Stimme.

»Papa David geht es sehr schlecht«, sagte Ada. »Er müsste dringend ins Krankenhaus, aber er weigert sich.« Sie konnte mir allerdings nicht sagen, was er hatte. Nur, dass er völlig entkräftet und abgemagert sei. Seit Wochen liege er im Bett, berichtete sie. Ständig seien Frauen bei ihm, die sich um ihn kümmerten. Dann fragte Ada, wie es mir gehe, ob ich denn schon ein Baby bekäme.

Niedergeschlagen kehrte ich nach dem Gespräch zu Jo zurück. Um ihn nicht auch noch zu entmutigen, log ich, dass ich niemanden erreicht hätte. Mir war klar, dass ich meine Probleme selbst lösen musste. Wenn es Papa David so schlecht ging, würde jeder Hilferuf nach Lagos das Gegenteil dessen erreichen, was ich wollte. Meine Mutter hätte nicht mehr die Macht, Felix in seine Schranken zu weisen, da sie selbst sich nicht auf die Autorität meines Vaters stützen konnte. Was für eine seltsame Krankheit war das, die meinen Vater derart schwächte?

Durch dieses Telefonat hatte ich auch erfahren, dass Mutter schon einige Male versucht hatte, mich anzurufen, und Felix ihr versprochen hatte, es mir auszurichten. Und mit Sicherheit hatte er durch das Telefon in seinem Zimmer auch erfahren, wie es um Papa David stand.

Felix brauchte nur noch abzuwarten. Wenn es Gottes Wille war, dass die Krankheit meinen Vater dahinraffte – und das musste ich nach Mama Adas Worten wirklich befürchten –, würde Felix bald die gesamte *Familie* beherrschen. Ich sah deutlich vor mir, was geschehen würde: Vaters Stellvertreter würde sich an keine Abmachung mehr halten. Er stand kurz davor, meinem Vater die Macht entreißen zu können. Und ich wusste nicht, wie ich das verhindern konnte. Ich hatte ja nicht mal eine Ahnung, wie ich noch für meine eigene Sicherheit sorgen konnte.

Das gestohlene Leben

Es geschah bereits in der gleichen Nacht, in der ich vom Markt heimkehrte. Diesmal hatte Jo mich nicht beschützen können. Felix hatte mich erwartet. Kaum war ich zur Tür herein, riss er mich in sein Zimmer, entkleidete mich und warf mich auf sein Bett. Nicht ein Wort sagte er, ich hörte ihn nur stöhnen und dann spürte ich den wahnsinnigen Schmerz, als sein Messer rücksichtslos in mich drang. Ich sehnte mich weit fort von mir selbst und sah gleichzeitig das wunderschöne Gesicht der weißen Madonna vor mir, die ich anflehte, jetzt nicht sterben zu müssen. Nicht an diesem Ort, nicht in diesem Bett, in dem einst meine Mutter geschlafen hatte. Dieser Mann tat, was nach seiner Meinung sein Recht war. Aber es war nicht richtig. Es war niedere Gewalt, die er mir zufügte.

Irgendwann konnte ich ihm entkommen, nackt und schmutzig. Meine Beine waren voller Blut, das in der Dunkelheit auf meiner Haut aussah wie Dreckflecken. Wie von Sinnen floh ich hinaus auf die Felder. Es war eine klare Nacht, der abnehmende Mond stand kalt am Himmel. Jo und ich hatten in den vorangegangenen Tagen eine kleine Zisterne angelegt, aus der wir die Ziegen tränkten. Ich stieg hinein, doch es war zu wenig Wasser darin. Also hockte ich mich hinein und reinigte meinen Unterleib so gut es ging mit dem kalten Wasser. Stunden später, oder vielleicht waren es auch nur Minuten, die ich in der muffigen Ziegentränke verbrachte, kroch ich am ganzen Körper zitternd wieder hinaus. Die Nächte können kalt sein auf der Hochebene. Mein geschändeter Leib bot mir keinen Schutz. Irgendwann schlich ich zurück ins Haus, krabbelte erschöpft auf mein

Nachtlager und fand dennoch keinen Schlaf. Immer wieder raste eine Frage durch meinen Kopf: Wie oft würde dieses Tier das noch mit mir machen? So lange, bis ich mich ihm endlich freiwillig ergab? Oder bis ich einen dicken Bauch davon bekam?

In jener Nacht fasste ich einen Entschluss. Ich würde Felix den einen Triumph unter keinen Umständen gönnen, auf den er aus war: mich zu besiegen! Also raffte ich mich am Sonntagmorgen auf und schleppte mich zum wöchentlichen Fest in die Kirche, sang und tanzte mit. Ich sang lauter und tanzte wilder als die anderen, bewegte mich wie eine Rasende, warf die Arme in die Luft, schrie und gebärdete mich wie wild. All meine aufgestaute Wut ließ ich hinaus. Es war mir egal, was die Versammlung über mich dachte. Ich scherte mich auch nicht darum, ob Felix mich begehrte oder verachtete. Es war mein Tanz, meine Verzweiflung. Wenn ich meinem Leben schon nicht entkommen konnte, so wollte ich ihm wenigstens in diesem Augenblick entfliehen. Alles um mich herum drehte sich, dann versagten mir die Beine den Dienst. Ich fiel auf den festgestampften Lehmboden. Als ich hochblickte, sah ich direkt in das Gesicht des schwarzen Jesus, den Jo einst geschnitzt hatte. Er schien Mitleid mit mir zu haben.

Noch am gleichen Tag wurde ich krank und bekam Schüttelfrost. Vielleicht hatte ich mich erkältet, als ich nackt in der Zisterne »badete«. Vielleicht gab mein Körper wieder mal das übliche Signal, wie immer, wenn ich mit meiner Umgebung einfach nicht mehr zurecht kam und Ruhe brauchte. Mit hohem Fieber lag ich im Bett und fantasierte die scheußlichsten Dinge. Ausgerechnet Idu, meine Trauzeugin, der ich all dies Unglück zu verdanken hatte, übernahm meine Pflege: Sie brachte mir dreimal am Tag Tee. Die anderen Mitfrauen ließen sich nicht bei mir blicken und Jo durfte das Haus ohnehin nicht betreten. Ich vermisste ihn schrecklich. Rhoda, meine Zimmergenossin, lebte in dieser Zeit bei Felix. Ich hörte, wie sie nachts quietschende Töne von sich gab, und war froh, dass nicht ich das Ziel seiner »Zuneigung« war.

Kaum war ich gesund, rief mich Felix zu sich. Ich hatte nicht die Kraft, mich zu wehren, was mir wenigstens die mit der Demütigung einhergehende zusätzliche Gewalt ersparte. Mechanisch machte ich, was verlangt war. Irgendwann tat es auch nicht mehr weh, jedenfalls nicht körperlich. Felix bestand darauf, dass ich in diesen Nächten bei ihm blieb. Ich durfte mich nicht in mein eigenes Bett zurückziehen. Konnte mich danach nicht einmal von den Spuren reinigen, die er hinterlassen hatte. Musste neben ihm liegen, seinen Atem hören, sein zufriedenes Schnarchen ertragen, seine Ausdünstungen riechen. Schweißnass fuhr ich hoch, sehnte das Ende der langen Nacht herbei und fürchtete gleichzeitig den Morgen, der nichts als die Angst brachte, meinem Mann erneut zur Verfügung stehen zu müssen.

In diesen nicht enden wollenden Stunden, in denen das Geheul der Hundemeute draußen klang, als würden sie über mein Elend lachen, über meinen Hochmut, der mich hatte annehmen lassen, dass ich diesem Mann tatsächlich gewachsen sein könnte, dachte ich oft an Selbstmord. Fegefeuer, Hölle? Warum sollte ich mich davor fürchten? Felix hatte mir meine Würde, mein Ich, meine Werte gestohlen. Und mit jedem Tag, den ich den Bauch meiner Trauzeugin Idu anschwellen sah, wurde mir vor Augen geführt, dass er mir auch mein Leben stahl. Die permanenten Angriffe, meistens zweimal am Tag, würden früher oder später Folgen haben, die ich unter keinen Umständen wollte. Das Schlimmste an diesen Gedanken war, dass ich sie mir selbst verbieten musste. Sie waren unchristlich, verstießen gegen die wichtigsten Gebote. Nicht einmal Jo konnte ich mich in diesen schweren Zeiten anvertrauen.

In den folgenden Wochen war ich ständig krank, was natürlich auch Felix bald als Flucht vor meinem »Eheleben« durchschaute und keine Rücksicht mehr darauf nahm. Meiner Arbeit auf der Farm ging ich längst nicht mehr nach, was sich zudem nachteilig auf die Einkünfte auswirkte, die wir jedoch dringend zum Leben brauchten. Jo sah ich überhaupt nicht mehr, da ich meine Tage nur noch im Haus verbrachte. Mir war ohnehin alles gleichgültig geworden, sogar Corn. Ich döste genauso stumpf vor mich hin wie meine Mitfrauen, bereitete gemeinsam mit ihnen das Essen zu, aß aber fast nichts. Als dann meine Regel ausblieb, war mir nicht einmal mehr diese Verschnaufpause vergönnt, in der Felix mich nicht anrührte. Schließlich berichtete ich Idu, dass ich wohl schwanger sei, doch sie glaubte mir nicht. Ein paar Tage später erbrach ich zum ersten Mal.

Aus dem Harem wusste ich, dass die Schwangeren nicht mehr das Bett mit Papa David teilten. Schließlich hatte der Beischlaf nicht den Sinnesfreuden, sondern der Fortpflanzung zu dienen. Entsprechend hoffte ich, dass der unermüdliche Zeugungswille von Felix nun endlich erlahmen würde. Da zu diesem Zeitpunkt aber alle anderen Mitfrauen ebenfalls mit dicken Bäuchen durch die Gegend liefen, legte sich Felix in den ersten Monaten mir gegenüber keine wesentliche Mäßigung auf.

Meine ständige Niedergeschlagenheit ließ nicht zu, dass ich meine übliche Arbeit wieder aufnehmen konnte. Manchmal fand ich mich irgendwo im Treibhaus wieder, wusste jedoch nicht, wie ich dorthin gekommen war oder wie lange ich schon vor einer Tomatenstaude gestanden hatte. Wie eine Schlafwandlerin lief ich durch die Gegend. Einmal begann ich am frühen Morgen eine Ziege zu melken, die ich an einen Pflock gebunden hatte. Als ich wieder zu mir kam, war der Eimer immer noch leer, das Euter prall und die Sonne stand hoch am Himmel.

Irgendwann fand Jo mich in diesem Zustand. Ich hatte ihn längere Zeit nicht gesehen, doch war es mir nicht einmal aufgefallen. So sehr war ich mit mir und meinen Problemen beschäftigt. »Was macht dieser Mann mit dir?«, sagte er vorwurfsvoll, führte mich in den Schatten und gab mir zu trinken.

Ich sah meinen Bruder an und sagte: »Ich will nicht mehr leben.«

Jo packte mich an den Schultern, rüttelte mich: »Das darfst du nicht sagen, Choga. Gott hat dir dein Leben geschenkt.«

»Warum, Jo? Damit ich benutzt werde wie ein Tier?«

Mein Bruder wurde wütend: »Felix ist dein Mann! Du bist vor Gott mit ihm verheiratet! So darfst du nicht reden!«

»Ich darf nicht, ich darf nicht! Nichts darf ich. Nur ihm zu Willen sein. Das ist doch nicht richtig! So behandelt Papa David seine Frauen nicht. Sieh dich doch um. Wir sind alle schwanger, niemand arbeitet und Felix hurt herum. Ein Mann kann doch nicht alles dürfen!«

Jo schwieg eine Weile. »Gut«, sagte er dann, »ich werde zum Telegrafenamt fahren und Papa David anrufen. Ich werde ihm alles erzählen.«

Ich erwähnte Vaters Erkrankung nicht. Vielleicht ging es ihm ja inzwischen besser. Es war zwar eine schwache Hoffnung, aber sie gab mir für die nächsten Tage Auftrieb.

Am darauf folgenden Morgen herrschte furchtbare Hektik, die Frauen drängten sich aufgeregt in Idus Zimmer. Daher nahm ich an, dass die Geburt ihres Kindes bevorstand. Doch dann hörte ich lautes Wehklagen und Rhoda trug eine zugedeckte Schale aus Idus Zimmer. Der Gestank, der davon ausging, war bestialisch.

»Es ist besser so«, sagte die ebenfalls schwangere Rhoda, als wüsste ich, was geschehen sei. »Es war ein Kind der Sünde.« Dann stellte sie die Schale vor das Haus. Als sie zurückkam, sah sie mich mit einem leichten Lächeln an. »Nun braucht Papa David es nicht zu erfahren. Du wirst doch auch schweigen, nicht wahr, Choga?«

Zerstreut stimmte ich zu und nahm das alte Tuch von der Schale.

»Lass das!«, schrie meine Zimmergenossin entsetzt und zog mich fort.

Aber ich hatte es bereits gesehen. Idus Baby war nicht mehr als kleiner Mensch zu erkennen. Ich machte mich frei und eilte so schnell ich konnte davon.

Der Anblick ließ mich wochenlang nicht mehr los. Das Baby war schon lange tot gewesen, bevor es auf die Welt geholt worden war.

Idu vergrub sich nach dem Vorfall in ihrem Zimmer, aber keine der anderen Frauen wollte sie versorgen. Dass ein Baby tot geboren wurde oder bei der Geburt starb, kam hin und wieder vor. Das war der Lauf der Natur. Idu hingegen hatte wochenlang ein totes Kind in ihrem Leib gehabt. Das war mehr als ein Schicksalsschlag. Es war ein Zeichen Gottes, der die Ehebrecherin strafte.

Jetzt warteten die Frauen gespannt ab, wie schwer das Urteil des Himmels ausfallen würde, aber insgeheim hatten sie alle ihr eigenes Urteil längst gefällt. Nur wenn Felix es nicht hörte, sprachen die *queens* abfällig über den Vorfall und bestätigten sich gegenseitig in ihrer Meinung.

Schließlich beauftragte Felix eine Heilerin aus Jeba, bei Idu zu bleiben. Immer wieder hörte ich meine Trauzeugin schreien. Sie schien entsetzliche Schmerzen zu haben. Vor allem in den Nächten waren die Schreie kaum zu ertragen, sie hallten durch das ganze Haus. Offenbar fand die Heilerin keine Medizin, um Idu zu helfen. Ich wusste damals noch nichts von der Gefahr, die eine Vergiftung des Blutes der Mutter durch einen abgestorbenen Fötus mit sich bringt, und nahm an, Idu sei über den Verlust ihres Babys so traurig, dass sie sich nicht beruhigen konnte.

Dann wurde ich eines Nachts unsanft aus dem Schlaf gerissen. Die Heilerin stand an meinem Bett. »Komm schnell! Idu will mit dir reden!«

Schlaftrunken stolperte ich in ihr Zimmer, in dem nur zwei Kerzen brannten. Jetzt erkannte ich, dass Idu nicht wie ich an dieser Niedergeschlagenheit litt, die einen schwer träumen lässt. Idu lag im Sterben. Schweißüberströmt hob sie die Hand und sagte etwas, das ich nicht verstehen konnte. Im Zimmer roch es furchtbar. Widerwillig trat ich näher, um ihre Worte besser hören zu können.

»Ich habe gesündigt, Choga. Du musst mir vergeben, bevor ich sterbe«, flüsterte sie.

»Ich? Warum ich?« Wenn, dann wäre Papa David dafür der Richtige gewesen.

»Ich hatte nie eine Vision. Bitte vergib mir.«

»Ich verstehe dich nicht. Wir waren doch alle im Gemeinschaftshaus Zeugen«, brachte ich verwirrt hervor.

»Du musst mir vergeben, Choga. Meine Seele erwartet sonst ewige Verdammnis. Bitte, sag es«, röchelte sie.

Ich begann das Vaterunser zu beten, in dem es heißt, man solle seinen Schuldigern vergeben. Aber Idu unterbrach mich, indem sie ihre eiskalte Hand auf meinen Mund legte.

»Ich wollte, dass du Felix heiratest, damit ich mit euch nach Jeba gehen konnte. Aber niemand hätte auf mich gehört, da kam mir die Idee mit der Vision.« Meine Trauzeugin sprach bereits so kraftlos, dass ich sie kaum verstehen konnte. »Es war nicht richtig, Gott zu freveln, um in Sünde mit Felix leben zu können.« Ein Hustenanfall ließ sie fast ersticken. Schließlich fuhr sie fort: »Wenn ich dir meine Sünde gestehe und du mir vergibst, so wird Gott mich nicht verdammen. Bitte, tu es.« Sie legte ihre Hand auf meine, beugte sich zu mir und warf mir einen flehentlichen Blick zu: »Jesus Christus hat gesagt: Welchen ihr die Sünden erlasset, denen sind sie erlassen. Das ist das Wort des Herrn, Choga!«

»Ich vergebe dir«, presste ich hervor.

Meine Trauzeugin sank kraftlos in sich zusammen. Die Heilerin drückte ihre Augen zu. Idu war tot.

»Möge Gott ihrer Seele gnädig sein«, sagte die Heilerin.

Völlig benommen ging ich hinaus in die klare, kühle Nacht. Langsam begann mein Verstand alles zusammenzusetzen, was ich bisher nur bruchstückhaft vor mir sah. Schon von Anfang an hatte ich das Gefühl gehabt, dass Mama Idu mich hereingelegt hatte. Doch dagegen hatte die Überzeugung gestanden, dass niemand einen solchen Frevel wagen würde. Und doch hatte sie genau das getan. Nicht ich konnte Idu vergeben, kein

Mensch durfte das, Gott selbst musste es tun. Außerdem hatte ich nur drei Worte gesagt, die nicht aus meinem Herzen kamen. Nein, ich hatte ihr nicht wirklich vergeben – sie hatte mich dazu genötigt. Im Sterben war sie vorgegangen wie im Leben, sie hatte versucht, sich freizukaufen von ihrer Schuld. So wie unser Glauben für sie ein Mittel war, um ihre eigenen Ziele zu erreichen.

Meine Schwangerschaft erinnerte mich in jeder Sekunde daran, dass sie mich diesem Mann zugetrieben hatte, um ihre eigene Lust zu befriedigen. Aus Selbstsucht hatte Idu mein Leben in ihre Hände genommen; sie hatte Schicksal gespielt. Kaltherzig hatte sie zugesehen, wie ich litt.

Mich überkam eine derart maßlose Wut, dass ich aufsprang und in die leere Nacht hinausschrie: »Ich vergebe dir nicht! Niemals! Fahr doch zur Hölle!«

In der Ferne antwortete ein Hund mit seinem Bellen auf meinen Hass. Plötzlich wurde mir bewusst, was ich gesagt hatte. Ich hatte eine Tote verwünscht. Aber ich empfand doch so! Diese Heuchlerin hatte mich in der Tat ins Unglück geschickt. Plötzlich tat ich mir nur noch selbst Leid, sank zusammen und begann zu heulen. Als ich wieder etwas wahrnahm, hatte sich der dicke dreibeinige Corn an mich gekuschelt. Er, der mir einst das Leben gerettet hatte, versuchte mich auch jetzt zu trösten. Dabei war er selbst nur noch ein Häufchen Elend.

Ich wusste nicht mehr, wohin ich mich wenden sollte. Unsere kleine Kirche erschien mir, da ich mich gerade so sehr versündigt hatte, nicht der richtige Ort. Also verkroch ich mich im Gewächshaus. Meine Tomaten waren zum größten Teil eingegangen, Jo hatte keine Zeit gehabt, sich auch noch darum zu kümmern. Die kraftlosen Pflanzen erschienen mir wie ein Abbild meiner selbst. Vertrocknete Kümmerlinge, die mich traurig machten. Mechanisch begann ich, sie aus der Erde zu rupfen und sie auf den Boden zu werfen. Das machte alles noch schlimmer, denn nun zog ich eine Spur der Verwüstung hinter mir her.

Corn folgte mir schwerfällig, sah mich vorwurfsvoll an. Ich beschimpfte ihn, schrie ihn an, mich allein zu lassen. Da rollte der kleine dicke Kerl sich winselnd auf den Rücken, seine Demutsgeste, mit der er sich ergab. Das hatte er nicht verdient! Ich beugte mich zu ihm herunter und bat ihn um Verzeihung. Er leckte meine Hände, obwohl er den scharfen Geruch der Tomatenstauden nicht mochte. Wie einfach die Verständigung mit einem Tier war. Und wie schwer mit den Menschen ...

Idu war noch am Morgen ihres Todestages begraben worden. Da ich nicht dabei gewesen war, führte Corn mich ein paar Tage später zu der Stelle – einem kleinen Hügel aus trockener Erde und Steinen. Der Boden war hart. Es war gewiss nicht einfach gewesen, ihn aufzubrechen. Man hatte Idu nicht tief genug in die Erde gebettet. Die Hunderotten hatten sich über das frische Grab hergemacht. Dies war wirklich der unwürdigste Ort, an dem ein Mensch seine letzte Ruhe finden konnte.

Idu war eine Nomadin gewesen, auf der Suche nach dem Glück. Damit sie es – zumindest für eine kurze Zeit – finden konnte, hatte sie schwere Schuld auf sich geladen. Aber das, was ich dort sah, das war zu viel der Strafe. Es war, was ich in der Nacht ihres Todes ausgerufen hatte: ein Fluch über den Tod hinaus.

Ich holte Hacke und Schaufel, warf noch mehr Erde auf das Grab und befestigte es mit großen Steinen. Mein Körper schmerzte und je mehr er unter der großen Anstrengung litt, desto mehr hoffte ich, meine Schuld wieder abtragen zu können. Wer war ich, dass es mir zustand, Idus Handeln zu verurteilen? Erschöpft sank ich auf den befestigten Grabhügel und erwartete den Sonnenuntergang.

Das Fest des Teufels

Als ich einige Tage später mittags auf meinem Bett lag, weil ich während der heißesten Stunden des Tages sonst ständig unter den Wasseransammlungen in meinen Beinen und Händen litt, kam eine meiner Mitfrauen in den Raum. Ich solle zu Felix gehen, sagte sie. Wie eine Ziege, die zum Schlachten geführt wird, trottete ich in sein Zimmer.

Mein Mann erwartete mich neben dem Telefon, den Hörer in der Hand. »Deine Mutter möchte mit dir sprechen«, meinte er. Damit hatte ich am wenigsten gerechnet. Meine Gedanken überschlugen sich. Jo hatte sie inzwischen sicherlich angerufen. Aber wieso trug Felix dann so einen zufriedenen Ausdruck zur Schau? Hatte sie ihm denn nicht gehörig die Meinung gesagt?

»Mutter?«, fragte ich bang.

»Choga Regina, dein Vater ist vor zwei Stunden gestorben. Möge Gott seiner Seele gnädig sein.«

»Amen«, sagte ich.

»Es war der Wille deines Vaters«, fuhr sie fort, »dass Felix sein Nachfolger wird als Oberhaupt der *Familien.* Er wird ab sofort den Harem leiten. Das bedeutet, dass ihr so schnell wie möglich nach Lagos kommen müsst, um hier zu leben.«

Unzählige Fragen gingen mir durch den Kopf, aber Felix stand nur wenige Meter neben mir, hörte genau zu. Mir blieb nur die Möglichkeit, Deutsch zu sprechen, damit er mich nicht verstehen konnte. »Ich bin schwanger, Mutter, er fällt ständig über mich her. Ich halte das nicht länger aus. Hat Jo dich nicht ange...?«

Felix hatte auf die Gabel gedrückt und im nächsten Augenblick bekam ich einen Schlag aufs Auge, der mich auf dem Bett landen ließ. Während mein Mann mich beschimpfte, wie ich es wagen könne, in seiner Gegenwart in einer fremden Sprache zu sprechen, riss er mir das Kleid vom Leib. Dann tat er, womit er sich selbst beweisen konnte, dass ich sein Eigentum war. Fünf Minuten später schickte er mich aus dem Zimmer.

Mein Auge war inzwischen zugeschwollen und in meinem Kopf pochte der Schmerz. Ich spürte gleichzeitig Wut und Ohnmacht stärker denn je. Was für ein Leben würde mich im Harem erwarten? Es konnte nur noch trostloser sein. Dort hatte ich nicht einmal mehr die Natur, meine Pflanzen, denen ich beim Wachsen zusehen konnte. Und sobald ich mein Kind nicht stillte, könnte Felix mich wieder wie seine Ehefrau behandeln. Wer sollte mir beistehen? Mit Vaters Tod verlor auch Mutter ihre einflussreiche Position.

Ich gebe zu, dass meine Reaktion auf Vaters Tod sehr egoistisch war. Aber irgendwie glaubte ich, das Recht dazu zu haben. Meiner Überzeugung nach hatten Kinder für meinen Vater eine Funktion: Sie sollten seinen Einfluss vergrößern, seine Macht erhalten. Er hatte mich als sein Instrument benutzt, um sich Felix vom Leib zu halten. Mit seinem Tod war ich meinem Mann schutzlos ausgeliefert. Es war wie in dem Lied vom König Clown. Der Clown hatte alle Kronen, die der König nach ihm geworfen hatte, nun konnte er regieren ... Ich, eine dieser »Kronen«, fühlte mich wie nutzloser Schrott.

Jo fand mich in meinen tiefen Gedanken verloren vor dem Haus sitzend. Natürlich sah er mein blaues Auge sofort. Er fragte mich, was geschehen sei, und ich erzählte ihm alles, bis hin zum Tod unseres Vaters und der Mitteilung, dass Felix den Harem leiten würde.

»Das ist nicht richtig«, sagte Jo und ballte die Hände zu Fäusten. »Vater durfte ihn nicht zum Oberhaupt der Familie machen. Dieser Mann ist es nicht wert, dass alle auf sein Wort hören.«

In unserer Aufregung hatten wir nicht mitbekommen, dass Felix seit einiger Zeit hinter uns stand. »Das ist also deine Meinung«, zischte er mit dieser gefährlich leisen Stimme, die den nächsten Wutausbruch ankündigte.

Jo stand auf und drehte sich zu ihm um: »Papa David war ein Vorbild. Du aber bist ein Ehebrecher. Du schlägst Frauen. Du bist nicht so, wie das Oberhaupt unserer *Familie* sein sollte.«

»Und du steckst zu viel mit ihr da zusammen«, Felix zeigte auf mich, »sie erzählt dir Lügen über mich und du glaubst sie.«

Mein großer Bruder, der immer so besonnen war, stürzte sich wie von Sinnen auf Felix und packte ihn mit seinen großen Händen hart an seiner Baba Riga. »Und ihr blaues Auge? Ist das auch gelogen?«

Felix stieß ihn weg. »Du hast nicht das Recht, mich das zu fragen. Ich bin ihr Mann, nicht du.« Unvermittelt schlug er einen sanfteren Ton an. »Hör zu, Jo, jetzt ist nicht der Zeitpunkt zum Streiten. Wir müssen für Papa David eine große Totenfeier in Lagos ausrichten. Lass uns zusammen aufbrechen und Wild jagen. Er war dein Vater, du bist es ihm schuldig, seine Gäste vornehm zu bewirten.«

Jo zögerte einen Augenblick. Es kam sehr selten vor, dass Felix zum Jagen ging. Er nahm dann meist wohlhabende Männer aus dem Dorf mit, die ihn bezahlten. Dass mein Bruder, der einfache Arbeiter, ihn diesmal begleiten durfte, kam einer Auszeichnung gleich. Und der konnte er trotz des vorangegangenen Streits nicht widerstehen.

Am frühen Nachmittag bestiegen die beiden unterschiedlichen Männer Felix' Lastwagen. Jo saß auf der Ladefläche, hielt ein Gewehr in Händen und winkte mir verhalten zu. Der Lastwagen rumpelte quer durch das hüfthoch stehende Gras davon.

Im Haus herrschte schon den ganzen Tag Unruhe: Alle Frauen packten weisungsgemäß ihre Sachen zusammen. Sie waren guter Stimmung und freuten sich darauf, in die Stadt zurückzukehren. Ich hatte sie lange nicht so ausgelassen gesehen. Für sie war der Abschied eine Freude. Meine Unruhe trieb mich hingegen über die Felder, der alte Corn an meiner Seite. In aller Ruhe verabschiedete ich mich von meinen Lieblingspflanzen, füllte ein paar Kisten mit grünen Tomaten, Bohnen und was ich sonst zum Haus tragen konnte. Viel war es nicht. Nur der kindische Versuch, den schönsten Teil meines einstigen Paradieses einzupacken und mitzunehmen.

Natürlich wollte ich noch einmal mit Mutter sprechen und fragen, ob Jo sie erreicht hatte, wollte versuchen, mein Schicksal zu beeinflussen. Doch Felix hatte sein Zimmer abgeschlossen, unerreichbar stand das Telefon darin. Ich überlegte nicht zum ersten Mal, ob ich nicht einfach seine Abwesenheit nutzen sollte, um wegzulaufen. Doch wohin? Schwanger, durch mein Bein daran gehindert, weite Strecken ohne Pausen zurücklegen zu können. Auf mich allein gestellt in der bald hereinbrechenden Dämmerung. Ich konnte nirgendwohin. Um mich herum war zwar das weite Land, das ich so mochte, doch diese Freiheit nutzte mir nichts. Weil ich wieder einmal zu schwach war.

Diesmal grub ich wenigstens mein erspartes Geld aus. Es war weniger als noch vor zwei Jahren. Doch wohin damit? Am Körper konnte ich es nicht verbergen; ich musste damit rechnen, dass Felix es finden würde. Ratlos saß ich unter dem Bougainvilleabusch. Mama Bisi hatte damals gesagt, dass ich zurückkehren würde, weil das Geld im Versteck geblieben war. Sie hatte Recht gehabt. Ich vergrub es erneut; vielleicht könnte ich eines Tages wieder auf der Farm leben. Mit meiner Mutter und dem Kind, das ich jetzt noch unter dem Herzen trug. Und dann das Versprechen einlösen, das ich der Madonna gegeben hatte. Egal, wie dieses unschuldige Kind gezeugt worden war, es war meines. Die Sünden seines Vaters wollte ich wenigstens an ihm gutmachen.

An jenem Abend legte ich mich früh hin, körperlich müde von der Schlepperei, seelisch zermürbt, aber immerhin mit der zarten Hoffnung im Herzen, bald Mutter und meine Lieblingsmamas wieder sehen zu können. Felix und Jo waren noch immer auf der Jagd. Während ich einzuschlafen versuchte, dachte ich über meinen Bruder nach, der gewiss allein auf der Farm bleiben würde, bis eine neue *Familie* käme.

Jo war mit Ende 20 längst in dem Alter, selbst Kinder zu haben. Doch die haremsähnliche Situation, in der wir lebten, machte es ihm unmöglich, eine Frau zu finden und zu heiraten. Ich beschloss, ihm zu raten, fortzugehen und endlich sein eigenes Glück zu finden. Er durfte sich nicht ewig an die Farm binden, was er nur Mutter (und vielleicht auch mir) zuliebe tat.

Ich war fast eingeschlafen, als ich den Motor des Lastwagens hörte. Rhoda schnarchte schon längst auf ihrem Lager vor sich hin. Noch einmal rappelte ich mich auf, um nachzusehen, was die Jagd erbracht hatte. Felix sprang aus dem Fahrerhaus. Als er mich sah, rief er: »Hilf mir die Tiere abzuladen, die Hunde reißen sie sonst in der Nacht in Stücke.«

Vorsichtig ging ich näher heran und spähte auf die Ladefläche. Dort lagen drei Antilopen. »Wo ist Jo?«, fragte ich.

»Mach schon, hol den Handkarren!«, befahl Felix, ohne auf meine Frage einzugehen.

»Ist Jo denn schon in seinem Haus?«, hakte ich mit aufkommendem Misstrauen nach. Mein Bruder drückte sich nie vor der Arbeit. Wenn er Felix zum Jagen begleitet hatte, würde er auch die erlegten Tiere sichern helfen. Ich schob den Karren heran, Felix legte die Tierkörper darauf.

»Es gab einen Unfall«, sagte Felix.

»Unfall? Ist Jo im Krankenhaus?«, wollte ich wissen.

»Das war nicht mehr nötig.«

»Was meinst du damit?«

»Dass er tot ist.« Felix zog den Handkarren fort zum Vorratshaus. Ich lief hinterher.

»Aber wieso ist er tot? Das kann doch nicht sein!«, schrie ich.

»Ich kann nichts dafür. Es war zu dunkel.«

»Du hast ihn erschossen?«, brüllte ich wie von Sinnen.

Ruckartig blieb Felix stehen. Ich konnte nur die dunklen Umrisse seines Körpers erkennen. Als er sich langsam auf mich zubewegte, wich ich panisch zurück, rechnete mit seinem Angriff. »Hör zu, du wirst niemals behaupten, dass ich ihn erschossen habe. Niemand war dabei, als es geschah«, zischte er mit dieser leisen Stimme, die ich so verabscheute. »Wenn ich sage, dass es ein Unfall war, dann war es auch so. Gott ist mein Zeuge. Er allein. Also wage nicht einmal zu denken, dass mich Schuld an Jos Tod trifft!«

Ich glaubte ihm kein Wort. Um ihn als Mörder und Lügner zu bezeichnen, fehlte mir die Kraft. Die beiden hatten gestritten, bevor sie losfuhren. Jo wusste über Idu Bescheid, über Felix' Angriffe gegen mich. Nun konnte er nichts mehr verraten. Ich stellte für diesen Mann keine Gefahr dar. Ich wusste ja selbst, dass ich nicht davonlaufen konnte, von diesem Widerling abhängig war, egal, was er tat.

All diese Verbrechen, die der neue Führer der *Family Of The Black Jesus* begangen hatte, trieben mich fast in den Wahnsinn. Völlig aufgewühlt rannte ich zum Haus zurück. Obwohl ich mir am liebsten einfach nur die Decke über den Kopf gezogen hätte, konnte ich nicht ins Bett gehen. Ich saß neben der Tür und bebte am ganzen Körper vor unterdrücktem Zorn. Wenn ich ein starker Mann wie Jo gewesen wäre, ich hätte mir einen Knüppel besorgt und den feigen Mord an meinem Bruder gerächt. Ich schwöre, dass ich mich in dieser Nacht noch an Felix versündigt hätte. Erschlagen hätte ich ihn. Und ich bereue diese Gefühle bis auf den heutigen Tag nicht. Mag es auch heißen, dass Gerechtigkeit im Himmel gesprochen wird, in dieser Stunde hätte ich nicht darauf gewartet.

Stattdessen war ich zu untätiger Trauer verurteilt, zu hilflosen Tränen der Ohnmacht. Eine schwangere Frau, ein Opfer der Willkür eines gewissenlosen Mannes.

Corn hatte sich neben mich gesetzt, das alte Tier spürte meine Erregung. Wenn Felix ins Haus zurück wollte, musste er an uns beiden vorbei. Und er kam.

»Hast du Jo wenigstens begraben?«, fragte ich mit bebender Stimme.

»Wie denn? In der Dunkelheit! Und ohne Werkzeug.«

»Du hast ihn einfach liegen lassen! Die Hunde ...« Ich konnte es nicht aussprechen. Ich raffte mich auf und verstellte ihm den Weg. »Wir werden ihn holen, Felix. Das bist du ihm schuldig. Jo war mein Bruder, mein bester Freund!«

»Du gehst jetzt ins Haus! Verschwinde!« Er schob mich zur Seite.

»Du hast Jo ermordet!«, schrie ich wie von Sinnen. »Er wusste zu viel über dich.«

Corn wollte mich unterstützen, knurrte Felix mit gesenktem Kopf an. Obwohl er den Hausherrn schon so lange kannte und seine Fußtritte fürchtete, hielt der Hund in diesem Augenblick zu mir.

Wortlos schwang Felix das Gewehr.

»Nein!«

Wäre Corn nicht so alt und gehandicapt gewesen, es wäre ihm vielleicht noch Zeit geblieben, sich zu ducken oder auszuweichen. Der Kolben traf den Kopf des Tiers mit einem dumpfen Krachen. Ein kurzes helles Aufjaulen, dann war Stille.

»Wenn du noch ein Wort sagst ...«, stieß Felix hervor, riss die Haustür auf, ging hinein und schlug sie hinter sich zu.

Der Hund rang noch um ein paar Atemzüge, dann erschlafften seine feuchten Flanken. Ich hielt den Kopf meines toten Gefährten, weinte um sein Leben, um das von Jo, um all die Gemeinheit, die vor meinen Augen geschah. Und die ich hilflos, wenn auch voller Wut, mit ansehen musste. Irgendwann, als der Morgen schon graute, suchte ich Hacke und Schaufel und grub Corn ein Grab, das tief genug war, um wenigstens seinen Körper vor dieser Welt beschützen zu können.

Danach irrte ich eine ganze Weile umher, konnte aber keine Spur von Jo mehr entdecken. »Mein Bruder war ein guter

Mensch. Warum musste er so jung und so grausam sterben?«, klagte ich in der Kapelle vor dem schwarzen Jesus.

In 24 Stunden hatte ich meinen Vater, meinen Bruder und meinen kleinen Lebensretter verloren. Der Teufel muss an jenem Tag ein Freudenfest veranstaltet haben; ihm waren Siege in den Schoß gefallen, die er nicht verdiente. Denn derjenige, den der Teufel sich eigentlich hätte holen sollen, war an jenem Tag noch mächtiger geworden.

Flucht aus dem Harem

Wir waren den ganzen Tag gefahren und kamen völlig erschöpft nachts in Lagos an: ein Mörder und seine vier schwangeren Ehefrauen. Mutter, Bisi und Ada nahmen mich in Empfang und brachten mich in Bisis Räume im Erdgeschoss, die anderen schliefen alle schon. Nach der Fahrt auf der Ladefläche des Lastwagens hatte ich kaum noch die Kraft, allein zu gehen. Meine Mamas waren auf meine Ankunft gut vorbereitet. Sie hatten eine große Wanne herbeigeschleppt, in die sie jetzt warmes Wasser füllten. Duftende Öle und Kräuter umschmeichelten meine Sinne. Es tat so gut, zu fühlen, dass die drei mich liebten! Meine verletzte Seele, mein gebrochenes Herz und mein schmerzender, unförmiger Leib hatten diese Aufmerksamkeit so bitter nötig.

Anschließend legten sie mich gemeinsam auf Bisis Bett, streichelten und massierten mich, bis ich eingeschlafen war. Die Torturen der vergangenen Monate ließen mich dennoch nicht zur Ruhe kommen. Immer wieder schrak ich aus meinen wirren Träumen hoch. Die Nachtwache meiner Mütter beschützte mich rund um die Uhr. Einen ganzen Tag lang schlief ich durch und erwachte erst, als es draußen bereits dunkel war. Mein Herz war so voll, dass mein Mund förmlich überlief. Stundenlang erzählte ich. Und von Geschichte zu Geschichte verdüsterten sich die Gesichter der drei Frauen, die mir alles bedeuteten.

»Was Felix mit Jo gemacht hat, das war ein eiskalt geplanter Mord!«, stieß Mutter hervor.

»Dieser Mann gehört vor ein Gericht gestellt«, pflichtete Bisi bei.

»Und was ist dann mit unserer Choga?«, fragte Mama Ada ganz ruhig. »Habt ihr euch das mal überlegt? Sie müsste als Zeugin aussagen. Und bis dahin lebt sie im *compound*. Hier, wo Felix entscheidet, was Recht ist.«

»Und er behandelt sie ohnehin schon so schlecht. Wir können unserer Kleinen nicht noch mehr Qualen zumuten!«, ereiferte sich Mama Bisi sofort. »Was glaubt ihr, wozu dieser Mann noch imstande ist?«

»Die andere Frage ist, ob die Polizei überhaupt ermitteln würde«, stellte Mama Ada sachlich fest. »In Jeba sind andere Gerichte zuständig als hier. Das kann lange dauern.«

»Und Choga Regina würde die ganze Zeit in Angst vor ihrem Mann leben. Ob mit Anzeige oder ohne.« Mutter schüttelte energisch den Kopf. »Nein, diesen Gedanken müssen wir vergessen.«

»Es gibt mehr als nur die irdische Gerichtsbarkeit«, meinte Ada plötzlich nachdenklich. Es hörte sich so an, als ob sie noch heute darum beten würde, dass sich das Schicksal von Felix entsprechend erfüllen möge.

»Wir können aber doch nicht die Hände untätig in den Schoß legen!«, seufzte Mama Bisi.

Mutter sprach es als Erste aus: »Kind, du wirst nicht länger hier bleiben. Ich werde dich fortbringen.«

Mama Bisi nickte: »Und wenn es das Letzte ist, was wir tun werden.«

Mama Ada blickte die beiden an: »Ihr habt Recht. Aber wollt ihr mir mal sagen, wie? Die Tore sind alle verschlossen. Draußen stehen die Leibwachen. Felix will damit allen zeigen, dass er ein wichtiger und großer Mann ist. An denen kommt ihr nie vorbei. Außerdem ist Choga viel zu geschwächt!«

Mutter, Bisi und Ada hatten die Situation richtig eingeschätzt: Im Harem erwartete mich ein Leben in Angst. »Aber wo soll ich denn hin?«, fragte ich kläglich.

Mama Ada überlegte laut: »Es muss ein Ort sein, den Felix

nicht kennt. Am besten so etwas wie unser *compound.* Wo viele Frauen leben. Da fällst du nicht auf.«

»Amara!« Mutter sah ihre Freundinnen an. »Natürlich! Ich bin sicher, dass sie dich mit Freuden aufnimmt, mein Kind!«

Ada und Bisi blickten Mutter ratlos an. Im Gegensatz zu ihr und mir hatten sie die Heilerin noch nie besucht, wussten nicht mal, wo die alte Frau überhaupt wohnte.

»Ich werde versuchen, sie sofort anzurufen«, meinte Mutter, die ohne zu zögern die Initiative ergriff und hinauseilte. Das Telefon befand sich in Papa Davids Haus, wo er in jenem klimatisierten Raum aufgebahrt lag, in dem er auch gestorben war. Mama Bisi erzählte mir, dass Felix erst nach der Beerdigung, die am folgenden Tag stattfinden sollte, in Vaters Haus einziehen würde. Dort ans Telefon zu gelangen, schien somit nicht unmöglich zu sein. Während Mutters Abwesenheit schmiedeten Ada und Bisi bereits Fluchtpläne für mich.

Mama Bisi machte mir Mut: »In ein paar Stunden beginnt die Trauerfeier für Papa David. Es werden Hunderte von Menschen kommen. Felix wird keine Zeit haben, an dich zu denken, meine Kleine.«

»Am besten wäre der Eingang von Papa Davids Haus«, sagte Mama Ada. »Wir bringen dich dort gleich morgen früh hin. Du willst dich doch bestimmt in Ruhe von deinem Vater verabschieden.«

»Das würde ich ohnehin gern«, brachte ich vor. »Ich möchte ihn wirklich noch einmal sehen.«

Mama Ada wiederholte ihre Hauptsorge: »Aber vor dem Eingang werden Wachen stehen!«

»Wir geben ihnen etwas zu trinken. Ein Schlafmittel!«, rief Mama Bisi aufgeregt.

»Vielleicht«, meinte Ada, »die Frage ist nur, ob sie sich etwas zu trinken geben lassen.«

»Ach, Lisa fällt bestimmt etwas ein«, stöhnte Bisi verzweifelt.

Amara sei selbstverständlich zu allem bereit, berichtete Mutter eine halbe Stunde später. Sie und die Heilerin waren auf die gleiche Idee gekommen wie Ada und hatten auch eine Lösung für das Problem mit den Wachen parat. »Das sind kräftige Männer. Die sollen Amaras Gaben ins Haus tragen. Dabei werden wir sie ablenken.«

In der Nacht vor meiner Flucht tat ich trotz der Erschöpfung vor lauter Aufregung kaum ein Auge zu. Mir graute vor allem vor dem weiten Weg zu Vaters Haus. Das Gehen bereitete mir schreckliche Schmerzen. Und dann die schlimmste aller Fragen: Was würde geschehen, wenn jemand meine Flucht entdeckte? Könnte ich dann überhaupt jemals aus dem Harem entkommen? Gewiss würde Felix mich für immer wegsperren ...

Am Morgen war der *compound* voller Menschen, die alle in Weiß gekleidet waren. Alle Frauen trugen Schleier, die nur die Augen frei ließen. Wir vier, die wir uns durch die Menge schoben, glaubten in diesem Gedränge nicht aufzufallen: Mutter, meine beiden Lieblingsmamas und ich. Nicht ein Stück meiner persönlichen Habe konnte ich mitnehmen. Nur mein Sonntagskleid, das ich auf dem Leib trug. Doch das war unwichtig, ich wollte nur noch das ungeborene Leben in meinem Leib und mein eigenes retten.

Jeden Winkel der großen Anlage kannte ich in- und auswendig; dies war lange mein Zuhause gewesen. Aber die Angst, hier unter völlig anderen Bedingungen leben zu müssen, lähmte mich trotz aller Kraft, die meine drei Mamas ausstrahlten. Noch zu frisch war die albtraumhafte Erinnerung an die letzten Monate auf der Farm. Meine Beine fühlten sich an wie Watte, drohten jeden Augenblick einzuknicken.

Aber verraten hat mich nicht meine Angst, sondern mein Gang. Er hob mich aus der Menge der unzähligen weiß gekleideten Menschen heraus.

»Choga!« Der herrische Befehl ließ mich zusammenzucken. Die Stimme meines Mannes hätte ich aus allen anderen herausgehört. Verzweifelt versuchte ich weiterzugehen, aber meine Beine und meine gesamte angeschlagene Verfassung erlaubten keinen weiteren Schritt. Hätte sich doch einfach der Boden aufgetan und mich verschluckt!

Felix befand sich in Begleitung einiger Männer, die ich nicht kannte. »Wo willst du hin?«, fragte er. In seiner Stimme hörte ich diesen angriffslustigen Ton. »Die Trauerfeier findet im Gemeinschaftshaus statt und das liegt in der anderen Richtung.«

»Sie möchte sich von ihrem Vater verabschieden«, entgegnete meine Mutter mit fester Stimme.

»Dazu war gestern Gelegenheit. Ich möchte, dass Choga sich jetzt meinen Frauen anschließt, die das Fest vorbereiten.«

»Sie hat sich gestern den ganzen Tag über ausgeruht. Meiner Tochter geht es nicht gut«, startete Mutter einen neuen Versuch. Aber ich spürte, dass es sie jede Menge Beherrschung kostete, ruhig zu bleiben.

»Die anderen haben die gleiche Fahrt hinter sich wie sie. Ich dulde keine Sonderbehandlung deiner Tochter!«

Mama Ada, die etwa die Größe von Felix hatte, schob ihren muskulösen Körper vor mich. »Dir ist deine Eitelkeit wohl wichtiger als der Schmerz einer Tochter um den Verlust ihres Vaters?« Meine Patentante musterte den neuen Führer der *Familie* von oben bis unten. »Glaubst du, dass die Menschen vor einem Mann Respekt haben, der das Andenken eines Toten so wenig achtet?«

»Du wählst starke Worte, Mama Ada. Wir werden noch miteinander zu reden haben.« Er schickte einen giftigen Blick zu Mutter und Mama Bisi. »Ihr seid keine *queens* mehr. Diese Rolle wird meinen Frauen künftig zufallen.« Dann beugte er sich zu mir hinunter. »Und meine *queens* wissen doch, wie sie sich benehmen müssen, nicht wahr, Choga?« Ich schob mich noch weiter hinter Mama Adas Rücken. Zweimal hatten mich die Schläge dieses Mannes schon unvorbereitet getroffen. »In zehn Minuten sehe ich dich im Gemeinschaftshaus!«, fauchte Felix. Dann legte er eine Hand vertraulich auf die Schulter eines seiner Begleiter. Die Menge wich vor dem neuen Familienoberhaupt ehrfürchtig zur Seite.

Als wir uns in Richtung von Vaters Haus wandten, erhaschte ich die vernichtenden Blicke unter den Schleiern meiner Mitfrauen, die hinter Felix herliefen. Einzig meine Zimmergefährtin Rhoda zupfte mich am Ärmel: »Du musst besser auf dich aufpassen. Unser Mann war sehr verärgert. Er hat dich gestern gesucht«, sagte sie in ihrer Sprache, die ich inzwischen verstand. »Ich halte dir im Gemeinschaftshaus den Platz neben mir frei.«

Es war das erste Mal, dass Rhoda mir gegenüber eine mitfühlende Regung zeigte. Ich umarmte sie. Die Frau wusste nicht, dass ich ihr insgeheim dabei alles Gute für ihr Leben wünschte. Denn diese letzte Begegnung mit Felix hatte in mir jeden Zweifel beseitigt. Meine Flucht war die einzige Möglichkeit. Ich ertrug den Anblick jenes Mannes nicht, den ich niemals so angesprochen hatte, wie er es erwartete: mein Mann.

In dem kühlen Raum, in dem Papa David in den letzten Stunden noch lag, bevor er in seinem Grab hinter dem Haus zur ewigen Ruhe gebettet wurde, waren nur Mama Patty und Mama Felicitas. Die beiden waren allerdings nicht mehr ansprechbar. Mama Felicitas schlug seit zwei Tagen einen monotonen Rhythmus auf der Trommel, Mama Patty sang ununterbrochen Lieder, die zuversichtlich von Auferstehung und ewigem Leben handelten. Die beiden befanden sich in tiefer Trance.

Bei unserem Eintreten stimmten auch wir vier in die uns von zahlreichen Festen her bekannten Gesänge ein. Mit schweren Schritten näherte ich mich meinem Vater. In den prächtigsten Gewändern, die er je getragen hatte, lag er im offenen Sarg. Ich erkannte ihn kaum wieder. Das war nicht mehr der Mann, zu dem wir alle jahrzehntelang aufgeblickt hatten. Er war nur noch ein Schatten seiner selbst.

So viel hätte ich Papa David in diesem Augenblick sagen mögen, doch mein Kopf war leer. All der Groll, den ich zeitweise ihm gegenüber empfunden hatte, war verschwunden. Ich stand vor einem Mann, dem im Tode noch anzusehen war, dass er in den letzten Wochen seines Lebens Schreckliches mitgemacht hatte. Er hatte sein ganzes Wirken auf andere ausgerichtet; es war sein Ziel gewesen, den Menschen Selbstvertrauen und Selbstachtung zu schenken. Da draußen aber lief ein Mann herum, der Vaters Lebenswerk mit Füßen trat, indem er die Menschen verachtete, die ihm ergeben waren. Mich überfiel ein leichter Schüttelfrost, was sicher auch an den eisigen Temperaturen lag, die hier drinnen im Gegensatz zu der schwülen Hitze draußen herrschten.

Erregte Stimmen unterbrachen meine traurigen Gedanken. Energisch forderte eine Frau, dass man ihr gefälligst helfen möge. Dann spürte ich Mutters Hand in meiner.

»Sag ihm jetzt Lebewohl, mein Kind. Es geht los. Da draußen, das ist Amara.«

Ich beugte mich über Vaters Stirn und küsste ihn. »Tut mir Leid, dass ich nicht bei deinem letzten Gang dabei bin, Papa.« Tränenblind ließ ich mich von meiner Mutter zum hinteren Ausgang des Sterbezimmers führen.

»Tu einfach, was Amara sagt, mein Kind. Für einen Abschied bleibt keine Zeit.« Sie drehte meinen Oberkörper zu sich herum und küsste meine Stirn. »Gott segne dich.«

Sekunden später befanden wir uns in einem Knäuel von Menschen. Ich hatte Probleme, überhaupt noch die Orientierung zu behalten, mein Kopf schwirrte vor lauter Stimmen.

»Seht ihr denn nicht, dass ich mir den Arm gebrochen habe, ihr gefühllosen Burschen!«, wetterte die Heilerin.

»Wir müssen aufpassen, dass niemand hereinkommt«, lautete die Antwort.

»Da sind ja ein paar Frauen. Könnt ihr mir wenigstens helfen? Ich habe Geschenke im Auto für Papa David. Euer Mann war mir immer ein verlässlicher Geschäftspartner. Ich schulde ihm diesen letzten Dienst!«, so ähnlich plapperte Amara drauflos, in meinen Ohren hallte alles wider.

Wir schoben uns an den Wachen vorbei zu Amaras Lieferwagen, der halb voll mit Geschenken war. Kisten mit verlockend duftendem Obst und bereits fertig zubereiteten Speisen. Mechanisch half ich, den Wagen zu entladen. Die Wachen bekamen Stilaugen, als all die leckeren Sachen an ihnen vorbeigetragen wurden.

Mama Ada blieb vor einem der Wächter stehen und bot ihm gebratenes Fleisch an. Diesen Augenblick nutzte Amara, um mich in den Wagen hineinzuschieben.

»Hinhocken«, flüsterte sie. Im nächsten Augenblick verschwand ich unter einer schweren Decke. »Nicht bewegen.«

In meinem Kopf hörte ich das Blut rauschen, das Herz schlug mir bis zum Hals. Mit lautem Knallen wurden die Hecktüren geschlossen, wenig später vibrierte der Motor, dann holperte der Wagen über die unasphaltierte Straße. Ich konnte mich nicht mehr halten, ließ mich zur Seite rollen und schlug gegen irgendetwas Hartes. Ein Gegenstand fiel auf meine Beine. Dann kullerten mehrere runde rote Früchte vor mein Gesicht. Ich erkannte den Geruch wieder. Es waren Tomaten. Dieser Duft weckte all die Bilder meiner Erinnerung, schwemmte mich gewissermaßen fort. Ich lag am Boden, heulte und schluchzte hemmungslos.

Ich war gerettet. Ja, das schon. Aber ich hatte jeden Menschen, den ich liebte, verloren. Ich war wie ein neugeborenes Baby, dessen Nabelschnur von einer Sekunde zur anderen durchtrennt wird. Und das mit nichts als seiner nackten Haut in diese Welt hinausgeschickt wird. Um ganz neu anzufangen. Mutter, Mama Bisi und Mama Ada waren zurückgeblieben. Ich wusste nicht, was mit ihnen geschehen würde. Nur eines war mir klar: Sobald Felix von meiner Flucht erfuhr, würde er die drei zur Rechenschaft ziehen.

Denn der Platz neben Rhoda blieb leer. Für immer.

Schreie in der Nacht

Vor dem Haus weist das fantasievoll bunte Schild *herbalist* auf Amaras Hauptberuf hin. Amara bezeichnete sich selbst als Heilkundige, die mit Naturmitteln arbeitet, mit *herbs,* Kräutern. Neben dieser Tätigkeit ging sie damals aber noch jener Arbeit nach, durch die sie Mutter kennen lernte. Sie bildete Mädchen zu Hausangestellten aus. Amara genießt bis heute das Leben, das sie sich leisten kann. In erster Linie sieht man das an ihrem Leibesumfang. Sie isst für ihr Leben gern, kleidet sich auffällig und liebt Schmuck, der allerdings nicht wertvoll ist.

Amaras *compound* hatte sich nicht sehr verändert, seitdem ich als Kind dort gewesen war, aber ich sah ihn jetzt mit den Augen einer jungen Frau. Es war (und ist heute noch) ein schlichter *compound,* der aus drei mittelgroßen Steinhäusern besteht. Zur Straße hin bewohnt Amara drei Räume, von denen zwei ihre Behandlungszimmer sind. Sie selbst schläft in einem schlichten Zimmer ohne jeden Luxus. Hinter ihrem Haus befindet sich die Unterkunft der Mädchen, das größte Haus, mit nebeneinander liegenden kleinen Kammern. Seitlich zwischen beiden Häusern ist das Kochhaus. Bei meiner Ankunft war es ein bescheidener Bau, inzwischen ist es das wichtigste Gebäude geworden – die »Kräuterküche«, sagen Amara und ich heute dazu, aber eigentlich ist es eine Art von Labor, in dem unter professionellen Bedingungen Medizin hergestellt wird.

Am Tag meines Einzugs gab Amara mir einen neuen Namen, damit meine wahre Identität den etwa acht Mädchen, die bei ihr wohnten, verborgen blieb. »Mary hat eine schwere Zeit hinter sich. Sie wurde von ihrem Mann misshandelt«, stellte sie mich den anderen vor. »In wessen Zimmer darf Sister Mary wohnen?«, fragte Amara dann. Die Hände aller Mädchen flogen in die Luft, sie drängten sich um mich, streichelten mich und befühlten die teuren Stoffe, die ich auf dem Leib trug. Das alles drang kaum zu mir durch; ich war innerlich weit entfernt.

Eine junge Frau namens Betty, die schon in meinem Alter war, wurde schließlich auserwählt, mich aufzunehmen. Betty war ich ein schweigsamer Gast. In den ersten Tagen lag ich nur stumm auf meiner Schlafstatt und beantwortete ihre Fragen nach meinem bisherigen Leben kaum. Ich hatte Angst, mich zu verraten, konnte die neue Umgebung kaum einschätzen und war nicht sicher, ob Felix mich nicht doch ausfindig machen konnte. Erst als Amara meinem Drängen nachgab und ihre Häuser mit festen Mauern umgab, beruhigte ich mich allmählich.

Die Wehen setzten bereits mit Beginn des sechsten Monats ein. Amara befürchtete, ich könnte das Kind verlieren, und befahl mir, mich bis zur Geburt zu schonen. In meiner neuen Umgebung hatte jede Frau eine Aufgabe. Ich war lediglich Gast, zur Untätigkeit gezwungen. Dennoch war ich auch jetzt nicht mit meinen Ängsten und Sorgen allein. Meine Retterin saß oft stundenlang – obwohl sie selbst so viel zu tun hatte – an meinem Lager und sprach mit mir. Ich fühlte eine entsetzliche Leere in mir, so, als gäbe es für mich weder Vergangenheit, Gegenwart noch Zukunft.

Ein Kind als Folge einer Vergewaltigung zu bekommen – auch wenn sie unter dem Deckmantel der Ehe geschieht –, ist eine demütigende Verletzung der Würde einer Frau. Und eine Versündigung gegen die Schöpfung, denn ein Kind soll aus Liebe gezeugt werden und nicht, damit ein Mann seine Macht über eine Frau ausdrücken kann. Die Bereitschaft zu entwickeln, ein so entstandenes Kind zu lieben, ist unendlich schwer. Durch Amara lernte ich zu begreifen, dass das kleine Wesen daran unschuldig ist.

Eines Tages erschien die Heilerin bei mir mit einem Stapel weißen Papiers und einem Bleistift. »Schreib alles auf, was dich bedrückt«, sagte sie. »Das ist die beste Medizin. Erzähl dem Papier, was dich ärgert und was dich hoffen lässt.« Anfangs erschien mir diese Idee völlig absurd. Wozu sollte das schon gut sein?, fragte ich mich im Stillen, doch je länger ich darüber nachdachte, desto besser gefiel mir der Gedanke. Damit niemand meine Notizen lesen konnte, begann ich alles auf Deutsch aufzuschreiben, meiner lange vernachlässigten Muttersprache.

Meine Existenz bekam durch das Schreiben einen neuen Sinn; ich ging die Stationen meines Lebens noch einmal durch. All das Schöne, das ich erlebt hatte, all die Liebe meiner vielen Mamas. Ich würde sie zurückgeben können – wenn mein Kind auf die Welt käme. Mit der Zeit empfand ich etwas für dieses entstehende Leben, fühlte in mich hinein, spürte die ersten Bewegungen im Bauch. Ein Teil von mir wuchs heran. Ich begann mich damit zu versöhnen, dass mein Kind auch einen Teil seines Vaters in sich trägt. Vielleicht den besseren, nicht den schlechteren ...

Die ersten Signale, die mein Körper von dem werdenden Kind empfing, ließen die Niedergeschlagenheit weichen, die mich monatelang umfangen hatte. Der Hass auf Felix wurde blasser, bis er irgendwann aus meinem Herzen verschwunden war. Die Babykleidung, die ich halbherzig zu schneidern begonnen hatte, nähte ich plötzlich mit neuem Schwung.

Ich hatte zur Zeit der Empfängnis praktisch ohne Kalender gelebt, wusste folglich nicht, wann der Geburtstermin tatsächlich sein würde. Aber was spielt das für eine Rolle, wenn man eine Frau wie Amara zur Seite hat! Sie schien besser zu wissen, was in meinem Körper geschah, als ich selbst ...

Während ich eines Tages über den verstreut herumliegenden

Notizzetteln brütete, klopfte es an Bettys und meiner Zimmertür. »Komm ruhig rein!«, rief ich unkonzentriert.

Die Person, die eintrat, hielt ich im ersten Moment für eine Traumgestalt. Es war meine Mutter! »Wie kommst du denn hierher?«, platzte ich überrascht heraus.

»Auf dem gleichen Weg wie du und so gelange ich auch wieder zurück«, meinte sie sehr ernst. Für einen kurzen Moment beherrschte mich die Angst, Felix könnte ihr gefolgt sein und mich so in meinem Versteck entdecken. Doch dann überwog die Freude über das unerwartete Wiedersehen. Ich wollte sie ausfragen, wie es mit dem Harem weitergegangen war, aber sie sagte nur: »Wir kommen zurecht, mein Kind. Belaste dich damit nicht. Bisi und Ada sind wohlauf. Wir mussten alle ein bisschen zusammenrücken. Patty, Felicitas und einige andere wohnen nun bei uns. Aber jetzt erzähl mir lieber, wie es dir geht.« Mit großem Stolz zeigte ich ihr meine Notizen, die sie mit Interesse las. Dann sah sie mich nachdenklich an. »Ich sollte noch einmal versuchen, mit deiner Schwester in Deutschland Kontakt aufzunehmen.« Ihr Blick fiel auf meinen inzwischen kugelrunden Bauch. »Wahrscheinlich bin ich schon Großmutter und weiß es gar nicht. Bestimmt hat sie Kinder ... große Kinder. Magdalena ist jetzt 37 Jahre alt.«

»Mach's doch gleich jetzt!«, schlug ich begeistert vor, »schreib ihr.« Ohne zu zögern, nahm sie sich einen der vielen Zettel, beschrieb ihn doppelseitig, nahm dann noch einen und noch einen.

Irgendwann hielt sie inne. »Und wohin soll ich den Brief schicken?« Erst jetzt wurde mir bewusst, dass der Kontakt zwischen Mutter und Tochter seit Jahren völlig abgerissen war.

Als Amara zu uns kam, versprach sie, Magdalenas Anschrift ausfindig zu machen. »Ich kenne doch einige Deutsche. Das werde ich schon hinkriegen, das mit deiner Tochter.« Wir plauderten noch ein bisschen, danach zogen die beiden sich zur Beratung zurück.

Als sie wieder zu mir kamen, teilte Mutter mir ihren Beschluss mit: »Kind, es ist zu gefährlich, wenn du dein Baby hier bekommst. Amara sagt, du solltest besser in ein Krankenhaus gehen.«

»Und wenn mich Felix dort findet?«

Amara stellte die Gegenfrage: »Was soll der in einem Krankenhaus? Nicht weit von hier wohnt eine Ärztin, die ich gut kenne. Meine Mädchen arbeiten für sie. Und diese Ärztin ist an der Universitätsklinik beschäftigt. Sie ist eine richtige Frau Doktor!« Amara ist bis heute eine wirklich angesehene Persönlichkeit und sie war sehr stolz auf ihren schon damals nicht gerade unbedeutenden Kundenstamm ...

Der besondere Kontakt zu der »richtigen Frau Doktor« verringerte wohl auch die anfallenden Behandlungskosten. Mutter besaß praktisch kein eigenes Geld mehr, sie hatte fast ihr gesamtes Vermögen in die Farm investiert. (Den Rest beschlagnahmte Felix bei einer Durchsuchung ihrer Räume.) So kam Amara für alle Kosten auf, welche die Entbindung verursachte. Heute bin ich ihr dafür sehr dankbar. Aber damals interessierte mich das eigentlich überhaupt nicht. Geld war das Letzte, woran ich dachte. In meinem Kopf spukte ein näher liegender Gedanke. Seitdem ich als Kind mit Bisi in die Klinik gehen musste, hasste ich Krankenhäuser und sah der Geburt mit Angst entgegen.

»Du hast doch schon so viele Babys zur Welt gebracht«, flehte ich Amara an. »Warum hilfst du mir denn nicht?«

Die Verformung meines Beckens ließe eine problematische Geburt erwarten, erklärte Amara mir. Chirurgische Eingriffe, wie einen Kaiserschnitt, konnte und durfte sie nicht vornehmen, denn sie behandelte ausschließlich mit Kräutern. Wenn mein Baby wegen des verschobenen Beckens nicht allein den Weg auf die Welt fand, konnte es nicht gerettet werden.

Als für Mutter die Zeit des Abschieds nahte, wollte ich sie nicht gehen lassen. »Musst du wirklich in den Harem zurück? Bleib doch hier bei Amara.«

»Das habe ich ihr auch schon gesagt«, meinte die Heilerin. Resigniert hob sie die Schultern und ließ uns allein.

»Amara sorgt für dich wie eine Mutter, Choga Regina. Mehr kann ich auch nicht tun. Wenn dein Baby da ist, werde ich wieder einen Weg finden, um euch zu besuchen«, sagte Mutter.

»Was hält dich denn im Harem? Jetzt, wo Vater nicht mehr da ist.«

»Das ist schwer zu erklären. Lass es mich so sagen: Dort ist mein Zuhause. Bisi braucht mich. Ada auch. Und all die anderen. Wenn ich nicht zurückkomme, breche ich ihnen das Herz. Sie lieben mich und ich sie. Bisi hat schon kaum verwinden können, dass du weggehen musstest. Aber sie sieht ein, dass das nun mal der Preis ist, den man für sein Alter zu zahlen hat. Ich kann Bisi nicht verlassen. Bitte verzeih mir. Irgendwann werde ich eine Möglichkeit finden, dass wir alle mit dir und deinem Kind wieder zusammenleben können.«

»Was ist eigentlich mit der Farm?«

»Dort will niemand wohnen. Die Leute sagen, sie brächte Unglück. Felix will sie auch nicht. Ihm ist sie zu weit weg.«

»Der hat doch nur Angst davor, an den Ort seines Verbrechens zurückzukehren.«

»Ich werde versuchen, die Farm zurückzubekommen, mein Kind. Würdest du denn dort wieder wohnen wollen – nach allem?«

»Sofort!«, rief ich. »Am liebsten mit euch allen!«

Ich hatte mir immer ein Mädchen gewünscht. Der innere Frieden, den ich in mir zu spüren begann, schien noch nicht stark genug, um einen »kleinen Felix« an meiner Brust zu nähren. Ich wollte ein sanftes Mädchen, von dem ich schon geträumt hatte, seitdem ich Sue im Arm gehalten hatte. Obwohl Amara wieder einmal ganz genau »wusste«, dass ich mich besser auf einen Jungen einstellen müsste. Sollte sie Recht behalten, wollte ich ihn nach meinem eigenen Vater nennen; ein Mädchen würde Lisa heißen.

Es kam wie immer alles anders.

»Frau Egbeme«, eröffnete mir Amaras Frau Doktor, die meine Geschichte kannte und der wir vertrauten, »wir haben einige Untersuchungen gemacht.« Die aus Indien stammende Ärztin sah mich ernsthaft an. »Amara hat mich darüber unterrichtet, dass es in Ihrer Verwandtschaft eine große Anzahl von Kranken gibt. Deshalb hätten wir auch gern das Blut des Kindsvaters untersucht. Leider ist das jedoch nicht möglich«, setzte sie zu einer Erklärung an. Ich konnte ihr kaum zuhören, panisch vor Angst betete ich nur stumm: Auf gar keinen Fall, denn dann hätte Felix meinen Aufenthaltsort erfahren.

Ich hatte keine Ahnung, wohin dieses Gespräch führen sollte, und war auch viel zu verängstigt, um nachzufragen.

Endlich sagte die Ärztin: »Haben Sie schon einmal von Aids gehört?«

In Europa – das weiß ich heute – wusste im August 1995 schon beinahe jeder Jugendliche über diese Krankheit Bescheid. Aber in meinem Land spricht bis zum heutigen Tag niemand offen über Sexualität. Gewiss, im »Hühnerhaus« hatte Mama Uloma mir erklärt, wie ich einem Mann zu gewissen Freuden verhelfen konnte. Doch von Aids hatte die Lehrerin nie gesprochen.

Wie Millionen anderer Frauen meines Landes schüttelte ich als Antwort den Kopf.

Die Frau Doktor erklärte es mir; auch, dass ich selbst HIV-positiv sei. Ich konnte ihren Worten kaum folgen. Nur eines beschäftigte mich. »Was ist mit meinem Kind?«, fragte ich. An die Konsequenzen für mich selbst dachte ich nicht.

Sie antwortete, dass die ohnehin per Kaiserschnitt geplante Geburt für das Baby auf jeden Fall gefahrloser sei: »Es kann sich nicht so leicht anstecken wie bei einer normalen Geburt«, erklärte sie mir. Dann riet sie mir davon ab, das Baby zu stillen, die Viren in meinem Körper könnten sich sonst auf mein Kind übertragen. »Ich weiß, dass Sie sehr gläubig sind«, fuhr sie dann fort. »Das Beste wird sein, Sie bitten Gott, dass er Ihnen und Ihrem Kind hilft. Mehr kann ich im Moment nicht sagen. Ich muss erst die Geburt abwarten.«

Im ersten Moment war ich so schockiert, dass ich keinen klaren Gedanken fassen konnte. Erst allmählich drang die Schreckensbotschaft der Ärztin zu mir durch. Meine kleine Welt aus Angst und Schmerzen, die ich mit Hoffen und Beten am Einstürzen zu hindern versucht hatte, brach in den folgenden Stunden Stück für Stück zusammen. Zunächst kam mir die Erkenntnis, dass ich für mein eigenes Kind eine Gefahr darstellte. Denn die Worte der Ärztin bedeuteten, dass mein Kind nicht zwangsläufig krank zur Welt kommen musste, sondern dass ich diese Krankheit erst auf das Neugeborene übertragen konnte – durch mein Blut und meine Muttermilch.

Im Harem war es selten vorgekommen, dass eine *queen* ihr Kind einer Amme geben musste, die selbst gerade stillte. Eine »gute« Mutter tat das nicht. Doch wenn ich in diesem Leben etwas sein wollte, dann eine gute Mutter! Eben weil das Kind nicht den Vater hatte, den ich ihm wünschte ...

Erst nachdem ich das Wirrwarr in meinem Kopf ein wenig geordnet hatte, versuchte ich eine Antwort auf die andere Frage zu finden: Wie konnte es sein, dass ich HIV-positiv geworden war? An einer Krankheit litt, von der ich nie zuvor etwas gehört hatte!

Die Ärztin hatte mir erklärt, dass der Virus (außer durch Muttermilch) praktisch nur durch Blut und sexuelle Kontakte übertragen werde. Blut? Wessen Blut konnte mit meinem in Verbindung geraten sein? Sex? Der einzige Mann, der mir jemals näher gekommen war, hieß Felix. Darum die Frage der Ärztin nach seinem Blut! Daraus konnte nur folgen, dass Felix mir diese Krankheit angehängt hatte!

Doch Felix schlief mit unzähligen Frauen. Mir wurde fast schwindelig beim Gedanken an die Folgen. Der ganze Harem befand sich in Gefahr, all die Frauen, all die Kinder! Immer wieder sah ich das Bild von Idus in ihrem eigenen Leib verfaultem Baby vor mir. Doch das war ja noch nicht alles. »Eine große Anzahl von Kranken in ihrer Verwandtschaft«, hatte die Ärztin gesagt. Ein entsetzlicher Gedanke schoss mir durch den Kopf. Die unerklärliche Krankheit meines Vaters, die sein Leben mit 59 Jahren beendet hatte – war es etwa dieselbe, an der ich litt, die nur Felix auf mich übertragen haben konnte?

Die Ärztin hatte mich bei diesem Gespräch nicht aufgeklärt, wie lange ich mit dieser Krankheit leben konnte. Wenn es dieselbe war ... dann stand es schlecht um mich. Von Vaters erstem Zusammenbruch bis zu seinem Tod waren nicht ganz vier Jahre vergangen. Vier Jahre! Ich würde nicht einmal erleben, wenn mein Kind in die Schule käme!

Ich begann mitten in der Nacht zu schreien, rief verzweifelt um Hilfe. Doch die Krankenschwester wollte meinen Redeschwall nicht anhören; sie gab mir eine Beruhigungsspritze.

Mein Sohn

Am nächsten Tag entband ich unter Narkose. Als ich erwachte, suchte ich als Erstes mein Kind. Es war nicht bei mir. Eine Krankenschwester sagte mir, dass ich einen Sohn geboren hatte. Sie beruhigte mich, dass er ein hübsches Kind sei. Und gesund! Ich flehte, ihn sehen zu dürfen, aber es hieß, es müssten erst noch einige Untersuchungen durchgeführt werden. Sobald ich mich von dem Kaiserschnitt erholt hätte, dürfe ich zu ihm.

Am nächsten Morgen erschien Amara mit Mutter an meinem Bett. Ich freute mich unbändig, die beiden zu sehen. In meiner Aufregung über die Erlebnisse und Eröffnungen der vergangenen Tage vergaß ich jedoch völlig, Mutter zu fragen, ob sie wieder auf dem gleichen Weg wie beim letzten Mal aus dem Harem entkommen war. Sofort erzählte ich ihr alles, was ich über meine eigene HIV-Infektion wusste und was ich mir selbst über die Krankheit Papa Davids zurechtgelegt hatte. Angst, dass Felix mich entdecken könnte, hatte ich in dem Moment keine. Ich fühlte mich für kurze Zeit sicher in meiner kleinen Welt.

»Dein Vater ist an Lungenentzündung gestorben«, beruhigte sie mich mit fester Stimme, außerdem sei keine von Vaters Frauen bislang krank.

»Was ist mit den Frauen von Felix?«, fragte ich.

Mutter erzählte, dass eine von jenen drei *queens,* mit denen ich auf der Farm gelebt hatte, einige Wochen vor mir entbunden hatte. Ebenfalls einen Sohn. Das Kind war bereits im Alter von sechs Wochen gestorben. Niemand hatte nach den Gründen geforscht. Es konnte also durchaus an der Krankheit liegen – oder auch nicht.

»Mein Kind«, sagte Mutter, »unser aller Leben liegt in Gottes Hand. Er wird entscheiden, was geschieht. Lass uns jetzt für deinen Sohn beten.« Ich schloss die Augen, versuchte mich auf meinen kleinen Jungen, den ich immer noch nicht gesehen hatte, mit dem ich mich aber bereits innig verbunden fühlte, zu konzentrieren. Wir beteten. Wie so oft, wenn wir nicht mehr wussten, wie es weitergehen sollte.

Mutter schlug vor, dass mein Kind Joshua heißen solle. Denn es bliebe in aller Verzweiflung immer nur eines: die Hoffnung auf die Hilfe des Herrn. Und das bedeutet der Name meines Sohnes auch – Gott hilft.

Ich bat meine Mutter, mir den Kleinen zu bringen. Das war zwar unüblich, denn die Babys hatten eigentlich auf der Säuglingsstation zu bleiben. Mutter und Amara versuchten trotzdem, meinen Wunsch zu erfüllen. Wenig später kamen sie zurück.

Mutter legte mir ein kleines schlafendes Baby in den Arm. »Das ist er, dein Joshua.« Amara strahlte mich an. »Er ist ein hübsches Kind!«, rief sie. »Jetzt vergesst doch mal all eure Sorgen. Seht nur, wie ebenmäßig sein Gesicht ist. Ich glaube, ich habe noch nie ein so süßes Kind gesehen.«

»Joshua«, sagte ich zu meinem kleinen Jungen, »deine Oma hat dir einen schönen Namen ausgesucht.« Ich rufe Joshuas Namen noch immer gerne. Er klingt so lebensbejahend, so positiv und zärtlich zugleich.

Dies war also mein Sohn. Gott hatte gewollt, dass ich ihn bekomme. Seine Haut war noch hell, seine Haare dicht und schwarz, er war zart, aber nicht zu dünn. Es war nichts an ihm, das nicht so war, wie es sein sollte. Die Ärztin hatte mir inzwischen gesagt, dass er den Virus in sich trägt. Doch Joshua sah genauso aus, wie ich ihn mir gewünscht hatte: gesund! Um mehr hatte ich die Madonna nicht gebeten. Ich merkte nicht, dass mir die Tränen übers Gesicht liefen.

»Mach dich nicht verrückt, mein Kind«, versuchte Mutter mich zu trösten, »dass er HIV-positiv ist, heißt noch nichts. Das kann sich ändern, hat mir deine nette Ärztin erklärt. Und glaube mir, es wird sich ändern.«

Nachdem ich aufstehen konnte, besuchte ich Joshua jeden Tag im Säuglingszimmer. Es war ein riesiger Raum, dicht vollgestellt mit Gitterbettchen. Ich erkannte meinen Sohn aus der Vielzahl der anderen Kinder auf den ersten Blick heraus. Er trug mein selbst gehäkeltes, aus rosa und hellblauem Baumwollgarn gearbeitetes Jäckchen. Ich war richtig froh über meine Unentschiedenheit bei der Auswahl des richtigen Farbtons.

An seinem Bett hing in einer Plastiktasche seine Akte. Darauf befand sich ein ziemlich großes rotes Kreuz, das ich zunächst für das *Rote Kreuz* hielt. Dann stellte ich fest, dass dieses Zeichen auf den meisten Taschen fehlte.

»Die mit dem Kreuz sind die Positiven«, erklärte mir die Säuglingsschwester. Sie durften nicht zum Stillen zu ihren Müttern gebracht werden. In jener Woche, in der Joshua dort geboren wurde, kamen auf dieser Station zwölf andere Kinder zur Welt, die das rote Kreuz des HIV-Virus mit durch ihr Leben trugen.

Millionen von Kindern werden jedes Jahr in Nigeria geboren und die Säuglingssterblichkeit ist extrem hoch. Unter normalen Umständen – zum Beispiel, wenn Joshua auf der Farm zur Welt gekommen wäre – hätte ich niemals erfahren, dass wir beide diese schreckliche Krankheit in uns tragen. So lebe ich zwar mit der Angst, dass uns eines Tages eine »harmlose« Krankheit das Leben kosten kann, aber dieses Bewusstsein lässt mich jeden Tag, den Joshua und ich gesund erleben, wie ein Geschenk genießen.

Ich durfte das Krankenhaus eine Woche nach der Entbindung mit meinem Sohn verlassen. Wieder zu Hause, wurden wir von Amaras Mädchen aufs herzlichste begrüßt. Alle hatten ihre Arbeit unterbrochen und sich vor dem Eingang versammelt, um unsere Ankunft nicht zu verpassen. Nun überschlugen sie sich fast vor Begeisterung.

»Was für ein schönes Kind!«, rief die eine aus und strich dem kleinen Joshua über den Schopf.

»Genau, und er sieht Sister Mary unglaublich ähnlich«, bestätigte eine andere.

Ich freute mich natürlich sehr über die Komplimente, war jedoch dem Ansturm gar nicht richtig gewachsen. Da schritt Amara ein und sorgte mit einem »jetzt lasst die beiden doch erst einmal in Ruhe auspacken« für ein wenig Ordnung.

Amara hatte für uns ein neues, größeres Zimmer bereit gestellt, in dem wir beide uns wohl fühlen konnten. Joshua bekam sein Fläschchen, wie er es in der Klinik gewohnt war, denn die Heilerin hatte Trockenmilchpulver besorgt. Ich hätte ihn gerne gestillt, aber ich tröstete ihn und mich damit, dass es so besser für ihn war. Ich musste versuchen, nicht selbst für meinen geliebten Sohn eine Gefahr darzustellen. Zumindest, soweit es in meiner Macht stand.

In den ersten vier Monaten seines Lebens entwickelte sich Josh völlig normal. Er schlief viel, schrie selten, nahm aber in einem Maße zu, das Amara besser als ich beurteilen konnte.

»Joshua ist nicht zu dick und nicht zu dünn, nicht zu groß und nicht zu klein«, freute sie sich und zwickte den Kleinen. Wenn er lachte, bildeten sich auf seinen Wangen kleine Grübchen, die ihn wie einen kleinen Engel aussehen ließen. Meine ängstliche Sorge, dass dieser unheimliche Virus, den ich nicht sehen und nicht einschätzen konnte, ihm doch noch schaden könnte, löste sich allmählich auf. Unser Leben fand in normale Bahnen. Mit der Zeit begann ich mich wirklich zu entspannen: Ich war durch dunkle Nacht gelaufen, nun schien die Sonne des Glücks auf Joshua und mich.

Ich fühlte mich in der Gemeinschaft mit meinen neuen Freundinnen sehr wohl und sie alle mochten meinen Kleinen sehr und kümmerten sich rührend um ihn.

Die düsteren Wolken zogen unmerklich auf. Vier Monate nach seiner Geburt bekam Joshua Durchfall. Amara untersuchte ihn gründlich und stellte dabei fest, dass seine Mundschleimhaut von einem Pilz angegriffen war. Sie gab ihm eine pflanzliche Medizin, die bei diesen eigentlich harmlosen Erkrankungen half. Ihre Kräuter wirkten zwar, aber die Kinderkrankheiten kehrten zurück.

Bis die Ärzte uns beiden die schreckliche Diagnose »HIV-positiv« gestellt hatten, hatte sich Amara mit der Krankheit nicht beschäftigt gehabt. Nun aber erkannte sie besser als ich, dass eingetreten war, was wir die ganze Zeit über verdrängt hatten: Bei Joshua war die schreckliche Krankheit ausgebrochen. Ein Monat verstrich, in dem mein Kleiner immer schwächer wurde. Er hatte hohes Fieber und Husten. Amara tippte auf eine Lungenentzündung, die sofort behandelt werden sollte.

In der Klinik bekam Josh alle Medikamente, die in den Industrieländern erfunden worden waren, um den Körper bei seinem Kampf gegen die Viren zu unterstützen. Doch lange konnte mein Junge nicht im Krankenhaus bleiben, denn wir hatten nicht jene Tausende von Dollars, die das Krankenhaus gewöhnlich für die Behandlung in Rechnung stellte. Amara sorgte sich sehr um Joshua, wandte ihre gesamte Zeit auf, sprach mit verschiedenen Heilern, um mit immer neuer Pflanzenmedizin zu experimentieren. Doch es war eine lange, nervenaufreibende Suche, bis sie auf dem richtigen Weg war.

Joshuas Schwäche, die immer wiederkehrenden Fieberschübe, erforderten ständige Aufmerksamkeit. Durch sein Untergewicht bekam jeder Durchfall, jedes Erbrechen eine enorme Bedeutung, wuchs gar zu einer Bedrohung seines jungen Lebens. Wie dumm ich gewesen war, als ich in meinen schwärzesten Stunden geglaubt hatte, Felix habe mich um ein Leben mit Würde, Selbstbestimmung, Liebe und Gewaltlosigkeit gebracht! Es war viel schlimmer: Er hatte das Leben seines Sohnes zerstört. Und zwar bereits vor Joshuas Geburt. Mein Zorn auf Felix, der sich gelegt hatte, brach mit Joshuas Erkrankung wieder auf. Es gab (und gibt) nur einen Gedanken, der diesen Mann halbwegs entlasten könnte: Wahrscheinlich hat er nicht gewusst, dass er HIV-positiv war. Es entschuldigt allerdings nicht sein promiskuitives Verhalten, das dieser Krankheit erst den Nährboden gibt.

Wir mussten herausfinden, welche Nahrung Joshua vertrug, und ihn gleichzeitig mit hinreichend Kalorien versorgte. Meine Freundinnen waren mir in jener Zeit wirklich eine große Hilfe. Doch immer wieder stellte sich ein Rückschlag ein. Als Joshua sein erstes Lebensjahr vollendet hatte, waren wir zu Expertinnen für die Versorgung eines aidskranken Babys geworden. Wir gaben ein großes Fest, eine richtige Freudenfeier, zu der sich Mutter wieder aus dem Harem geschlichen hatte. Dass Joshua die ersten zwölf Monate, die für viele andere aidskranke Kleinkinder so kritisch sind, überstanden hatte, gab uns Mut. Wir hatten bewiesen, dass man sich dieser Krankheit nicht kampflos ergeben musste.

In meinem Land ist es nicht normal, sich mit aller Macht gegen Aids zu wehren. Während ich die ganze Zeit bei meinem Sohn blieb, fuhr Amara herum und sprach mit anderen Frauen, die ebenfalls kranke Kinder hatten. Die Heilerin berichtete mir, dass die meisten Babys früh starben. Oft, weil einfach das Geld fehlte, um die teure Medizin zu kaufen.

Doch das ist nicht der einzige Grund. Viele Eltern haben eine andere Einstellung als ich. Für mich war und ist der Gedanke, Josh zu verlieren, unvorstellbar. Sein Schicksal und meines – das war und ist eins. Andere Frauen, die viele Kinder bekommen wollen, beugen sich dem harten Los, ein Kind früh zu verlieren.

Nach meiner Meinung ist es Joshuas Schicksal, sich gegen die Krankheit zu wehren, nicht sich ihr zu ergeben. Gerade wenn es Josh wieder einmal schlechter geht, muss ich an meine Halbschwester Sue denken, die mit zweieinhalb Jahren sterben musste. Damals war ich hilflos. Und so hilflos will ich nie wieder sein. Natürlich glaube ich daran, dass Gott uns beschützt. Aber er kann es nicht allein schaffen. Ich selbst muss ihm dabei helfen. So, wie ich es der weißen Madonna versprochen habe.

Ein neuer Weg

War es Glück, dass ich bei Amara Zuflucht finden durfte? Oder Vorsehung, genau jenen Menschen an meiner Seite zu haben, der mir beistehen konnte, mehr zu wissen, zu lernen, wie man richtig hilft?

Ich ergriff die Gelegenheit mit beiden Händen, als Amara nach Joshuas erstem Geburtstag sagte: »Wir beide haben in den letzten zwölf Monaten eine Menge gelernt über diese fremde Krankheit. Dir tut diese neue Aufgabe gut und deinem Sohn hilfst du dadurch auch. Ich habe lange nachgedacht und mache dir heute ein Angebot: Willst du meine Schülerin werden? Alles lernen, was ich weiß? Über die Heilkräuter, wo du sie findest, wann sie zu ernten sind, welche Teile ich verwende, wie ich sie zubereite, wie ich sie anwende?«

Dass Amaras Arbeit Joshua half, davon konnte ich mich mit eigenen Augen überzeugen. Indem ich von ihr alles lernte, würde ich meinem Jungen zur Seite stehen können. Das war mein erster Gedanke, als ich sie voller Freude umarmte. Aber da war auch das Gefühl der Bewunderung, die ich für Amara empfand. Früher hatte ich Bisi um ihre – verglichen mit Amara wesentlich bescheideneren – Fähigkeiten beneidet. Durch das Angebot der Heilerin schloss sich nun der Kreis, der in meiner Kindheit begonnen hatte.

Mit meiner Antwort begann mein neuer Weg. Ich entschloss mich, das zu werden, was Amara als ihren Beruf angibt – ein *herbalist.* Auf der Farm hatte ich mich zum ersten Mal und voller Begeisterung mit Pflanzen beschäftigt. In Lagos jedoch war es ein echtes Problem, stets an frische Kräuter zu kommen.

Wir mussten mit Amaras Lieferwagen weite Strecken fahren, um jene Stellen zu finden, wo die Heilkräuter gediehen, aus denen die Medizin frisch hergestellt wurde.

Deshalb schlug ich eines Tages vor, die Sache gründlich anzugehen. Hinter dem Mädchenhaus, in dem Joshua und ich wohnten, hielt Amara Hühner, ein paar Ziegen und zwei Schweine.

»Warum legen wir dort nicht einen Kräutergarten an? Das erspart uns lange Wege«, fragte ich sie, als wir eines Abends wieder erschöpft von einer unserer Touren zurückkamen.

»Bis die Pflanzen groß genug sind, kann es lange dauern«, entgegnete Amara. Aber sie sah ein, dass wir die Medizin wohl noch lange gebrauchen würden. Sehr lange. Also überlegten wir nicht großartig, sondern brachten die Tiere bei unseren Nachbarn unter und rissen die einfachen Ställe nieder.

Bei Joshs erstem Geburtstag hatte meine Mutter Amara und mir erzählt, dass sie, Ada und Bisi im Harem für die Betreuung der Babys zuständig seien. Seit einiger Zeit traten dort die gleichen Probleme auf, mit denen Joshua zu kämpfen hatte. Die ihr anvertrauten Kinder starben meiner Mutter unter den Fingern weg. Die meisten erlebten nicht einmal ihren ersten Geburtstag. Nur wenige hatten von der Natur so viel Energie mit auf den Lebensweg bekommen, dass sie durchkamen.

Mutter wusste dank meines und Joshs Schicksal die Zeichen richtig zu deuten: »Ist es nicht furchtbar?«, fragte sie, als wir im Anschluss an die Geburtstagsfeier noch zusammensaßen. »Wir haben hohe Mauern, Wächter vor den Türen und Gitter an den Fenstern. Und all das nützt nichts! Unseren Kindern wird das Leben gestohlen. Wenn das dein Vater noch erlebt hätte ...«

»Glaubst du wirklich, dass Vater an einer Lungenentzündung gestorben ist, Mutter? Kann es nicht das sein, was ich schon früher vermutete?«

»Nein, mein Kind, diese Seuche hat ein anderer in den Harem gebracht.«

Ich schwieg. Was sollte ich Mutter noch mehr beunruhigen? Ich hatte ja keine Erklärung anzubieten, wie Vater sich infiziert haben könnte. Das Sexualleben des charismatischen Papa David traute ich mich nicht zu analysieren. Außerdem lag mein Augenmerk auf den Sorgen, die mich umgaben und mit denen Mutter, Ada und Bisi Tag für Tag zu kämpfen hatten: dem Tod der Babys. Und ständig kamen neue infizierte Kinder zur Welt.

»Wir müssen den Kindern im Harem ebenso helfen wie Joshua!«, sagte ich am nächsten Morgen zu Mutter und Amara, während mein kleiner Sohn zu unseren Füßen spielte.

»Kind, das ist viel zu gefährlich!«, widersprach Mutter. »Felix hat zwar aufgegeben, nach dir zu suchen. Aber sobald er merkt, dass wir in engem Kontakt stehen, wird sein Misstrauen wieder geweckt.«

»Was deine Mutter sagt, ist richtig«, stimmte Amara ihr zu. »Du musst jetzt an dich und deinen kleinen Jungen denken.«

»Ich sage ja nicht, dass ich Felix höchstpersönlich die Medizin für die kranken Kinder in die Hand drücken will!«, ereiferte ich mich. »Aber wir haben die Mittel, um anderen zu helfen. Also müssen wir es auch tun. Die Babys sind schließlich unschuldig an ihrem Schicksal.«

»Das ist meine Tochter«, lächelte Mutter. »So kenne ich dich. Du denkst immer an andere.«

»Du musst reden, Mutter! Wer hat denn immer das eigene Wohl hinter das der anderen gestellt?«

»So hoch sind die Haremsmauern nicht, Lisa, dass meine Mädchen nicht jeden Morgen ein Päckchen mit frischer Medizin darüberwerfen könnten«, meinte Amara.

»Und wer soll eure Arbeit bezahlen?«, fragte Mutter sehr realistisch.

»Felix!« Die Heilerin grinste verschmitzt. »Das ist immer das Geheimnis meiner Geschäfte gewesen, Lisa. Erst einmal muss man investieren, dann kommt alles wieder zurück. So gerne ich auch Gutes tue, ich achte stets darauf, dass es sich auch rechnet. Die Zeit wird kommen, dass Felix jede Hilfe annimmt, egal, woher sie kommt. Und dann wird er bereit sein, jeden Preis dafür zu bezahlen.«

In den nächsten Monaten verwandelte sich Amaras Küche in ein richtiges Kräuterlabor, in dem ausschließlich frische Medizin hergestellt wurde. Alle Bewohnerinnen des *compound* wurden für diese Aufgabe eingespannt und meine Mitschwestern waren mit Eifer bei der Sache. Der kleine Joshua war ihnen Ansporn genug. Wir richteten unseren ganzen Tagesablauf auf unsere Produktion aus: Noch bevor die Sonne aufging, wurden die Kräuter gepflückt und unverzüglich zu Medizin verarbeitet. Eines der Mädchen, die bei Amara eigentlich als Hausangestellte ausgebildet werden sollten, brachte die Medizin kurz nach Tagesanbruch zum Harem und warf sie gegenüber von Mutters Haus über die Mauer. Von der Treppe aus, unserem Kinderzeiten-»Ausguck«, wurde die Aktion überwacht. Auf die gleiche Weise erreichten uns Nachrichten aus dem Harem. Ein um einen Stein gewickelter Zettel enthielt die aktuellen Therapiewünsche. Dennoch waren wir stets auf der Hut und gingen mit äußerster Vorsicht ans Werk. Im Harem gab es zu viele neugierige Augen und Ohren, die unserer Aktion ein allzu schnelles Ende hätten bereiten können.

In Amaras direkter Nachbarschaft sprach sich die neue Kunst der Heilerin schnell herum. Ständig gewannen wir neue Patienten, auch Erwachsene. Ich war so eingespannt, dass ich meine eigene Erkrankung völlig vergaß. Es war wieder so wie in den besten Jahren auf der Farm: Ich hatte eine Aufgabe – anderen zu helfen.

Allerdings lebte ich diesmal mit einer unangenehmen Einschränkung. Aus Angst vor Felix verließ ich Amaras Grundstück nie tagsüber. Ich konzentrierte mich auf die Zubereitung der Medizin in der Küche. Joshua konnte ich dabei stets im Auge behalten. Unsere Mädchen hatten den Jungen so sehr ins Herz geschlossen, dass sie auf ihn aufpassten, wenn ich komplizierte Arbeiten zu erledigen hatte. Sie verwöhnten Josh nach Strich und Faden, so dass mich seine Situation manchmal an meine Kleinkinderzeit im Harem erinnerte. Sie verhätschelten ihn einfach sehr. Ich gebe zu, dass ich sie gewähren ließ. Was die nötige Strenge angeht, bin ich meinem Jungen keine gute Mutter. Mich quält die Angst, dass wir nicht genug Zeit auf Erden miteinander haben.

Amaras Vermutung war richtig gewesen. Die Seuche breitete sich im Harem so schnell aus, dass Felix nicht länger die Augen davor verschließen konnte. Er erkannte, dass er Hilfe brauchte. Westliche Medizin war für so viele Menschen allerdings nicht finanzierbar. Eines Tages verriet ihm eine seiner *queens* das Geheimnis, mit dem die Babys gerettet wurden: die Kräutermedizin, von der niemand hinter den Haremsmauern wusste, woher sie stammte. Amara war zu klug, um ihren Triumph auszukosten, und zu vorsichtig, um mich in Gefahr zu bringen. So konnte sie den Harem schließlich gegen Bezahlung beliefern, ohne dass Felix die Verbindung zwischen ihr und mir herausfand.

Die Arbeit fraß uns regelrecht auf. »Du stehst nur noch in der Küche und schuftest«, sagte Amara einige Wochen später zu mir. »Und ich komme überhaupt nicht mehr dazu, mich um deine Ausbildung zu kümmern.«

»Aber ich lerne doch so viel!«, protestierte ich.

»Es gibt so viel mehr zu lernen«, meinte sie. »Ich habe nachgedacht. Je mehr wir mit dem Harem zu tun haben, desto riskanter wird es für dich. Daher möchte ich dir einen Vorschlag machen.« Dann erzählte sie mir von weisen Frauen, die sich aus der Stadt zurückgezogen hatten und Nachwuchs suchten, den sie in ihre Geheimnisse einweihen konnten. Und von jungen Frauen, die bereit waren, das alte Wissen der Ahninnen zu erlernen, die Zusammenhänge von Seelen und Geistern, Toten, Ungeborenen und Lebenden zu erfahren. »Die Ausbildung dauert drei Jahre. Allerdings kannst du in dieser Zeit mit niemandem Kontakt haben außer mit deinen Lehrerinnen.«

»Und was ist mit Joshua? Ohne ihn will nicht sein!«

»Ich habe mit meinen Freundinnen auch darüber gesprochen. Ich habe ihnen gesagt, wie es um Joshua steht und dass ihr beiden nicht getrennt werden dürft. Sie haben betont, dass kein männliches Wesen ihren Hain betreten darf.« In Amaras ernstes Gesicht trat ein plötzliches Lachen. »Es sind weise Frauen. Sie wissen, dass ein knapp zweijähriges Kind keine Geheimnisse verraten wird. Selbst, wenn es ein Junge ist ...«

»Ich werde darüber nachdenken«, sagte ich nur verwirrt. Ich konnte mich unmöglich auf der Stelle entscheiden, zu plötzlich kam Amaras Vorschlag damals für mich. Einerseits bot sich mir eine einmalige Chance, die ich eigentlich nicht ausschlagen durfte – zumal die weisen Frauen mir erlaubt hatten, meinen über alles geliebten Joshua mitzunehmen. Zum anderen würde ich mich schon wieder für eine lange Zeit von mir lieb gewordenen Menschen trennen müssen. Ich hatte bei Amara ein neues Zuhause gefunden und fühlte mich dort geborgen. Das alles musste ich nun hinter mir lassen. Und Mutter – was, wenn ihr etwas zustieß?

Die Entscheidung fiel mir nicht leicht, doch schließlich machte ich mir bewusst, dass ich eine Aufgabe hatte. Ich wollte so vielen Menschen und vor allem Kindern dabei helfen, die schreckliche Krankheit zu besiegen. Und wenn ich bei den weisen Frauen mehr über Heilkräuter und deren Nutzen lernen konnte, so war damit allen gedient.

Die Heilerin brachte uns beide bald darauf an einen Ort weit entfernt von Lagos, zu meinen Lehrerinnen. Gemeinsam mit meinem Sohn blieb ich dort drei Jahre, in denen ich Dinge erfuhr, über die ich nicht ungeschützt sprechen darf. Dies Schweigegelübde kann ich nur einer Person gegenüber brechen, die selbst durch die Initiation genannte Schule meiner Lehrerinnen gegangen ist oder die sich von mir ausbilden lassen will.

Der Todeskuss

Für mich hatte sich ein neuer Weg erschlossen. Doch diejenigen, die im Harem lebten, mussten ihren noch zu Ende gehen. Bei meiner Abreise zu den weisen Frauen waren es nur die Kleinsten gewesen, die unter der Seuche litten. Aber nach und nach erkrankten immer mehr *queens*. Felix sonderte sie ab, sobald sie die ersten Symptome, wie Hauterkrankungen, langanhaltendes Fieber oder Durchfall, aufwiesen. Trotzdem sprach sich außerhalb des Harems das Unglück der *Familie* herum. Die Angst vor Ansteckung machte den Harem zu einer Insel, auf der mein Mann, die Kinder und die Frauen wie Aussätzige lebten.

»Es war schrecklich! Wo ich hinkam, blickte ich in erloschene Augen und abgemagerte Gesichter, aus denen die Hoffnung gewichen war«, erzählte mir Amara bei meiner Rückkehr von dieser schweren Zeit, die ich gemeinsam mit Josh bei den weisen Frauen weit entfernt von all diesem Elend im Busch verbrachte. »Dein Vater hatte den Menschen Kraft gegeben und nun glich dieser Ort dem Vorhof zur Hölle.«

Erstaunt und bestürzt zugleich lauschte ich ihrem Bericht: Die älteren Frauen, wie Mama Patty, Felicitas, Bisi, Mutter oder auch die trotz aller Schicksalsschläge starke Ada, trotzten der sich ausbreitenden Hoffnungslosigkeit mit schwerer Arbeit. Aidskranke zu versorgen, ist eine sehr aufreibende Tätigkeit, denn ab einem gewissen Stadium sind die Patienten rund um die Uhr auf Pflege angewiesen.

Einzig der Gedanke, eine wirkliche *Familie* zu sein, die sich gegenseitig hilft und unterstützt, rettete diese geschwächte Gemeinschaft vor dem Zerfall. Vorerst. Doch dann mussten selbst die letzten Frauen einsehen, dass die Zeit gegen den Harem arbeitete. Felix wurde immer schwächer, konnte schließlich das von Papa David übernommene, klimatisierte Zimmer nicht mehr verlassen.

Als die weise Frau mir von diesem letzten Treffen mit Felix berichtete, bei dem er ihre Medizin als nutzlose Spinnerei abgekanzelt hatte, ereiferte sie sich, als hätte es gerade erst stattgefunden. »›Bin ich denn ein Wunderdoktor?‹, schleuderte ich ihm die Worte entgegen«, berichtete Amara mir. »Dann habe ich ihm gesagt, was ich von ihm halte. ›Du hast das prächtige Haus eines guten Mannes in einen Friedhof verwandelt. So wie du das Leben aller Menschen verdorben hast, die je das Unglück hatten, dir zu begegnen!‹«

»Amara, hast du ihm von mir erzählt? Dass er einen Jungen hat? Was Josh für ein wunderbares Kind ist?«, fragte ich.

Sie schüttelte den Kopf. »Nein, mein Kind. Warum sollte ich diesem Mann sagen, dass sogar er etwas Gutes hinterlassen hat? Felix hat sich nie für andere interessiert. Nein, dieses Geschenk wollte ich ihm nicht noch machen!«

Ich umarmte meine Lehrerin. »Das war richtig. Wahrscheinlich hätte ich ihm von Joshua erzählt. Weil ich so glücklich bin, dass aus so viel Not doch noch ein geliebter Mensch hervorgegangen ist. Aber diesen Trost hat Felix nicht verdient. Darum ist es auch gut, dass ich ihn nicht mehr getroffen habe.«

Amara gab Felix keine Medizin. Sie sagte, es sei ohnehin sinnlos gewesen. Wenige Tage später war er tot. Es fand keine große Trauerfeier statt, denn die werden abgehalten, um sich auf die Rückkehr eines geliebten Menschen zu freuen. Mag sein, dass ein paar Frauen und Kinder Felix vermissten, aber die meisten waren sicher erlöst.

Was auch immer meine Mitfrauen über diesen Mann gedacht haben mochten, mit dem Tod des Familienvorstands verlor der Harem seinen Mittelpunkt, seinen Führer. Schon während der letzten Monate von Felix' Siechtum hatten die Frauen und *queens* sich auf ein Leben ohne Mann einstellen müssen. Dem Tribunal, das schon immer für die Rechtsprechung zuständig gewesen war, fiel nach den geltenden Regeln die Aufgabe zu, den *compound* zu leiten. Das waren Mama Patty, Mama Felicitas und meine Mutter. Drei Frauen von Mitte bis Ende 60. Zwar waren alle lebensklug und über die Jahre selbstständig handelnd, doch die resoluteste von allen war Mutter, die in den Jahren auf der Farm erfahren hatte, dass es ohne Mann mindestens genauso gut lief.

Das größte Problem der Gemeinschaft war deren Finanzierung. Wer noch dazu in der Lage war, beschäftigte sich mit handwerklichen Arbeiten wie dem Herstellen von Schmuck, dem Nähen von Kleidern oder dem Anfertigen von Flecht- und Tonwaren, die auf den Märkten verkauft wurden. Geld ließ sich auf diese Weise durchaus verdienen, allerdings nicht genug, um eine solch große Zahl von Menschen satt zu bekommen und die Kranken zu versorgen. Mutter schuftete ebenso wie die anderen Tag und Nacht, sah schlecht aus und war ständig erschöpft. Nicht einmal Amara erkannte, was wirklich mit Mutter passiert war: Die Seuche hatte auch sie erfasst.

Sie war, wie Amara mir erzählte, überzeugt, dass sie sich nicht durch die Pflege der Kranken infiziert hatte. Am Ende ihres Lebens war sie sich sicher, dass nicht nur Felix das Virus in sich trug, sondern auch mein eigener Vater. Schließlich gab es zwischen beiden Männern eine Verbindung – Idu. Bewiesen werden konnte das nie. Doch der zeitliche Zusammenhang zwischen Idus Rückkehr in den Harem und Vaters Erkrankung ist offensichtlich. Außerdem berichtete mir Jo damals auf der Farm von dem Brief aus Ibadan, den ersten Toten, deren Symptome auf Aids schließen lassen. Von dort kamen Idu und Felix. Idu hat mit Sicherheit Papa David infiziert, ob sie den Todeskuss an Felix weiterreichte oder ob es umgekehrt war, weiß niemand.

Amara wollte Mutter sofort zu sich holen, um sie besser pflegen zu können, doch die Kranke weigerte sich, den *compound* zu verlassen. Bisi und Ada kümmerten sich mit aller Liebe und Amaras Medizin um sie. Doch die heilt am besten, wenn die Patienten sie bereits in einem frühen Stadium des Krankheitsausbruchs bekommen. Sie konnte nicht mehr bewirken, als Mutters Leiden zu verringern und die Schmerzen erträglich zu machen.

Dies war die Lage, als ich von meinem dreijährigen Aufenthalt bei meinen Lehrerinnen zurückkehrte.

Amara gab sich viel Mühe, mir die schreckliche Wahrheit schonend beizubringen. Trotzdem war es ein Schock und meine erste Sorge galt Joshua. Wie konnte ich ihm vermitteln, dass seine Oma an jener Krankheit sterben würde, die auch in seinem Körper schlief?

»Sag es ihm lieber gleich. Er ist ein aufgeweckter Junge, der es nicht verstehen wird, wenn du ihm das verschweigst«, riet Amara wenige Tage nach meiner Ankunft, als wir wieder einmal über Mutter gesprochen hatten.

Mein Sohn untersuchte gerade die inzwischen großen Pflanzen in Amaras Garten. Das Leben im Busch hatte aus meinem Jungen einen kleinen Pflanzenkundler gemacht. Mit seinen damals fünf Jahren wusste er schon, welche Blätter gegen Bauchweh helfen, welche gegen Husten und welche gegen den immer wiederkehrenden Pilzbefall im Rachen, der so schrecklich brennt. Er war gerade dabei, sich einige zarte Blätter abzurupfen, als ich zu ihm kam.

»Dein Hals tut wieder weh?«, fragte ich.

»Amara hat dieselben Sachen wie die Omas!« So nennt er die Lehrerinnen, die mich ausgebildet haben. Dann stopfte er sich die Blättchen in den Mund und kaute sie genüsslich. »Wird bald wieder alles gut sein«, sagte er.

»Deine Oma Lisa hat die gleiche Krankheit wie wir beide«, sagte ich zu Josh.

»Dann bringe ich Oma Lisa von den Blättern hier mit!«, erwiderte er kurz entschlossen und damit war das Thema vorerst erledigt.

Amara fuhr Josh und mich am Nachmittag zum einstigen Harem. Als ständige Besucherin verfügte sie bereits über einen Schlüssel zu einer der vielen Türen, die nach wie vor abgeschlossen wurden.

Auf dem Weg dorthin war mir ganz schön mulmig zumute. Dabei hatte ich seit dem Tod von Papa Felix nichts mehr zu befürchten – immerhin stand meine Mutter dem Harem vor.

Seitdem Mutter zu geschwächt war, um die Treppen in den ersten Stock zu ihrer Wohnung hochsteigen zu können, lebte sie in Bisis Räumen. In ihrem schönsten weißen Kleid saß sie aufrecht im Bett, als wir eintraten. Sie hatte sich von ihrer besten Freundin hübsch machen lassen, um ihren Enkel zu begrüßen. Sie war so tapfer! Die ganze Zeit lachte sie und erzählte lustige Geschichten, kitzelte Josh und liebkoste ihn. Während ich Bisi umarmte und stumm mit ihr unser Wiedersehen feierte, wandte der kleine Josh sich an meine todkranke Mutter.

»Oma, ich habe dir Blätter für deinen Hals mitgebracht!«, sagte er. »Tut es dir auch beim Schlucken so weh?«

Die beiden begannen eine kleine Fachsimpelei über die Bekämpfung milder Aidssymptome. Als unterhielten sie sich über ein Kinderspiel ... Ich stand dabei und war glücklich, dass die beiden sich endlich richtig kennen lernen konnten.

Am Mittag legte ich Josh oben in Mutters Bett zum Schlafen hin. Erstaunt stellte ich fest, dass die Räume meiner Kindheit unverändert aussahen. Auf der Kommode lag ein Brief. Der Umschlag war zwar geöffnet, aber der Brief wieder sorgfältig hineingelegt worden. So, als ob der Inhalt nicht mehr von Bedeutung wäre. Als ich den Absender las, setzte mein Herz für einen Augenblick aus. Der Brief stammte von Magdalena. Dann nahm ich all meinen Mut zusammen und las die Zeilen.

Liebe Mutter,

ich wollte dir schon vor so langer Zeit schreiben. Aber mir fehlte immer der Mut dazu. Denn zwischen dir und mir stand so viel Fremdheit. Ich brauchte Zeit, um sie zu überwinden. Ich danke dir für die vielen Briefe, die du mir in den letzten Jahrzehnten geschrieben hast. Jene, die du an meine Internatsadresse gerichtet hast, und die an Onkel Xaver habe ich nie erhalten.

Dein Bruder ist seit zwei Jahren tot, Tante Johanna folgte ihm vor ein paar Wochen. In ihrem Nachlass habe ich deine Briefe gefunden. Es war nicht richtig, dass die beiden all die lange Zeit den Kontakt zwischen uns unterbunden haben. Aus deinen Briefen habe ich herausgehört, dass du mich nie vergessen und immer geliebt hast. Wie kann man dies Unrecht, das uns so entfremdet hat, nur wieder gutmachen?

Ich habe lange nachgedacht und mich entschlossen, so bald als möglich nach Nigeria zu reisen. Wenn du willst, kann ich zu Ostern bei dir sein.

In Liebe, deine Tochter Magdalena.

P.S. Ich habe ein neues Foto von mir und meiner Tochter Katharina beigelegt.

Ich hastete die Treppe so schnell hinunter, wie ich konnte. Bisi hatte sich neben Mutter zum Schlafen gelegt, vertraut hielten die beiden sich an den Händen. Wie ein Paar, das einen langen gemeinsamen Weg zurückgelegt hat. Leise zog ich mich wieder zurück.

Da hörte ich Mutters brüchige Stimme: »Bleib nur, mein Kind. Du hast den Brief gefunden?«

Ich eilte zu meiner Mutter, kniete mich neben sie. »Das ist ja wundervoll, Mama! Ostern ist doch schon ganz bald. Hast du ihr geantwortet?«

»Sie wollte nicht. Sie hat nur gesagt: ›Soll Magdalena mich etwa so sehen?‹«, grummelte Bisi. »Aber ich habe keine Ruhe gegeben, bis deine Mutter ihr geschrieben hat.«

»Ich bin froh, dass ich es getan habe. Nicht meinetwegen, Choga Regina. Sondern wegen Joshua, dir und Magdalena.« Sie sah zu Bisi. »Wo hast du denn die Papiere, meine Liebe?« Die alte Frau griff unter ihr Bett und reichte Mutter einen Umschlag, den diese öffnete und mir die Blätter darin überreichte. »Die Farm. Das hier ist die Besitzurkunde. Sie gehört jetzt dir. Ich wünsche euch, dass ihr dort glücklich werdet.«

Zunächst war ich vor Überraschung wie erstarrt. Doch dann umarmte ich Mutter voll Dankbarkeit und Schmerz. »Wir werden bestimmt dort glücklich. Und du wirst dich erholen. Dann fahren wir gemeinsam nach Jeba. Wir alle: du, Mama Bisi, Josh und ich. Wir zeigen Magdalena unser Paradies.«

»Es wird kein Paradies mehr sein, mein Kind. Fünf Jahre sind eine lange Zeit. Ihr werdet dort ganz von vorn anfangen müssen.«

»Aber wir haben unser Zuhause wieder!«, rief ich voller Begeisterung.

»Ich weiß nicht, ob ich das noch schaffe. Meine Kraft lässt nach.« Ihre Stimme klang matt und ohne jede Hoffnung.

»Unsinn, du schaffst es.« Ich erzählte Mutter von meiner Zeit im Busch, von all dem, was ich gelernt hatte.

Sie hörte mir zu und sagte: »Du hast etwas aus dir gemacht, Choga Regina. Darauf kannst du stolz sein.«

»Ach, Lisa, wie hört sich denn das an?« Mama Bisi war plötzlich voller Leben! »Siehst du denn nicht, dass unsere Kleine eine glänzende Zukunft vor sich hat? In Jeba gibt es nur diese windige Heilerin, die nichts von ihrer Arbeit versteht. Choga wird sich vor Patienten nicht retten können! Sobald Magdalena angekommen ist, werden wir mit ihr hinfahren. Du wirst sehen, wie du aufblühst. Nur wer aufgibt, dessen Leben ist auch zu Ende.«

»Du bist ein Schatz, meine liebe Bisi. Gut, dann werde ich eben wieder gesund. Aber jetzt muss ich schlafen.«

Es waren die letzten Worte, die ich meine Mutter sagen hörte. Am Abend bekam sie hohes Fieber. Sie wurde auf der Stelle ins

Krankenhaus gebracht, doch es konnte ihr niemand mehr helfen. Ihre Organe versagten. Todgeweiht und bereits nicht mehr ansprechbar wurde sie in den *compound* zurückgebracht. Zwei Tage später starb sie. Es war der Gründonnerstag.

»24 Stunden später bist du auf dem Flughafen von Lagos angekommen«, wandte ich mich wieder Magdalena zu, die meinem Bericht wie gebannt gelauscht hatte. Es war inzwischen draußen schon wieder hell geworden. Mit neuer Kraft schob sich die Sonne langsam am Himmel empor.

»Wann wollen wir nach Jeba fahren?«, fragte meine Schwester schlicht, als ich geendet hatte. »Heute noch?«

»Es wird Zeit, dass meine Mutter heimkehrt in ihr Paradies.«

»Unsere Mutter, Choga, unsere Mutter«, wiederholte Magdalena nachdrücklich.

Ich hörte ein zartes Klopfen an der Tür und Joshua schob seinen dunklen Lockenkopf herein. »Seid ihr schon wach, Mama? Oma Bisi hat gesagt, ich soll euch nicht stören, ihr würdet noch schlafen. Aber Oma Bisi räumt da unten schon ihre Sachen zusammen. Da dachte ich, ich sollte euch besser wecken.« Neugierig betrachtete er meine deutsche Schwester. »Ich bin Josh. Bist du Tante Magdalena aus Deutschland?«

»Hallo Josh. Freust du dich darauf, auf einem Bauernhof zu leben?«

»Ja, ganz doll. Und hat Mama dir gesagt, dass wir einen Hund haben werden? Einen ganz eigenen Hund. Ich weiß auch schon, wie er heißen soll. Willst du mal raten?«

»Lass mich mal genau nachdenken, vielleicht komme ich drauf ... Corn?«

»Genau! Woher weißt du denn das?«

Nachwort

Wenn ich heute über unsere wieder auferstandene Farm gehe, dann sehe ich Mutter überall. In jedem Brunnen, der uns Wasser spendet, in jedem Feld, das uns ernährt. Ohne sie gäbe es all das nicht. Ihr Vorbild zeigt mir, dass man sein Leben nicht nur für sich führen darf, sondern es auf andere ausrichten muss. Egal, wie schlecht es einem geht. Ich wünsche mir, dass auch Joshua eines Tages in diesem Sinn denken und handeln wird. Und ich bete dafür, dass er lange genug leben wird.

Mit Mama Bisi, die nun Oma Bisi heißt, Josh und mir sind einige Frauen aus dem früheren Harem von Lagos auf die Farm gezogen. Ihre Kinder leiden an der gleichen Krankheit wie mein Josh. Zwei Mädchen aus der Nachbarschaft leben auch bei uns. Sie haben ihre Eltern durch die Seuche verloren. Wir geben ihnen ein neues Zuhause.

Was wir nicht haben, ist eine Lehrerin. Aber wir erwarten Magdalena. Sie hat sich von ihrem Gymnasium in Deutschland beurlauben lassen. Mal sehen, vielleicht bleibt sie ja etwas länger. Oder ... für immer? Wer weiß schon, was die Zukunft bringt. Hauptsache, wir leben.